群众文化的理论与创新研究

程加飞 ◎ 著

吉林出版集团股份有限公司

图书在版编目（CIP）数据

群众文化的理论与创新研究/程加飞著.—长春：吉林出版集团股份有限公司，2023.9
ISBN 978-7-5731-4303-7

Ⅰ.①群… Ⅱ.①程… Ⅲ.①群众文化－文化工作－研究－中国 Ⅳ.①G249.2

中国国家版本馆CIP数据核字（2023）第181952号

群众文化的理论与创新研究
QUNZHONG WENHUA DE LILUN YU CHUANGXIN YANJIU

著　　者	程加飞
责任编辑	齐　琳
封面设计	林　吉
开　　本	787mm×1092mm　　1/16
字　　数	220千
印　　张	14
版　　次	2023年9月第1版
印　　次	2024年1月第1次印刷
出版发行	吉林出版集团股份有限公司
电　　话	总编办：010-63109269
	发行部：010-63109269
印　　刷	廊坊市广阳区九洲印刷厂

ISBN 978-7-5731-4303-7　　　　　　　　　　定价：78.00元

版权所有　侵权必究

前　言

　　群众文化学是我国一门新兴的学科，随着群众文化事业的发展，群众文化的理论研究不断深入。在推动社会主义文化大发展大繁荣的大背景下，群众文化活动空前活跃地开展，人们对群众文化地位和作用的认识不断提高。群众文化工作是一项具有实际操作性的工作，群众文化理论也是一种实践性的理论。因此研究群众文化理论，更实际的意义是为了指导群众文化工作实践，进一步做好群众文化工作。

　　群众文化的发展，是我国更好实现现代化的基础。新形势下，国家已进入新的发展进程，基于此，加强群众文化建设，对国家的发展、社会文明建设等具有深远影响。群众文化活动的组织与策划，是社会主义文化建设的需要，群众文化工作能够让人民群众在文化活动中把所学知识转变成自己的气质精神。在群众文化活动中，文化工作者通过文化知识普及等多种形式的文化活动，实现基层群众人人能够得到文化教育的目的，同时，文化活动的开展，也能够让人民群众的社会生活更加丰富多彩。因此，为保障广大群众都能够在文化活动中有所收获，相关部门应该把这项工作渗透到群众生活的每一个角落，让人们随时随地能感受到文化的力量。经过多年努力，群众文化活动取得了一定的成就，组织与策划也更加顺利。我国经济不断发展，群众文化活动也要马不停蹄地紧随时代的洪流，把握时代的脉搏，把科学文化知识带到人民群众中，让群众文化焕发出生机和活力。如果群众文化活动能很好地开展，那么，社会主义核心价值观就能较好地得到体现，社会风气也会得到改善，人民群众的生活也将更加丰富多彩。

　　本书主要研究群众文化的理论与创新方面的问题，涉及丰富的群众文化知识。主要内容包括群众文化与群众文化学基础知识、群众文化的形态、群众文化工作、群众文化活动、群众文化管理、群众文化活动的分类管理、新媒体背景下群众文化建设创新等。本书在内容选取上既兼顾到知识的系统性，又考虑到可接受性，同时强调群众文化建设的重要性。本书涉及面广，技术新，实用性强，理论与实践并重，并强调理论与实践相结合，使读者能在获得知识的同时掌握技能。本书兼具理论与实际应用价值，可供相关教育工作者参考和借鉴。

　　由于笔者水平有限，本书难免存在不妥甚至谬误之处，敬请广大学界同仁与读者朋友批评指正。

目录

第一章　群众文化与群众文化学 1
第一节　群众文化概念的演变与定义 1
第二节　群众文化研究的产生与发展 8
第三节　群众文化研究在中国 13
第四节　群众文化学的研究对象与方法 23
第五节　推动群众文化建设的价值与意义 32

第二章　群众文化的形态 36
第一节　城市群众文化 36
第二节　乡镇群众文化 41
第三节　农村群众文化 46
第四节　家庭群众文化 53
第五节　校园群众文化 58
第六节　企业群众文化 64

第三章　群众文化工作 69
第一节　群众文化工作的内容、任务和基本原则 69
第二节　群众文化工作的新要求 86
第三节　群众文化工作的绩效管理与评估 96

第四章　群众文化活动 104
第一节　群众文化活动的动力机制 104
第二节　群众文化活动的构成 109
第三节　群众文化活动在群众文化体系中的核心地位 123
第四节　群众文化产品 125
第五节　群众文化活动的辅导形式与方法 133

第五章　群众文化的管理 ··· 139

第一节　群众文化管理的含义与任务 ····················· 139
第二节　群众文化管理的原则和方法 ····················· 143
第三节　群众文化管理的模型和特点 ····················· 148
第四节　群众文化管理的主要内容 ······················· 155
第五节　建设群众文化的指标系统 ······················· 162

第六章　群众文化活动的分类管理 ······················· 165

第一节　群众文艺演出、展览及相关比赛活动的管理 ······· 165
第二节　群众文艺创作与理论研究活动的管理 ············· 172
第三节　基层群众文化活动的管理 ······················· 179
第四节　民族民间群众文化活动的管理 ··················· 188
第五节　对外群众文化活动的管理 ······················· 195

第七章　新媒体背景下群众文化建设研究 ················· 204

第一节　新媒体时代的崛起 ····························· 204
第二节　新媒体时代的群众文化工作 ····················· 207
第三节　新媒体在群众文化建设中的发展路径 ············· 211

参考文献 ·· 215

第一章 群众文化与群众文化学

群众文化这一古老的社会历史文化现象几乎贯穿了整个人类文化的发展史，渗透于各个时代、世界各地民族人民的生活、生产活动之中。群众文化学是当代兴起的一门对群众文化客观规律进行整体性研究的年轻学科。

群众文化、群众文化学的本质属性为思维形式概念，是随着社会历史和人类认识的发展而变化的，不是永恒不变的。因而围绕着群众文化与群众文化学概念演变的轨迹，人们可以窥察到这两个方面研究产生、发展的进程和历史上拾级而进的种种人类思维的成果。

第一节 群众文化概念的演变与定义

一、群众文化概念在中国的形成

人类精神财富产生、发展、成形的历史证实，劳动创造了人本身，继而人类有了制造、保存工具和使用、保存火的复杂行为，从而独立于动物之上。此后，群众文化便作为人类行为不同于动物行为的重要标志面世。虽然类似现今群众文化的文化现象早已呈现在整个人类文化历史中，但真正形成"群众文化"这一概念，在中国还是近代的事。

史学家们几乎一致推断，人类初民早在远古旧石器时期，就出于劳动与情感交流的需要产生了原始文化。但是由于人类文化发展在草创阶段还没有语言或语言的符号，初民们也不可能意识到即事记史与悠远存史的做法将会产生多么重要的作用，故而至今还没有发现史前石器阶段中有对当时群众文化现象思维概念的称谓。但在数千年前古文明期间，曾对史前期与当时出现的群众文化或它的局部现象有过种种指称及演绎，如"宾日、饯日、舞雩、社火、俗乐、伎乐、舞队、俚歌"等。

在近现代中国，对群众文化这类文化现象则有"通俗教育、平民教育、民众教育、通俗文艺、大众文艺、民间文化、革命文艺、社会文化"等指称，称谓由局部逐渐涵盖群众文化的整体，并力求靠拢其本质与形态的特征。

在当代文化学术界，对群众文化这一概念及其内涵的认识虽然还有不尽一致之处，但随着专家学者的不断研讨验证，已得到越来越多接近一致的认同。

二、国外群众文化的概念与特点

由于群众文化是全人类精神文明与社会生活、社会机制的重要构成，因此它在世界各地普遍存在，具有全球范围的广泛性；而世界各地的群众文化，由于时代、地域、民族的差别，人们认识的差异，以及信仰、习俗、个性与文化传统等方面的不同，故内容与形式、称谓和概念又有着明显的差别。

据现有资料，国外关于群众文化的概念与特点，大致有以下几种类型：

（一）群众文化

明确认为群众文化的主体是广大人民群众。群众文化是一种文化宣传活动，它将民族化和大众化统一起来，为人们所喜闻乐见。

社会主义性质国家的各级文化部门、事业机构经常根据党与政府关于群众文化的总体要求，布置和安排具体的工作任务，并有专门的指导机构与活动场所——文化馆、站（也有称"文化会馆、文化中心"）。群众文化还包括了多种多样的创作活动，如苏联的群众文化活动就包括了"在文学、戏剧、音乐、绘画、舞蹈艺术和其他种类的艺术领域中群众性的非职业性的艺术创作"，并认为这种业余艺术活动从形式上看具有突出的民族性。从表演成员、承传过程、艺术流派、审美属性以及为千千万万劳动群众所喜闻乐见并反映他们的社会进步要求来看，更具有高度的人民性。

在西方，有人认为群众文化的"群众"的含义是"有一定的影响力"并"带有被动性，容易轻信，而致受人摆弄"。而有的社会学家，如法国的路易·阿拉贡（1897—

1982）则在他的《群众文化或不被接受的题目》一书中，对于这种他认为的新型文化招致的异议、抗拒或提防表示愤慨，并故意选了"群众"一词来陈述，以示这个名词附带了明显的社会政治和意识形态的标记。

（二）社区文化

通常指聚居在一定地域范围内的人们在所处的社会生活共同体中所从事的各种社会性文化活动。社区文化中一般有着传统的文化生活方式与共同的归属心理特征。因为每个社区都有特定的地域、人口、区位、结构和社会心理因素，所以人们对自己所处的文化共同体有着相应的认同意识。

国外社会学家、文化学家多按发展程度把社区划分为古老、新兴社区；或按经济发达程度划分为贫困、发达社区；也有按规模层次划分为城市、城镇、乡村等大、中、小型社区。

在社区文化中，日本的公民馆是以提高居民修养，增进健康、活跃文化生活，发展社会福利为宗旨，为适应市、镇、村及其他一定社区内居民的社会生活需要而兴办的有关教育、学术和文化事业的设施，是由社区中的公益法人设置管理的。在英国，一些城市社区的"社区学院"运用各种文化设施，向居民提供教育与学习的机会。在美国，发达的新兴社区中，都市化、现代化的文化特色明显，异质文化流动不居；而在古老的、相对贫困的社区，则传统的民族、民间文化特色浓厚。

随着现代工业化程度的提高，人们交往交流的频率不断加快，社区文化的局部区域性、乡土性特点日趋弱化，但先进的社区文化特质则正在强化。

（三）人民文化

"人民文化"在法国等国家指的是与专业性较强的文化相对应的一种文化形态。这种群众文化观所指的"人民"并非指全体人民，而是他们观念中的"人民阶层"。他们认为只有那些富有的、受过教育的特权者才能够获得"高级形式的文化"。而对于其他形式的文化，人们既不称它是中级的，也不说是低级的，而是称之为"人民的"。

人民文化又不单纯是民间艺术，还与整个生活方式有关，包含着介于生和死之间的许多经验和活动的文化影响。越来越多的学者认为人民文化具有更大的教育价值，它蕴含着能够使"人民"阶层参与"高级形式的文化"生活的一切手段。人民作为人民文化的对象，应该参与改造和升华的过程，同时又要保持构成其特殊性的真正价值和生存方式。

（四）大众文化

大众文化在西方国家指的是将大众传播媒介与集体文化活动结合起来进行的一种文化形态。联欢会演、大型演出、民间音乐会以及某些体育表演都可能是集体文化活动。自从大众传播媒介能让众人随时接触以来，大众便成了文化的主体，如演出或节目播送走出了国界，可以送达不同国家的几千万甚至几亿的听众或观众；德国柏林交响乐团的演出，在欧洲同一个晚上曾有一亿两千万人收听；而美国的首批人类登上月球的壮观画面，几乎全球人都可以通过电视看到。

（五）终身教育

终身教育对个人而言是人生的一贯教育，对社会而言是全体国民、全人类的教育。终身教育与社会整体紧密相连，在一切生活领域里都存在着教育机能。文化是具有最重要的教育机能的一个领域，因此也有称"终身教育"为"终身文化"。持这种观点的人还认为：凡是文化，本质就在它的不自足性，必然要求不断丰富、不断更新，否则就会停滞、消亡。凡是有文化修养的人，一旦满足于自己已有的知识，立刻会面临衰退。

美国的终身教育由家庭教育、学校教育、校外活动、成人教育这四个领域组成，文化的多样性教育是其显著特点。例如，在终身教育的继续教育中，强调大学开放，大学要对地区社会的自治、娱乐、就业提供帮助。

法国的终身教育活动主体——民间团体与公共机关，非常重视辅导员的培养，不仅培养体育运动方面的辅导人员，而且培养文化艺术方面的辅导人员。

德国终身教育的中心——市民大学，相当于日本的公民馆，其活动内容十分广泛。以法兰克福大学为例，市民大学每年都有涉及政治、经济、文化、语言学、教养、家政、娱乐等。为便于市民利用，市民大学每学期初把半年内的讲义索引汇集成册发行，且价格便宜。

丹麦义务教育的大众化延长到前期中等教育，其内容不断扩大并向多样化发展，如提供一般正规学校不授予的教育内容——劳动运动教育、民间艺术教育等。

（六）闲暇文化

在西方，闲暇文化多指人们在业余、空闲时间从事的文化活动，且有三种机能：休息、娱乐、自我开发（包括陶冶人格）。其中自我开发机能被特别重视，该机能以闲暇作为终身教育的机会，如此来运用闲暇，闲暇才不仅是权利，而且能展现其自身的价值。闲暇具有最大的开展文化活动的潜能。

在日本，人们从现实出发，由开始"产生闲暇的指导"到"善用闲暇的指导"作为认识和运用闲暇文化的教育功能与娱乐功能的一个过程。但是，受西方价值观的影响，一些大众拙劣地使用闲暇，造成劳力和金钱的浪费，导致危害社会的行为和其他不良行为的产生，并成为社会不安定的因素之一。而高度市场化与高度工业化的生存环境，以及由此形成的社会分工的高度专业化，带来了个人人格的分裂或自我异化，使人们重新审视闲暇文化，并以此解除身心疲劳，作为再次劳动的准备和恢复个人健康人格的机会。所以一些国家除了注重闲暇文化的娱乐性，还注重其教育性，让人们在提高运用闲暇能力的过程中，进行更好的自我开发。

国外群众文化的概念与内涵虽然互相存在差异，也可能还有其他的称呼与外延，但其所指的主体，大多为广大人民群众；在活动的内容与形式间呈示着明显的广泛性与社会性；在现代，更加体现了传授与自我开发的功能。随着时代的发展和社会的进步，它正向着高品位与多层次不断演进。

三、关于群众文化的定义

群众文化这一专用名词是由"群众"与"文化"两个名词组成的。

所谓群众，群，即众。殷代甲骨文里称生产的奴隶为"众"，"王大令众人曰：胁田"。群与众完全可以互训。"群众"泛指多数人、许多人、人民大众。群众两字的合成使用，首见于《荀子·富国》："功名未成则群众未县也，群众未县则君臣未立也。"《后汉书》中《申屠刚传》亦有"群众疑惑，人怀顾望"。两千多年前的"群众"与今日的含意大体一致。

"文"的本义，指各色交错的纹理，引申为包括语言文字在内的各种象征符号。许慎《说文解字》中，"文"通"纹"，指的是一种精神规范。"化"的含义是二物相接，其一方或双方改变形态性质，又引申为教行、迁善、告谕使人回心、化而成之等。"文"与"化"的并联使用，早见于战国末年儒生编撰的易传《易·贲卦》中的《象传》："刚柔交错，天文也。文明以止，人文也。观乎天文，以察时变；观乎人文，以化成天下。"晋束皙《补亡诗》又说："文化内辑，武功外悠。"文治与武功相对应，文化是作为一种运动过程。在中国人的传统观念中，文化亦谓文治教化，共同的文化可以促进中国各民族的密切联系，是中华民族内聚力经久不衰的重要原因。时人又多以为文化的含义应是科学、艺术、宗教、道德、法律、风俗、习惯等的综合体，在特定条件下的规范运动。

文化，从广义上说，指人类社会历史实践过程中所创造的物质财富和精神财富的总和；从狭义上说，指社会的意识形态，以及与之相适应的制度和组织机构。

但是，群众文化并非"群众"与"文化"两个名词一般意义的组合。它是一个特指的文化类型，具有特定的含义。群众文化的定义是人们在职业外，自我参与、自我娱乐、自我开发的社会性文化。

群众文化是一个集合概念，它是包含着群众文化活动、群众文化工作、群众文化事业和群众文化队伍在内的具体概念。在"文化"这一属概念下，群众文化与其他文化类的根本差别从内部特质来讲为人们的"自我参与""自我娱乐"与"自我开发"，而"职业外"则是它的外部形态。

群众文化的运动过程，无不体现着个人之间、群体之间的交互作用及作用方式，有着明显的社会互动关系。在构成社会的人、自然环境和文化三个基本要素中，群众文化是参与人数最多与最重要的文化类别。群众文化还涉及人类社会的各个领域，是社会全体成员不可缺少的组成部分。参与的全民性、活动地域的广阔性、活动内容的普及性均体现了群众文化的社会性。

群众的自我参与、自我娱乐、自我开发，是人们以自我的意识和意志认识和把握群众文化这个对象的主观实践。

自我参与，在群众文化中显现着以自我为主体的自愿、自由、自为的个体意识，也活跃着自我对群体的加入，自我意识欲和他人相互作用的集聚意向。群众文化是自觉自愿并与一定的文化群体发生关系的。它的基本群体构成，无论是在家庭、邻里、工作班组或是地域、民族中，没有个体自我参与基础上的集合，没有与他人的互动，都不可能发生群众文化这一社会历史现象。

自我娱乐，是人们的一种基本精神需求，也是群众文化的一种基本动力。群众文化产生与发展的重要原因之一就是人类在生产劳动后需要以自我娱乐实行自我调节与自我完善。人们的文化活动被这些需要所驱使，就以活动动机的形式表现出来，朝着一定的方向，追求一定的对象，继而产生属于群众文化范畴的行动，以获得自身的满足。

自我开发，是人们自我参与群众文化的目的之一。古时，人们曾依托群众文化重演劳动过程，认识与传承生产的知识技能，教育氏族成员。而"寓教于乐"则在潜移默化的过程中使人们的智能得到开发，这一效应贯穿了自古至今的群众文化活动。因此，自我开发也是群众文化的显著成果之一。自我开发的良性循环，使人们在思想素养、文化水平等方面得到不同程度的提高，从而让群众文化呈现出涌动不息的活力。

从群众文化主体所从事社会劳动的分工特征看，这一种社会性文化又是在职业（工作、劳动与学习）之外进行的。

在史前期蒙昧时代和野蛮时代，初民们基于繁衍与生存的需要，往往是无一例外地卷入群众文化中。但是当原始宗教的原生文化形态萌发，及文明时期陆续衍生的新生态文化入世后，群众文化就先后派生了专业的巫觋、女乐、倡优等借以谋生的文化人。也正因这类文化人的职业化走向，此类文化也就从群众文化的营垒里裂变出来。当然，专业文化人所创造的文化成果是群众文化从事文化艺术欣赏的活动的重要对象。但从专业文化人本身的职业特征来讲，他们的文化投入含有相当部分的商品意识，并受到经济价值的制约，因而决定"他人参与"远远大于"自我参与"。在群众文化活动中，也有人因为某种需要暂离民间。例如，南宋孝宗隆兴年间，皇廷不置教坊，所用乐工改为临时点集，艺人事后还是返归乡里，因乐舞活动的非职业性，使他们仍不失为群众文化活动的一分子。当代群众文化活动中也常有集中培训、脱产排练之举，但由于这些还是属于群众文化长期效益的一种行为，所以，仍为群众文化的一个组成部分。换言之，倘若古代艺人专在宫廷从艺献艺，当代文艺骨干长期脱离原来的劳动岗位，而将文化艺术活动职业化，那么，他们就成了为少数人或群众服务的古今专业文化工作者了。专业文化人的社会分工是以从事文化活动为职业，并以此为社会服务，取得相应报酬的。在"职业外"开展文化活动是群众文化和与其相对而言的专业文化在外部形态上的界别。

第二节　群众文化研究的产生与发展

一、群众文化研究的出现

人类观念形态文化的产生与发展，是与整个历史和物质文化的进程交织在一起的。但群众文化的发展又与其学术史的发展不尽同步。

大致在人类文化发展期的中级蒙昧社会时代，先民对群众文化现象还仅仅是一种朦胧的思索；能较为自觉地对群众文化进行钻研与推究约于文明社会的前期，即标音字母发明与文字使用的成形、成熟期；以科学的方法探求群众文化的本质与现象，进行深入研究并硕果迭出的时期，则是在当代了。在原始社会中，生产力极度低下，只能依靠集体劳动获得有限的生活资料。意识是物质的反映，原始初民在认识、改造客观世界与人类本身的过程中，由脑力活动所表现出来的人类智能是很低的，往往只是对事物直接、具体与浅表层次的反映，因而对群众文化的种种现象也谈不上什么更多、更深入的认识，基本处于混沌迷茫、知识未开的不自觉状态。但他们有对美的初级需求，参与了群众歌舞和实用美术等方面的粗浅原始制作。也常常随着朦胧的意识去改变认为不适合自己劳动与生存的原始群众文化形式，并通过强烈的原始宗教意识，反映着他们粗浅的世界观。如他们认为宇宙天地间的生物和无机物都可能互生或化生，可以在其中找到先祖、寻到生命的源头，例如，原始乐舞就与图腾崇拜紧密联系——大洋洲土人模拟袋鼠等种种动物的舞蹈，爱斯基摩部落以鲸骨、冰鹿皮等制成的原始乐器，中国"鸟兽翔舞，《箫韶》九成，凤凰来仪，百兽率舞"，人们扮成以本氏族所崇祀的鸟兽图腾翩翩起舞的现象也就陆续出现了。

由于生产力的发展，原始氏族社会逐步解体并过渡至奴隶制阶级社会，人类开始进入了文明时代。

以公元前500年为中心（前800年—前200年），人类的精神基础同时或独立地在中国、印度、波斯、巴勒斯坦和希腊开始奠定。这个时代产生了我们今天依然在思考的关于群众文化的一些理论。

那时，铁器的出现和普遍应用，促进了生产力的迅速发展，劳动者开始从笨重的生产过程中得到一定程度的解放，并且在社会政治生活中日益显示出决定性的力量，从而促进了民本思想的高涨。在中国春秋战国时期诸子百家争鸣中，很大一部分的学说也顺应了"民为邦本，本固邦宁"的思潮，从而酝酿、产生发展了散见在一些礼乐文章及乐舞著述中的群众文化之论。

与中国上述时期相差不远的早期希腊时的毕达哥拉斯（生于公元前6世纪）与德谟克利特（前460年—前370年）、苏格拉底（前469年—前399年）等学派先后发表过群众文化范畴中有关音乐、诗歌、绘画等方面的主张，提出了一些很值得重视的美学观。

这个时期，人们已从迷茫、混沌中苏醒，并生发了自觉的理论意识。群众文化的研究开始了零星却持续的发现，逐项但又多样的积累。

二、近代国外群众文化研究

（一）关于群众文化的起源与初期状态的研究

群众文化的源头究竟起于何时？这在近代文化史的研究中是引起许多人思考追究的问题。

19世纪中叶起，国外人类学、历史学家们虽然还没有对类似群众文化的文化现象的起源与概念做出正确的结论，但是人们开始了对发生文化的研究。其中关于文化的界说及群众文化缘起的见解，取得了一定的学术成果。如人类学进化论开创者泰勒（1832—1917）对文化这一概念所做规定的准确性，基本为当今学术界所接受，他在1871年写的《原始文化》一书中说："所谓文化或文明乃是包括知识、信仰、艺术、道德、法律、习俗，以及包括作为社会成员的个人而获得的其他任何能力、习惯在内的一种综合体。"泰勒将文化与在长期社会生活中的人类所特有的状态关联了起来，强调了文化同本能的生物学遗传或先天性行动方式的区别；确认了社会成员对文化承前继后的特性；点明了文化不是简单孤立诸要素杂乱无章的堆砌物，而应作为诸要素复杂的纵横交错所产生的统一的总体。这就有利于人们对群众文化源头与内在特性的判断。

以俄国的思想家、美学家普列汉诺夫（1856—1918）为代表的观点，坚持认为劳动及与之适应的生活方式是群众文化缘起的根本动因。群众文化之所以起源于劳动，从本质上看就因为劳动不但是人类满足自身需要的活动，而且是一种创造性的活动。否则，就不可能从劳动中产生与劳动不同的群众文化活动。原始艺术绝大部分是劳动的再现，虽然常与巫术等现象联系在一起，但仍不可否认地包容了对于劳动再创造所产生的愉快、欢乐以及人类征服自然的愿望与力量。

德国近代人类学家、艺术史家格罗塞（1862—1927）探究了对原始群众文化起作用的心理、气候和地理诸因素。他认为各民族的求生方式是决定性的因素。任何原始民族审美活动和审美能力都与实用功利密切相关。例如，狩猎时期的纹样总是从人体或动物身上借鉴，却从不从植物身上借鉴。他还提出了原始部族艺术和文明民族艺术之间的联系，从而证明人类对美感具有本能的要求和反应。例如，原始艺术从形式上看往往显得很怪诞，但是深入观察就可以发现，其中包含着某些与近代艺术相通的内容。

在近代国外，群众文化的起源还有模仿说、游戏说、巫术说等。

模仿说认为，文化艺术来自对自然界和社会生活的模仿，而模仿又是人类固有的本能，在编年史的意义上，这是一种涉及文化艺术起源最古老的理论。

游戏说认为，人们从事文化艺术的创造活动不带有任何功利目的；人们在现实生活中受到物质与精神两方面束缚，但有过剩的精力，就用这种精力从事游戏，借以创造一个自由天地，这就成为文化艺术的起因。

巫术说在近代国外群众文化起源说中较有影响。英国人类学家泰勒（1832—1917）在文化人类学方面做出卓越贡献的同时，也最早提出了巫术说。后来一些学者又做了冗长详尽的研究。巫术说认为原始人的世界观及其所产生发展的文化，无非是给一切现象凭空加上无所不在的人格化的神灵作用所生成的。

（二）关于群众文化主体的研究

国外近代史上有不少思想家，虽然还没有深刻地指出人的社会本质与人的社会化是群众文化发生的条件，没有鲜明地确认人民群众作为主体在群众文化中的主导作用与在整个人类文化发展中的巨大推进力量，但他们还是朦胧地看到了群众，并对群众在群众文化运动中的主体地位进行了若干研究。

西方启蒙运动的杰出代表，法国哲学家、文学家狄德罗（1713—1784），在反对为封建宫廷服务的新古典文艺的斗争与摸索文化新方向的过程中做了一些努力，他在"市民剧"的戏剧理论中认为，市民同样具有崇高的感情，应该在舞台上表现他们。他说剧作家要关心社会上发生的重大问题，戏剧要起到教育民众的作用，并提出作家要住到乡下去，访问当地的农民。虽然狄德罗是资产阶级意识形态的创始人之一，但他能以唯物主义的观点，坚持文化艺术的现实基础是面向广大群众，还是难能可贵的。他是西方第一个呼吁文化人要深入生活和同情劳苦大众的人。

19世纪俄国伟大的批判现实主义作家托尔斯泰（1828-1910）通过对艺术的人民性、现实主义创作原则及其艺术形式的肯定，认定艺术要面向人民群众。艺术应当传达人类最高尚的情感，才能起到教育人和团结人的作用。强调艺术的社会作用在于启迪包括底层大众在内的人类。

（三）关于群众文化社会功能方面的研究

群众文化随着社会的进步，愈来愈显示了它巨大的效应，也触动了国外一些哲人学子的思维。他们比前代人更主动地思索着群众文化的社会功能，经过比较与分析，在理论上进一步发掘了群众文化与人类发展的密切关系。

那时的学者能用社会现象所发挥的功能来解释其起因和结果，在方法论方面特别强调比较研究，认为研究和分析某一具体文化现象时，应当把它同那个社会中的一般现象加以比较，并将群众文化作为整体来分析。

被称作人类学功能学派之父的英国人类学家马林诺夫斯基（1884—1942）认为，一个民族的文化就是一张满足社会基本需要的互相联系着的网，其中每个现象都像生物机体中的每个器官一样，具有一定的功能。他认为，文化在其最初时，以及伴随其在整个进化过程中所起的根本作用，首先在于满足人类最基本的需要。这"最初时"的文化，无疑是指村民的原始群众文化。他认为，群众文化一开始就有着独特的社会功能。

德国哲学家康德（1724—1804）、黑格尔（1770—1831），英国哲学家席勒（1864—1937）等人认为，人类之所以要通过群众文化把自己的生活作为人类自由的创造并表现出来，是由于群众文化最根本的社会功能在于不仅仅将其作为直接功利目的的手段，而是同整个人类的发展联系密切相关，认识到人的自由的实现是群众文化内在的最高目的。他们对群众文化功能的认识，也不仅停留在娱乐愉悦上，还认为其有很大的认识作用，而且与传播知识、开发智能有关。黑格尔曾说："实际上艺术是各民族的最早的老师。"

（四）对群众文化史的研究

在近代国外，对群众文化史的研究开始逐步摆脱脱离实际的空谈与主观唯心缺乏实证的揣测，而转向以美国考古学家、人类学家摩尔根（1818—1881）为主要代表的深入对象实质、讲究科学验证的研究。

摩尔根19世纪40年代早期曾积极参加印第安人的"大易洛魁社"的活动，以促进美国白人对印第安人的感情。1847年被易洛魁人中的塞内卡部鹰氏族收为义子。

1851年，摩尔根根据实地调查，发表了《易洛魁联盟》，研究了其组织结构、宗教信仰和风俗习惯等群众文化现象。1877年他出版了毕生最重要的一部著作《古代社会》，从而发展了文化进化的理论，并基于许多物质迹象进行了时代划分。他认为全世界的文化都是通过蒙昧、野蛮和文明这几个大致相同的连续阶段发展起来的。

摩尔根的理论与其研究作风、方法对人类学、群众文化学界都产生了深刻的影响，德国艺术史家、社会学家格罗塞（1862—1927）就深受其影响。

格罗塞根据对原始部族文化的深入考察写成了《艺术的起源》。他是第一个在群众文化领域搜集例证来阐述社会经济组织和精神生活之间密切关系的艺术史家。

他认为，原始艺术在文化发展中具有重要作用。强调对一个民族文化艺术的认识有助于深入了解该民族。主张在研究中对于从前最被忽视的民族应加以特别注意。格罗塞还侧重于对原始文化艺术变迁心理和经济基础进行分析论证，从而得出原始部族审美能力的发展和他们当时物质生产水平直接相关的结论。同时又从揭示原始部族艺术和文明民族艺术之间的联系入手，证明人类具有对美感普遍有效的条件。他的一些观点在国外群众文化史研究界有较大的影响。

第三节　群众文化研究在中国

一、古代的群众文化研究

在中国古代文化史中，最早在群众文化方面展开研究的是春秋战国时期的儒家，其中，孔子是当时诸子百家中对群众文化研究最有造诣的一位。孔子之说，将其对血亲人伦、现世事功、实用理性与道德修养的重视融入关于群众文化的观念意识之中，这在中国古代是独树一帜的。

群众文化学的蒙昧时期，原始宗教作为一种观念形态出现之后，几乎所有群众文化活动的形式与内容都体现着一定的原始宗教意识，而孔子提出内容重于形式的主张，最终改变了群众文化活动完全依附于宗教的关系，成为向群众进行政治伦理教育的重要手段。孔子明确肯定了群众文化的审美教化作用与认识社会生活的作用，他在《论语·洋货篇》中曾说："诗，可以兴，可以观，可以群，可以怨。迩之事父，远之事君，多识于鸟兽草木之名。"意思为读诗（周朝有采诗制度，包括民歌），可以培养联想力，提高观察力，可以锻炼合群性，可以学得讽刺的方法，从近处说可以运用其中的道理来孝顺父母，从远处说可以用于服侍君王，而且可以多识鸟兽草木的名称。"兴、观、群、怨"的说法，是我国群众文化学史上第一次从美学的角度和特征出发对群众文化的功能所做的简洁表述。孔子还表示，群众文化活动形式要服从内容，"乐"要表达"礼"的内容，因而主张通过礼乐文饰、本质的统一来巩固统治者的地位。

那个时期，在高涨的学术氛围间，还出现了儒家乐舞理论的代表著作《乐记》。《乐记》进一步阐发了群众文化活动中人的思想情感的激发是"人心之动，物使之然也"。情之动，是由于外界客观事物的刺激。心感于物而形于声，再根据美的规律才使之"成文"。这里所指的"文"是广义的文化，人的情感，主要源于社会活动。《乐记》又认为："声音之道，与政通矣！""审乐以知政而治道备矣！"从作为人们心声的乐舞中可以察知人们的内心活动、风俗人情和政治的治理。可见《乐记》十分重视群众文化在政治生活中的作用。

儒家在痛心疾首地反省了周代以来所出现的"礼崩乐坏"的历史教训以后，接受了前代在乐舞与政治学说方面的有益部分，看到群众文化的某些重要性，把乐舞的社会意义与政治、宗法、伦理、教育等社会思想紧紧地结合起来，作为一种哲学和美学思想与在文化娱乐中的深刻见解，在我国群众文化学的思想史中占有一定地位，并产生了深远的影响。

秦代至汉，以西汉哲学家董仲舒为代表的儒家学派主张"罢黜百家，独尊儒术"。董学将孔子学派的学说与神话迷信结合起来，形成了神秘主义的思想，并提倡宫廷雅乐，轻视民间艺术。

董学为适应中央集权封建制度的形成与巩固，认为群众文化虽能"深入教化于民"，但文化的创作、管理均由"王者"所定。故而重雅轻俗。这种观点，在汉时并未引起多大关注，但在统治者与后代文人中是有一定影响的。

魏晋南北朝，定型于西汉中期的以经学为主干、以儒学独尊为内核的文化模式一度崩解。在文化的多元发展中，文化思维比较活跃，但大多并不是指向现实政治与现实功利，而是追求较为纯粹的精神愉悦。在这个政治动荡、南北政权长期对峙的时代，由于统治阶级权力的分散造成政治对学术干预的弱化，新的学说与观念乘隙而起。如那时候的文学批评家刘勰等人，一方面接受了玄学思辨的影响，一方面总结了前人与自身的经验，其中有关群众文化方面的研究，特别是群众文化艺术的见解相当精辟，有的至今仍有很大影响。例如，对继承与创新，刘勰在《文心雕龙·定势》（以下所举只注出《文心雕龙》的篇目）中指出了那种"厌黩旧式"，对传统采取虚无主义，对创新只是"率好诡巧"是错误的态度。在《通变》中他认为要求创新，当然要学习当代人的创作，但不是互相因袭；另一方面要继承传统，因为有继承才能创新，而且还有继承什么传统的问题。又如，关于内容与形式，刘勰在《总术》中认为二者都不可偏废，"或义华而声悴，或理拙而文泽"都不能成为上品；他在《征圣》中要求的是像"圣人之文章"那样"衔华而佩实"的形式和内容的统一等。

到了宋时，统治者又提倡以理学治天下。理学，亦称"道学"。宋儒多以阐释义理、兼谈性命为主，故有此称。程颢、程颐在哲学上为北宋理学奠基者。后来朱熹发展了"二程"的学说，始集大成，建立了一个比较完备的客观唯心主义体系，世称"程朱学派"。程朱理学认定"理"先天地而立,把抽象的"理"(指封建伦理准则)提高到永恒、至高无上的地位。由于董仲舒之说、程朱学派的哲学思想迎合了统治者的需要,因而都先后被视作官方哲学。程朱理学极大束缚了本来可以取得更大发展的群众文化活动。当时,统治阶级为了享乐、粉饰太平,也会组织乐舞机构,调集民间艺人,或集养家伎表演各种技艺。但倘若他们感到群众文化有违封建伦理准则的"理",不利于他们的统治,就屡屡下令禁止。由于封建道德伦理思想的长期教化,民间文艺活动也多少受到影响,故而许多百姓也不敢轻犯所谓"出轨之举"与"丧志之玩"。例南宋末因理教甚严,统治阶级与受程朱理学影响较深的人认为散乐百戏之中的歌舞有伤风化,屡加禁止、谴责,盛极一时的南宋瓦子、勾栏间的民间舞蹈,后来就很难得见了。

道释哲学也渗入了群众文化。佛教在汉代已传入我国,到东晋和南北朝时,由于统治阶级的提倡,佛教已有相当影响。佛教利用倡乐和俳优宣扬佛法教义,佛教徒还纷纷将佛教艺术与民间美术相融,在石窟、寺院中以雕塑、绘画等造型艺术宣扬教义。教道也有类似的文化活动。

佛教主"不生","盖有生必有死";道教主"不死","盖不死则永生"。教义虽然不同,但宣扬的都是唯心主义。统治者想利用宗教麻醉百姓,以便加强他们的统治,而许多苦难的人民,也想纾解痛苦,企求幸运。故而道释哲学迅速与庙会百戏、寺窟雕绘结合在一起,形成了一种别具样式的群众文化。宗教型的群众文化中那种"来世得福""因果报应""得道成仙"的思想内容,对于封建社会中深受压迫凌辱的百姓来说,是有不少吸引力的,因而影响较为广泛与深刻,并渗入后人的行为规范、生活习俗与审美心理之中。

明清之际,是我国封建社会的末期,封建统治更为腐朽,但思想上程朱理学仍占据主导地位。平民阶层和反封建的民主思想也在发展,因而反封建哲学家、文学家也相继出现,对群众文化的探究有所创见。如李渔在群众文化学方面的观点主要认为,文化艺术应力求让人民群众所了解、所掌握,因而要尽可能地通俗。他在《闲情偶寄》一书就主张"戏文做与读书人与不读书人同看,又与不读书之妇人小儿同看,故贵浅不贵深",反对艺术上的形式主义与为求高雅而脱离群众审美能力的倾向。

作为创造群众文化的人类是怎样起源的?这是自远古以来人们就反复思索的重

大课题。囿于时代的局限和知识的浅陋,许多国家和民族都流行过神创造人的传说。

值得全世界群众文化研究者注意的是,在拉马克、达尔文前两个世纪,正当欧洲还盛行"神创说",蒙昧主义和神学唯心论还占据统治地位之时,17 世纪的清代哲人王夫之已用明白无误的语言在《思问录·外篇》中表达了这样一个思想——人类的祖先是直立行走的野兽:"考古者,以可闻之实而已。……中国之天下,轩辕以前……亦直立之兽而已矣。"王夫之提出人类祖先"亦直立之兽",这在盛行祖先崇拜的中国,是一个大胆、惊人的创见,天才的猜想。这对群众文化史的探源无疑有所突破。

中国古代群众文化的研究在这一阶段呈现着三条互为交叉的思维轨迹:

(1)尽管广大群众在奴隶主的残暴统治与封建皇权的桎梏中很少有发言权,也没有著书立说的能力与机会,但他们还是不顾统治阶级的种种禁令,掀起了好几次群众文化高潮,以执着的追求表现了他们的内在精神实质。

(2)一些知识分子开始对群众文化做着有意义、有价值的研究。这些言论与著述体现了理论研究的自觉。许多观点随历史的进步而缓慢发展,具有一定的人民性。其中在文化娱乐作用于教育,不赞成消极被动地将群众文化仅仅限于享乐,而应着眼于教化功利,还有在群众文化艺术的特性、规律的研讨及群众文化溯源等方面均取得了一定成果,为后世也做了可贵的理论积累。

(3)道释哲学通过与宗教维系在一起的群众文化活动形成了独具样式、影响后世的一种群众文化意识。道释宗教意识那种对来世美好境地的渲染及神秘虚幻的意念,以及宗教仪式、象征性艺术的熏陶,使人们形成了对写意性生活图景和偶像式人物形象的追求、崇拜,从而在一定程度上奠定了民间理想主义的审美心理。

二、近代的群众文化研究

1840 年(清道光二十年)爆发了鸦片战争,是中国近代历史的开端。自从中国的大门被英国侵略者用鸦片和大炮轰开以后,中国便由封建社会一步步变成了半殖民地半封建社会。

从那时起,封建主义的清皇朝经历"康乾盛世"而日趋衰落,在落后挨打的情况下中国被迫与侵略自己的西方世界打交道。随着资本主义萌芽的滋生,新的生产力、生产关系的植入、生长，西学的冲击，国人于失败中的悟醒，群众文化也在中华传统文化与西方异质文化的碰撞中发生了较大的变化。

道光、咸丰年间的经世实学，作为中国跨越古代与近代之交这个特定历史阶段出现的特定文化形态，承袭着儒学经世的传统，同时又孕育着近代新学某些开放、启蒙的因子。当时一部分知识分子从古籍考证和玄学思辨中抬起头来，怀着强烈的社会责任感去议政论世，探学为文。就学术品格而言，经世实学本质上尚属于中国传统文化，对于《周易》的变易观念及《左传》《孟子》的民本思想等均有所继承挖掘；他们主张"师夷长技以制夷"，"寻求异域之书，究其情事"，睁眼看世界，觅知向异域的开放精神，从而搭起了群众文化研究通往近代新学精神的桥梁。

1851年（道光三十年）兴起的太平天国农民运动之所以是一场近代史上的伟大农民革命，除了政治与军事上对旧垒的猛烈冲击外，它在群众文化范畴中对传统文化的固有精神、对名教偶像的批判也是空前的。太平天国领袖洪秀全借"皇上帝"名义"总追究孔丘教人之书多错"。太平天国还采取了删改"四书"与"五经"的办法，"改定四书五经，删鬼神祭祀吉礼等类"，"为政之道，不用孔孟，不用鬼神，不用道学"。为了宣传、鼓动群众，使天国创立的新宗教掌握群众，洪秀全还认识到群众文化易于深入人心的功能，编写了朗朗上口、易传易诵的《原道救世歌》《原道醒世训》《原道觉世训》等民谣来宣传教义，召唤、凝聚贫苦农民的力量。

清末，由于社会生活的变化，文化信息量的激增，市民、学人对报刊图书等公益文化的呼声日高，对群文报刊、图书的种种审视也相继出现。那时的社会舆论力陈报纸在广开言路、沟通朝野、丰富群众文化生活方面的社会作用。资产阶级维新变法派也极力鼓吹办报，因为报纸能使群众"渐知新法之益"，亦有利"广人才、保疆土、助变法、增学问、除舞弊、达民隐"，并主张报纸要适合市民口味，"记注倡优起居，并载诗词小说"，又为了"广考镜而备研求"，"保存国粹，造就通才，以备硕学专家研究学艺，学生士人检阅考证之用"。当时，从内容到形式都不同于封建藏书机构的近代图书馆便先后出现了。

随着维新运动的兴起、新文化的启蒙与面对群众文化的当时实际，一些群众文化的研究成果也陆续面世。

孙中山对中西文化的取舍提出了比较科学的观点。对中国传统文化，孙中山认为：中华民族创造了光辉灿烂的古代文化，长期处于世界领先地位，到近代才落伍了；应批判封闭、保守的传统文化心态，但反对从一个极端跳到另一个极端，对传统文化，尤其是精神文化中的许多合理成分要加以恢复、继承。对西方文化，孙中山主张：好的部分，要吸收，不好的部分要排斥；对于西方是好的、适合的东西，搬到中国来也不一定好，要根据中国的国情具体分析，总之要"发扬吾固有文化，且吸收世界之文化而光大之"。孙中山把中国传统文化的民本思想接受过来，发挥为民权思想；又将"修身"的解释提到抛弃陋劣习气、进于文明生活、培养文化素质的高度等，都是对群众文化现象的认真思索，并注入了许多革命民主主义内容的思想。

梁启超吸收了欧美资产阶级思想，在许多著述中体现了他对群众文化的种种思考。梁启超认为人们需要美，而群众文化的自然美与群众的好美性最为吻合。他确信"美"是人类生活一要素，认为"韵文之兴，当以民间歌谣为最先。歌谣是不会作诗的人（最少也不是专门诗家的人）将自己的瞬间的情感，用极简短极自然的音节表现出来。因为这种天籁与人类好美性最相契合，化以好的歌谣，能令人人传诵，历几千年不废，其感人之深，有时还驾专门诗家而上之"。梁启超还提出了重视群众文化的趣味性与趣味高尚健康的问题，趣味是生活的原动力，趣味丧掉，生活便成了无意义。梁启超还认为地理环境对群众文化的影响很大，大而经济、心性、伦理之情，小而金石、刻画、游戏之末，无一不与地理有密切的关系。他分析了天然景物的不同类型对人的情感理智所产生的不同影响，认为我国与希腊文明不同的原因在此，我国艺术南北风格的不同原因也在于此。

王国维则以叔本华哲学作为自己的理论基础，他认为生活的本质是"欲"，"欲与生活与苦痛，三者一而已矣"。要摆脱这种生活之欲带来的苦痛，只有求助于美和艺术。他反对把艺术作为道德政治的手段，主张保持艺术的纯粹性和独立性。

我国近代的思想家、教育家和革命民主主义者蔡元培，在群众文化研究中突出地强调美育，提出以美育代替宗教。美育可以破人我彼此的偏见，可以破生死利害的顾忌，使人们达到一种新的境界，即达到"实体世界"。蔡元培的这种思想主要来源于康德的美学思想。蔡元培还认为我国社会之不平，乃是教育之不平，所以极力提倡社会教育与通俗教育。他将社会教育问题分为两种：普通性质的社会教育和专门性质的社会教育，并对此做了分门别类的研究；在提倡群众文化活动中，强调要注意教育的对象与效果。

近代群众文化的研究在中国凸现了以下特征：

（1）开启了在群众文化方面对中国沿袭千年的传统文化核心思想与儒学思想的认真批判。传统文化中更多负面性的暴露，成了人们追求新型群众文化的契机。

（2）西方异质文化在中西文化碰撞中开始涌入，造成了群众文化及其研究的开放性等特点。群众文化的研究增添了明显的东西方学说的交错性。群众文化新型理论在崛起，并影响着研究对象的变化发展。

（3）群众文化的研究也在一定程度上启示了国人对真理的追求，从而为后来"五四"狂飙的掀起做了初步的思想准备。

三、现代的群众文化研究

这一时期，中国进行了旧、新两种性质的资产阶级民主主义革命与社会主义革命。群众文化研究在经过了漫长的历史积累与近代阶段的整合更新以后，又在现代阶段发生了符合社会进步与真正走向人民的质变。

"五四"新文化运动推动了群众文化研究的革命性的变化。

清王朝被推翻以后，辛亥革命的胜利果实很快被北洋军阀篡夺。黑暗统治与意识形态领域中复古尊孔的反向逆流，使一些小资产阶级激进民主主义者、有共产主义思想的知识分子受到了强烈的震动。他们深切感到，辛亥革命没有在中国建立起民主政治，主要是因为没有触动旧思想、旧文化。于是在革命形势的推动下，终于引发了一场思想文化领域中比辛亥革命猛烈得多的反帝、反封建的政治运动与向旧的传统、道德、思想、文化挑战的新文化运动。中国群众文化研究现代阶段以此为起点，在革命的群众文化运动中显示了经由总结实践，转变流向，逐步走上现代化、科学化的时代特征。

（一）将群众文化导向真理，导向革命

"五四"时期开始的新文化运动，展开了对封建文化的猛烈进攻，并开始在我国传播马列主义。一些资产阶级教育家，曾提出了以开展识字和扫盲活动为主的"平民教育"的口号；一些具有共产主义思想的先驱者则相继提出了劳动教育的问题，

要求劳动人民都能学到文化、用到文化，以新的世界观给新文化运动注入了新的、更加科学、更加大众化的思想活力。

五四新文化运动是在高举民主（德先生）、科学（赛先生）两面大旗，以反对旧道德、提倡新道德，反对旧文学、提倡新文学为主要内容的阵势下展开的。在此时期，陈独秀、李大钊和鲁迅主持的《新青年》成了勇猛反击复古尊孔逆流、提倡新文化的主要阵地。他们通过《新青年》主张："要拥护那德先生，便不得不反对孔教、礼、法、贞节、旧伦理、旧政治；要拥护那赛先生，便不得不反对国粹和旧文学。"

李大钊在1919年的《青年与农村》一文里主张青年要到农村中，"一面劳作，一面和劳作的伴侣，在笑语间商量人生向上的道理"。周恩来也是"五四"时期从事群众文化研究的先驱者。早在1916年，他在南开《校风》杂志发表《吾校新剧观》一文中写道："中国今日所急者，人民之贫极矣，智陋矣！"而解决这个问题的途径，就是进行通俗教育，唤起人民群众的民族觉悟和革命精神。

工人运动日益高涨的20世纪20年代初，一些工厂和工人聚集区创建了工人俱乐部。在这些工人群众文化组织显示了它的作用时，中国共产党的一些组织（或其前身）及时抓住苗头，加以肯定，推广了长辛店工人俱乐部的经验，以群众文化能"联络感情、团结工人""和衷共济、以图发展"来鼓动工人踊跃参加，并以工人俱乐部"专为工人求幸福、争自由，谋得工人应享的权利"作为宣言来争得人们对革命群众文化工作的更多支持和生存空间。

在苏区农村群众文化活动中，针对使用一些空洞说教导致宣传效果不佳的情况，中共中央就特别指出："当注意利用画报、标语、歌谣、幻灯、小说式的文字等项，以能改变乡村传说神话而把我们的宣传附会上去，不要做毫无兴趣的机械式讲义式的灌输。"党领导下的革命的群众文化，通过经常性的指示、演讲等各种层次的理论导向，不仅把握了群众文化工作的方向，而且将活动开展得既热烈又扎实，成了革命事业中一个不可或缺的重要部分。

在群众文化史与其特性的研究方面，一些论说也以历史辩证唯物主义的观点，做了颇为精辟的分析，例如，鲁迅在《门外文谈》谈到群众文化起源的一番高见："我想，人类是在未有文字之前，就有了创作的，可惜没有人记下，也没有法子记下。我们的祖先的原始人，原是连话也不会说的，为了共同劳作，必需发表意见，才渐渐地练出复杂的声音来，假如那时大家抬木头，都觉得吃力了，却想不到发表，其中有一个叫道'杭育杭育'，那么，这就是创作。"从而清楚地阐明了导致群众文化产生最初精神活动的源头与脉络。

闻一多通过对原始舞蹈的分析研究，阐说了原始社会的群众文化对先民生存及团结协调的社会功能作用：以综合性的形态动员生命，以律动性的本质表现生命，以实用性的意义强调生命，以社会性的功能保障生命。

如果说现代前期群众文化的研究者已开始触及群众文化的本体研究，对群众文化是社会生活的反映已没有更多异议的话，那么，对群众文化的社会、文化性质总的认识倾向已开始归结到把群众文化作为唤醒民众、挣脱半殖民地半封建统治的桎梏的一种利器或方式，并给资产阶级改良主义与共产主义初萌状态提供了思想园地。所以，当时的大众化之说，即是群众文化的人民性与教育性的初步挑明。随着研究的不断深入，导向作用的持续加强，群众文化的研究才从前期末及至中期起，逐渐发生了根本意义的、革命性的变化。

（二）将群众文化回归群众

广大人民群众是群众文化的主体。人民群众对精神文化生活的需求在人类社会形成时就产生了，但这个问题长期没有得到真正的解决。社会进入奴隶与封建社会制度后，统治阶级是以本身的利益为基准的。许多专门家与知识分子又常常脱离劳动人民，因而文化艺术的内容与形式又往往与群众的需要格格不入。

在现代的群众文化研究中，人们通过种种论说，极力扭转理论上的种种错位，让群众文化真正成为广大人民群众自己的文化。

李大钊是较早主张将文化运动深入工农中去的一位，他认为教育机会人人均等，劳动者必须有受教育的机会，现代的著作必须用通俗的文字，使一般苦工也可以了解些许道理。当时，一般新文化倡导者只注意到市民阶层和知识分子的要求，李大钊则响亮地提出要为劳工阶级争取接受文化教育的权利。为了尽力引导文化回归其真正的主人，1934年4月，苏区的中央工农民主政府人民教育委员会在吸收实践经验与瞿秋白等多人研究成果的基础上，公布了我国最早完备的指导群众文化工作的文件——《俱乐部纲要》，极其鲜明地指出，"俱乐部应该是广大工农群众'自我教育'的组织"，"俱乐部的工作必须深入群众，因此在乡村农民中、在城市贫民中，尤其是文化水平低的群众之中，一定要尽量利用最通俗的广大群众所了解的旧形式而革新了的内容"。由于这个纲要十分重视群众对文化的所需、所想，并被实践证明了它在广大群众中的可行性，因而它阐述的一些启导性的基本原则长期为革命群众文化工作者所遵循。

20世纪30年代初的上海，左翼文艺运动开展了文艺大众化的讨论，瞿秋白、鲁迅、周扬等人在这次关于文艺如何与群众联系、群众文化如何开展的问题上发表了重要的见解。例如，瞿秋白在《论大众文艺》中提出："文艺大众化的运动必须是劳动群众自己的运动。"并旗帜鲜明地指出，"中国新的文化生活"就是"几万万群众的文化生活"。同时，他还连续发表文章，呼吁创造群众容易接受的新的通俗文艺形式。

鲁迅支持郁达夫创办《大众文艺》。他在《文艺的大众化》一文中对于把艺术置于民众之上的错误观点做了有力的批驳，并指出"现今的急务"，是"应该多有为大众设想的作家，竭力来做出浅显易解的作品，使大家能懂、爱看，以挤掉一些陈腐的劳什子"。他倡导木刻、版画，并和瞿秋白一样，写过一些通俗歌谣。

周扬也著文探索着群众文化如何为人民大众服务的问题，他尖锐地指出，革命的文艺工作者不能隔离大众，而应是实际斗争的参加者。在普及与提高的关系上，他认为如果不顾目前中国劳苦大众的一般文化水准的低下，而一味地高谈应当提高大众的程度来鉴赏"真正的、伟大的艺术"，那实际就是拒绝为大众服务，就是一种取消主义。

现代后期，特别是1949年中华人民共和国成立以后，人们对群众文化的研究不断深入，注重实践与调查研究，详尽占有丰富而又真实的感性材料，继而运用科学的思维方法进行分析概括，使人们对群众文化的认识提高到一个新的理论高度。群众文化的研究者们不但协助有关领导部门起草、制定了一系列关于群众文化事业的规章、制度，而且进一步明确了群众文化事业机构的性质、工作对象、工作方针和任务，这些都对群众文化的发展起到了积极作用。1959年，当时的中央文化学院的群众文化研究班集体编写了一部群众文化论著《群众文化工作概论》，由此开始了系统的关于群众文化的基础理论与应用理论方面的研究。

1978年中国共产党十一届三中全会以后，由于思想解放运动与实事求是之风的兴起，群众与专家、领导的一致奋力，群众文化研究经过了一段时间的勃兴，到了

1985年中国群众文化学会成立以后，则在全国群众文化系统和相关学术界掀起了群众文化研究热。群众文化研究成果大量及高质地涌现出来，队伍日益壮大，学科理论的构建开始有组织、有目标地进行，并且日趋系统和完整。

20世纪80年代至90年代初期，群众文化学渐趋成形，至今已形成了一门独立的新兴学科。

在这个阶段，群众文化的研究者们大多在"百花齐放，百家争鸣"方针的指引下，学术气氛浓厚，各种课题讨论深入展开，并力求多方位、多侧面、多角度地去探求群众文化的真谛。在基础理论的研究中，主要集中在对概念的探讨、研究对象的把握、研究范围的选定与方法论的运用等方面；在群众文化史方面展开了对群众文化源头的追溯、产生的缘由、发展的脉络、演变的原因等研究；在应用理论的研究中，主要集中在对群众文化具体工作对象的探讨，如活动内容、业务辅导、管理工作、群众文化产品的生产等。

几年来，全国各地纷纷办起了群众文化刊物，已经出版的关于群众文化研究的论著、丛书、专集、手册和小百科全书、群众文化辞典等，其品种、数量在中国文化史、出版史上都是前所未有的。

在学术研究中，人们着重将实践经验上升为理性认识，同时注意理性的硬度与群众的读知水平尽量结合，通过经常性的对有关重大群众文化课题的学术研讨活动，努力提高学科构建的系统性和科学性，从中揭示出具有中国社会主义特色的群众文化本质及其运动规律。

第四节　群众文化学的研究对象与方法

一、群众文化学的研究对象及定义

群众文化学，是研究群众文化本质及其运动规律的一门科学。

"科学研究的区分，就是根据科学对象所具有的特殊的矛盾性。因此，对于某一现象的领域所特有的某种矛盾的研究，就构成某一门科学的对象。"群众文化学的研究对象是群众文化。群众文化学作为社会科学领域的一门新兴学科,面对的是构成群众文化这个整体的特殊的矛盾性。

自从人类形成了对客观世界反映的意识,群众文化作为意识形态的一个现象便开始了永不止息的运动。群众文化学伴随着群众文化的产生而孕育、萌发、逐步发展乃至成形,它与群众文化的不同步的演变历程是与人类观念文化的历史、物质文化的历史交织在一起的。群众文化基础理论、群众文化史、群众文化应用理论及其分支学科作为组成群众文化学主体构件的本质内涵,由来缘起、运动轨迹、规律特性等也就成了群众文化学研究者、群众文化的广大参与者欲穷究竟的课题。

探求群众文化的运动规律,是群众文化学研究的目的和任务。群众文化的内在规律客观地存在于群众文化质与量的联系与发展中,客观地存在于人类的精神文化生活中。群众文化学对群众文化运动规律的研究,包括对历史上一种群众文化形态向另一种形态转变的研究,和对现有群众文化形态及其运动规律的研究,其目的在于寻辨群众文化发展过程中正负效应的因素、条件、动因,以扬长避短、彰往察来,避免群众文化的逆动与失控,保持与推进群众文化发展的良好态势。

对群众文化不断地深入研究,可以加快群众文化理论被广大群众掌握的进程,增加群众文化学的理论积累,在实践中成为指导和推动群众文化建设的物质力量。

二、群众文化学的研究方法

所谓方法论,并不是指具体研究的方法及技术。方法论是关于研究方法、方式的学说。它受一定世界观的指导,但有其独立的意义。

群众文化学研究的方法是很多的,但都是在方法论的原则和思想指导下进行的。有人曾把方法论和各种具体研究分出了三个方面的层次和类型,运用到群众文化学中,则可以这样认为:

第一,方法论。它统率着群众文化学的各种研究方法。

第二,基本方法。一般指对群众文化学中出现的特殊矛盾所采取的带有普遍性的基本研究方式。

第三,具体研究程序技术。一般指研究要经历的具体步骤和手段。如调研提纲的制订、具体施行的措施、调研材料的处理等。

在群众文化学的研究中，三方面是统一的整体。方法论占统帅和指导地位，而基本方法与技术，则是为了达到研究目的而采取的手段，后者在群众文化学中具有重要应用价值。

在群众文化学领域里，经常运用的是这样一些方法论：

归纳和演绎的方法。唯物辩证法认为，归纳和演绎是两种特殊的，但不是独立的研究形式。它们不是彼此孤立，而是相辅相成的。我们在研究群众文化时经常运用的归纳和演绎的方法，是由个别到一般，由事实到概括（归纳），再由一般到个别——由一般原理到个别结论（演绎）的研究方法。

分析和综合的方法。即分析和综合的结合——各个部分的分解和所有这些部分的总和、总计。

历史和逻辑的方法。要求以历史和逻辑的统一性对对象做出分析。这种方法论认为，历史从哪里开始，思想过程就应从哪里开始，而思想过程的向前推进无非就是以抽象的和理论上前后一贯的形式反映历史过程。

类型学的方法。这是一种在同种现象中按类别进行研究的方法。如对群众文化的不同形式进行的研究，对民族特色、地方风格或某群众文艺作品思想和主题、结构和情节等的研究。

群众文化学要在创立的基础上得到更快的发展，不但要更好地运用通常的研究方法，还要有选择地引进和吸收一些横向的方法或其他方法，建立新的方法论。如"老三论"——系统论、信息论、控制论；"新三论"——耗散结构论、协同论、突变论等。这些是20世纪40到70年代逐渐兴起的横向研究方法。

系统论研究方法。这是一种把对象作为整体、作为系统加以考察、研究的方法论。将系统论的方法用之于研究群众文化，要求把群众文化的活动和现象、参与群众文化的人等，都看成具有多层次的、系统的、完整的有机构成部分。在系统论中，一个大型活动、一件微型作品的研究，甚至一个历史时期的群众文化现象，都应当被看成是一个系统。通过对这个系统进行研究，找出各部分之间的相互联系，在这种相互联系中把握整个研究对象。

如果用系统论的方法评论某一群众文化活动，则不是抓住活动中的某一个细节做出结论性的判断，而是要从活动的整体作用上研究它的总倾向，从活动的组成部分的相互依存、相互作用上研究它的客观效果与社会价值。

信息论研究方法。这是一种用信息的概念作为分析、研究和处理问题的方法论。采用信息论的方法，就是把系统看作借助于信息的获取、传播、加工、处理而实现其有目的的运动的一种方法来研究群众文化，和系统论有着密切联系。例如，同样开展校园群众文化活动，但不同学校开展活动的规模、风格、形式、内容不一，这就是不同领导者、组织者、辅导者在活动酝酿、组织过程中制造、保存、传递出来的精神信息不一样。又如，可以将艺术家创作过程和观众的欣赏、参与过程看作一个有机的统一信息系统。

控制论研究方法。这种方法着眼于事物或对象内部不同系统、结构、环节之间的自动调节规律，其特点是它能在特定条件下，把本来是两套不同类型的信息加工控制系统，构成一个统一的控制系统。如运用于群众文化研究，则可把群众文化活动或群众文艺作品视为被控制对象，研究它是否满足了社会需要，满足到什么程度，并具体表现为价值量。这个价值量还须作为反馈信息返回给社会或作者。

耗散结构论研究方法。这个理论认为，一个远离平衡的开放系统，在外界条件变化达到某一个临界值时，量变就能引起质变。系统通过不断与外界交换信息、能量和物质就可能从原来的无序状态转化为一种时间、空间或功能稳定有序的状态。由于这种客观有序结构需要耗散物质和能量才能维持其有序状态，所以称之为耗散结构。

过去，我们对文化消费大多采用的是定性分析，对文化消费的能力、结构和水平，只能就个别例子进行推论。引进耗散结构论作为研究方法，我们就可以借助相应的统计资料，建构数学模型，进行定量分析，就可以看出带自发因素的文化消费活动从无序到有序的发展过程。

协同论研究方法。这种研究方法从"协同学"延伸而来。协同学意指相互协同作用的科学。协同学研究的系统是包含大量子系统的复杂系统，而这些子系统在性质上可以极不相同。但它们又是在一定条件下从无序到有序演变的，都呈现出非常相似的特征，遵从相同的发展规律。

例如，我们在研究人们的审美现象时，可以把它看成一个复杂的系统，而审美对象、审美情感、审美理想、客观审美尺度等都是这个复杂系统下的性质不同的子系统。发生在每个人身上的审美现象，其子系统的自由度是各不相同的，也就是说，每个人审美心理的构成是千差万别的。而这种差别的产生，是审美心理内诸要素（子系统）协同过程的结果。正是这种协同过程，使审美心理内诸要素按照"自组织"（即自发地协调配合）方式，产生了综合的美感效应。

突变论研究方法。突变理论的基本内容是考察某一过程从一种稳定状态向另一种稳定状态的跃进现象。只要改变控制条件，就可以使飞跃改为渐变，或使渐变改为飞跃。突变理论的目的，不仅是描述各种质变现象，更重要的是研究对于质变各种形态的控制。因此，突变理论也是系统科学的一种。

鉴于突变论可以具体解释表面上看来是非逻辑性的、不一致的、不自然的关系的变化，人们可以用它来阐释群众文学作品中题材的提炼、主题的形成、构思的定型、结构的组织等，并可以用它来研究一个时代群众文化学说的变化、分合、活动形式的演进等。

进入21世纪，随着研究对象、客观世界的发展变化；随着人们研究客观世界、了解研究对象的工具的改变；随着人们认识客观世界，认识所研究对象的能力的提高；随着科学的方法论的不断发展和变化，我们既要在辩证唯物主义和历史唯物主义的哲学思想指导下，把握好群众文化的哲学本质，吸收新的研究方法；又要靠研究者充分调动自己的科学的敏感性与分析能力，对各种方法论加以灵活应用，在实践中创造出更好的方式方法。这样，既能保证群众文化学方法体系的内在统一，又能使研究者的认知程度和方法兼容并蓄，不断更新，保持旺盛的研究活力。

三、群众文化学与其他相关学科的联系

群众文化学的构建进程已向人们清楚地昭示：自身范围由一般性应用研究到基本理论的研究，进而到理论体系的建立，不是一种孤立的、单向性的推进，而是一种与周围现存相关学科相互渗透、相互作用、多向性的演进。群众文化学作为一门带有交叉性质的新兴学科，其理论体系发展过程中的内部矛盾运动较之传统学科更为深刻，而急速发展的社会进程，使传统的研究范畴已不能概括群众文化的种种现象，急需一个新的研究范畴与逻辑框架脱颖而出，以寻求一种涵盖面更广、穿透力更强

的研究方法。因此，这也就促使人们刻意到相关学科与群众文化学科的联系中去寻求答案。群众文化学具有相当边缘学科的特征，故而研究群众文化学与其他相关学科的关系，通过与其他主要相关社会学科的比较，更清楚地发现它们之间的相互联系，不仅有助于深刻理解群众文化学的性质和特点，而且能够不断加强群众文化学的学科建设，使之对群众文化实践产生更积极的意义。

（一）群众文化学与文艺学

群众文化学与文艺学都是文化学的组成部分。它们都是文化的一个局部层次。

文艺学的主要内容在群众文化学的内部结构中，即群众文化中的文化群体——企业群众文化、校园群众文化、村落群众文化、军营群众文化、家庭群众文化等的活动中都有所体现。群众文化主体的主要活动形式是通过文艺这一载体来体现的。

作为现代文艺学的一个分支学科的文艺心理学，它所研究的是鉴赏个体的知觉调动、情绪调动和心理激活；另一分支学科的文艺语言学所研究的是观众在欣赏活动中对作品内涵的延伸、发挥和补充，都与群众文化学中作为主体的广大群众的审美心理与鉴赏思维特征直接相关。特别是它的第三个分支学科文艺社会学所研究的对象的两个部分更与群众文化学密切相关：文艺作品和社会的关系成为文艺社会学研究的基本范畴，文艺的社会价值是文艺作品和社会文化背景之间最深刻的内部联系，即文艺价值的实现是文艺作品直接参与社会关系——而这与群众文化学中的自娱性特征，即与群众为主体的能动作用和观照作用对社会的关系的直接参与性非常接近。文艺社会学认为，文艺的社会机制主要包括文艺生产、文艺传播和文艺消费，它们互相联系互为因果，构成了一个有机的社会行为过程；而群众文化学的传播功能认为，群众文化是一种社会性的文化活动方式，同时又是一种表现着社会关系的特殊媒介；倘若群众文化的主体参与活动，必定会主动接收，并通过一定的活动加以传播，从而产生种种精神调节功能；这种生产——接收、传播——传播、消费——生产的两头对应，中间复合的内在联系，也说明了两个学科之间的相关性。

但两个学科也存在着一些基本差异。例如，研究对象不同，群众文化学是以群众文化作为研究对象，而文艺学则以文艺的各种现象作为研究对象；研究内容不同、群众文化学的研究内容主要在于群众文化本质论、构成论，群众文化管理学与群众文化史等方面，而文艺学研究的主要内容只是与群众文化学的局部内容相联系。

（二）群众文化学与社会学

群众文化学与以社会为研究对象背景的社会学是密切相关的。

首先，社会作为一个体系，是各种人际关系的总和。群众作为群众文化的主体，是各种人与人、群体与群体关系的集合。在群众文化活动中，就显现了各种社会观念的相互渗透，一定范围内的社会联系、社会规范和社会心理的特殊表现形式等特定内容。

其次，社会除了人、人群以外，还有各种文化参数，即人类生产力的发展中有着文化创造的作用——文化参数。文化的创造活动，促进了生产力的提高，而生产力的发展又改变着群众文化活动的种种形态。例如，从河姆渡文化时先民们吹奏着骨哨与陶埙，到由于人民劳动能力和文化素质的提高而创造了交响乐队；原始时期人们击筑而歌，如今是随着"卡拉OK"机欢唱。乐器与娱乐形式由于现代科技的进步丰富了群众文化艺术活动的表现能力，群众文化活动形态及其组织方式的变化也改变着人们的社会关系。

再有，作为社会学重要分支的文化社会学，主要研究的是精神生产、精神财富的创造和传播，如教育、体育、新闻、出版、文艺等。这些学科的研究中有不少是与群众文化的研究交叉或复合的。

然而两个相关学科不仅各自的研究对象与内容不同，就其两学科交叉部分的学科思想来剖析，也有明显的不同。群众文化学主要从群众对社会文化生活的需要出发，着力研究这种"参与"关系及其表现形态；找出这种相关性所决定诸形态的必然性，及由这种必然性支配下群众文化开展和发展的趋向，侧重于对自身对象的发展规律，即内在联系的"应用性"的研究。而文化社会学则从整体文化诸形态的生产、传播和消费的角度去研究这一切与一般社会发展的关系，社会的文化结构与经济结构、社会结构的相互作用，侧重于文化对社会的广泛联系的"证验性"的研究。

（三）群众文化学与民俗学

首先，从民俗学研究的历史、对象与内容来看，群众文化学与民俗学在历史属性上是十分亲近的。群众文化的历史沿革，特别是民族、民间文化的源流演变，与许许多多的民俗的历史形成或现有事象是交融在一起的。群众的文化意识曾强有力地作用于历史民俗文化,民俗文化作为历史的桥梁传承了群众文化。

在群众文化的传统中,广大群众为了庆丰收、求幸福、祛病灾、健身体,也为了陶冶性情或图个吉利,常常与一个时代一个地区和一个民族的岁时风俗习惯、信仰禁忌紧密相连;历代氏族部落、封建王朝也常在群众文化中"观民俗"而"采民风",将民俗事象与民间文艺维系在一起,在历史的长河中,群众文化与民俗是挽扶共进的。

其次,当代民俗丰富了当代群众文化的民族性、地方性,使群众文化更为绚丽多姿。群众文化又为开一代新风起了很大作用。民俗发展到当代,事象与行为模式更加丰富。例如,春节风俗,本来源于古代神祀,祭祀各种对农事有恩功的神祇,是与人类求生存的需要有关。演变至今,又不断扩展积淀成祭神、拜祖、贺年、守岁、请春酒、贴春联、放鞭炮、茶话座谈、文艺演出等多种活动,它的功能也由单纯祈年谢神演进为与群众文化直接有关的交际、娱乐、喜庆。而群众文化在当代作为精神文明的实现手段,也极大地影响着民俗,许多地方的祭神拜佛转化成祈祷丰年,纪念先烈先祖;请酒拜年中的铺张现象也多由勤俭节约的春节团拜所代替;影视、文艺迎春晚会不但符合我国人民除夕守岁的习惯,也为家人欢度良宵提供了新的群众文化形式。

最后,群众文化学与民俗学在现代学术研究中,研究对象往往是相同的,故而现代人的种种生活习惯、民风习俗以及带有群体意识的文化现状,都成为群众文化学与民俗学在各自领域中进行剖析、探究的对象,通过对这些文化现象发展规律的把握,对当代群众文化与民俗文化做出解释并产生影响。

尽管群众文化学与民俗学纵横交叉,但它们研究的侧重面却不尽相同。民俗学主要在于对民间文化传承中的民俗事象的剥离与整理;认识民俗的意义、发生、发展的实质,更多的在于探究民风习俗的成因与形成,证实民族与地域文化圈中历史文化的变化与发展,从而吸取它的合理内核,为移风易俗发挥现实作用。而对于群众文化学来讲,对民俗学方面的研究有助于进一步认识各民族、各地区群众文化的形态、内容及其历史成因,从而更好地了解其艺术价值及社会价值;有助于了解和认识不同民族、不同地区的群众文化的发展事实,为开展民族地区群众文化活动找到依据;有助于了解不同民族、不同地域人们生活习俗中的社会心理及其种种禁忌,从而知道怎样去开展活动和开展怎样的活动;有助于区别群众文化活动中的积极因素和消极因素，从而更好地开展健康有益的群众文化活动等。

群众文化学作为一门综合性与边缘性特征都较强的学科，由于学科本身的特点与当代科学技术革命的诱导，更具有交叉性。因而除与文艺学、社会学、民俗学等相联系外，还与经济学、心理学、教育学等一些学科有着广泛互动的联系。

（四）群众文化学与经济学

由于一定的文化（当作观念形态的文化）是一定社会的政治和经济的反映，又给予伟大影响和作用于一定社会的政治、经济，因而群众文化学与经济学存在着内在联系是必然的。在群众文化学中，常常借用经济学的范畴和逻辑观点，分析群众文化在市场经济社会中的运行规律。

就当代而言，群众文化学还要研究群众文化工作如何为经济建设服务，怎样以经济建设为中心，让群众文化工作产生积极的作用；研究群众文化发展的经济因素及与之有关的种种因素，如社会生产方式、分配方式和消费方式等对群众文化的制约和促进及如何借用经济规律推动群众文化有偿服务活动、以文补文与文化专业户等的进一步发展，以在质的规定性之内使群众文化不断地得到自我完善。

（五）群众文化学与心理学

心理学是研究心理现象及其规律的科学。心理现象是参与群众文化活动的每个人都具有的。例如，人在活动时的感觉和知觉、思维和想象等认识活动；在认识客观事物时人们持有一定态度而产生的体验——情绪情感；人与人之间在需要、欲望、兴趣、信念、气质、性格等方面的个性心理特征；运用某种知识经验完成一定活动方式的运动技能和智力技能等。这些心理现象的各种规律有助于对群众文化做更深入的研究。群众文化学与心理学都要研究人与人的活动心理，只不过研究的角度有所不同。例如，运用心理学关于人的心理因素等方面的研究成果，可以确定不同爱好、愿望、年龄、性别、职业、文化层次、社会经历的人对群众文化的不同需求，以使群众文化学在多样化与层次化方面的研究中更加科学化。

此外，心理学的研究也为研究群众文化学的历史发展提供科学依据。心理学研究心理、意识的起源和发展，心理现象对客观事物的依存性，研究外界的客观事物怎样引起脑的活动继而产生心理需要问题，不但有助于辩证唯物主义者具体地论证物质第一性、意识第二性在群众文化中的反映,意识是高度组织起来的物质的产物,以及意识是客观世界反映等文化哲学上的基本命题,也有助于探析群众文化的源流、群众文化的嬗变与群众文化的发展趋势。

(六)群众文化学与教育学

教育是培养人的一种社会活动。一个人出生以后需要经过教育才能成为一个自为的人、社会的人。教育学就是研究作为培养人的这种社会现象和它的规律的一门科学。

由此,至少在教育功能与社会功能方面群众文化学与教育学是交叉渗透的。

就教育现象而言,一个人一生受的教育是丰富的、多方面的。教育的基本职能之一就是将人类社会文化遗产传授给年青一代或让上年纪的人接受新知识,使其成为他们认识社会和自然、改造社会和自然的具有一定的教养、知识和技能的劳动者。教育不仅受到一定社会的政治经济的影响,而且受到包括群众文化在内的社会文化和历史传统的影响。如何根据各地的特点和文化的传统来发展地方教育事业,是各地教育工作者都在研究的问题。

人类创造的群众文化的继承和发展除了物质生产发展中的历史继承性以外,就是依靠教育。教育又是群众文化产生吸附作用与影响力的主要因素之一。寓教于乐、乐中求知是广大群众日常生活的内容之一。

人们还可以通过对教育学中教育对象、教育规律研究的进一步探索,将教育学中的有关教学工作的任务、过程、内容、方法、组织形式、教师与学校领导的管理等成果运用于群众文化教育中,对群众文艺爱好者、群众文化活动者和组织辅导者进行教育与培训,提高他们的水平,并让群众文化活动在寓教于乐中有更加丰富多彩的内容和形式,更具理论依据,进而培养出更多的人才。

第五节 推动群众文化建设的价值与意义

近些年来,随着社会的不断进步与发展,满足群众日益增长的文化需求成为当前精神文明建设的主要任务。与此同时,群众文化建设也受到了更多的关注。群众文化作为新时期构建和谐社会的一个重要途径,长期以来都受到国家的高度重视。随着我国经济与文化的不断进步与发展,群众文化在我国社会建设发展中发挥着越来越重要的作用。在当前经济、文化发展的新形势下,进一步推进群众文化建设、优化其发展路径有着重要的现实意义。

一、群众文化的社会价值

(一)推动基层文化建设

在进行群众文化发展和建设过程中,一定会吸引许多有相同爱好的人参与到群众文化建设中来,有效推动基层文化建设。在良好的文化氛围下发展人的优良品质和独特个性,不断地发掘出每个人的兴趣,保证人民群众始终保持积极乐观的心态,可以为我国基层文化的发展奠定强有力的基础,为基层文化的发展注入新鲜血液。

(二)发展休闲和娱乐

群众文化也可以称为一种群众性的娱乐活动,该项娱乐活动可以满足人们的需求,给予人们心灵上的慰藉和精神上的满足,使得人们的身心得以放松,减少人们的生存压力。目前,随着社会的迅速发展,人们对文化的需求越来越强烈,群众文化的发展可以使人们的精神得到满足。

(三)加强社会的认同

伴随着社会的不断进步和发展,人与人之间的交流有了多种多样的方式,不再受时间和地点的制约,人与人之间的交流变得便捷,加强了社会的认同感。在当前社会中,每个人都希望展现自身的个性,而促进群众文化发展,可以有效地满足人们这一要求,而且还能保证群众的群体性功能,增强社会认同感。我国是一个多民族的国家,每个民族都具备自身的特色,都有着自身的优势,彼此之间存在文化差异,这就需要强有力的社会认同感。

(四)促进团结的仪式

人们的生存和发展离不开各种各样的仪式,仪式可以说是和人们的日常生活紧密相关的,并且仪式的作用也是非常重要的,可以有效加强社会凝聚力,推动人们不断进行团结,建立良好的品质。群众文化的发展也是生活中的一项仪式,群众文化把人民群众聚集在一起,让大家进行交流和协作,促进了人与人之间的团结互助。

(五)展现社会的形象

群众文化在一定程度上可以有效地展现社会的形象,一个城市的形象,是社会发展的重要象征。与此同时,群众文化还可以彰显一个民族的文化和风俗习惯,开展群众文化可以不断弘扬社会文化,让广大人民群众更好地了解社会。

二、群众文化的文化价值

(一)群众文化带动文化产业

丰富多样的文化在社会发展过程中是十分重要的,可以带动整个社会的经济发展和进步,群众文化的发展还可以形成独特的文化产业,保证该项产业获利。文化产业想要取得较好的经济效益,必须要依靠群众文化,毕竟群众是重要的消费者,而文化产业的发展离不开消费者的支持和参与。就当前情况而言,我国的经济发展是十分迅速的,文化产业可以依轮经济来进行发展,进而达到和群众文化相结合的目的,互惠互利,共同发展。

(二)群众文化奠定精英文化

群众文化和精英文化是互相督促、互相制约的关系,这是因为我国的文化是十分丰富的,群众文化和精英文化的共同发展促进了我国社会主义文化的进步。群众文化是精英文化发展的基础,可以有效带动精英文化,对精英文化起到奠定性作用。群众文化进行发展的主体是人民群众,而精英文化发展的主体是知识分子,二者都是为了更好地建设社会主义强国,所以两种文化需要互相配合,共同进步和发展。

(三)群众文化彰显主导文化

我国社会主义发展过程中,主导文化起着十分重要的作用。主导文化可以有效地体现出社会主义建设的核心,与此同时,进行群众文化建设时一定要不断弘扬具有中国特色的社会主义核心价值观,保证社会的发展。另外,群众文化所涉及的人是非常多的,在进行群众文化发展时,一定要保证人们的身心愉悦,提高人们的文化素养。

(四)群众文化保护非物质文化遗产

非物质文化遗产对于一个国家而言是十分重要的,这也是我国文化发展的主要组成部分。由于绝大多数的非物质文化遗产是在群众文化中产生的,体现出了多种文化形式,因此群众文化的发展可以有效地对非物质文化遗产进行保护,为我国的文化建设奠定基础。

第二章 群众文化的形态

第一节 城市群众文化

一、城市群众文化的含义及其形成

（一）城市群众文化的含义

城市群众文化是指在城市地域内形成的以适应异质性非农业人口多层次文化生活资料消费需要的一种社会性文化。群众文化的历史告诉人们，代表新兴生产力的群众文化的优秀成果，大都在城市得以产生、保存和传递。从这个意义上讲，城市群众文化的形成，显然离不开城市的兴起和发展。

城市是人口集中、工商业发达、居民以非农业人口为主的地域，通常是周围地域的政治、经济、文化中心。人口密集，交通方便，经济繁荣，文化发达，是城市的基本特征。

（二）城市群众文化的形成

从世界范围来看，城市的兴起和发展迄今大致经历了三个阶段。

1. 前工业革命阶段

公元前7000年左右，在近东地区发生的农业革命为城市的出现提供了基本前提——剩余食品和有组织的群体活动方式。到公元前4500年左右，第一批城市型地域出现在幼发拉底和底格里斯两河流域。稍后在尼罗河谷、印度河谷和中国的黄河至渭河谷地等农业发达地区出现了城市。早期城市的主要功能是防御外敌，提供宗教活动、礼仪庆典的场所，同时作为社会的贸易、文化和行政管理中心。随着手工业和商业的发展，一批专业化功能较强的城市得到发展。

2. 工业革命阶段

18世纪中叶，始于英国的工业革命结束了城市中工场手工业的生产形式，代之以机器大工业的生产形式，使经济活动的社会化、专业化得到迅速发展。在聚集效应的作用下，城市得到迅速发展。工业活动的集中造就了新的城市，或扩大了原有的城市。工业活动不断提出的要求，使城市的基础设施和服务系统变得更为完善，而完善的城市生活、生产条件则吸引着更多的工业活动和人口向城市集中。

3. 后工业革命阶段

进入20世纪以来，随着科学技术和生产力的迅速发展，世界城市化进程加快。20世纪50年代以后，资本主义国家经过战后恢复，经济上出现了一个迅速发展时期，原来的殖民地或半殖民地国家也纷纷在政治上获得独立，经济上不断取得新的进步，这一切都有力地推动了城市的发展。例如，世界上100万人口以上的大城市在1950—1970年的20年间由71个增加到157个，1980年达到234个。随着现代工业向城市集中和现代科技的发展，整个社会的生产、流通、交换的容量和活动频率提高。因此，现代城市需要具备高效率、多功能和动态化的特点，才能适应社会的需要。在这种要求下，城市的交通工具和各类服务设施不断向高速、低耗、机动和大容量的方向发展。城市职能日趋多样化，生产专业化的进一步发展，使城市中各种专业性行业得到很大发展。城市地域异质性的增强对地域整合提出了新的要求。在发达国家的大城市中，新的整合组织，如行业协会、工会、俱乐部、地域性文化服务组织等大量涌现，为城市的发展提供了新的动力。

由此看来，在城市这个有机联系的整体中，人类文化的内容得以飞速繁荣。于是，与此相适应的城市群众文化也逐渐成为联系不同职业阶层的城市居民精神生活的纽带，同时将每个触角渗透于个人生活的各个方面。

1984年以来，由于设市标准进行了调整，中国小城市的数量增长很快，使大陆的城市体系得到了一定程度的改善。随着经济体制改革的深入进行，中国城市建设和城市改造工作进展迅速。这一切，都标志着中国城市质量的提高。中国城市按城市在国家行政管理体系中所处的不同地位进行划分，可分为直辖市、计划单列市、地级市和县级市四类。其中，县级市又分为省辖县级市和州。

二、中国城市群众文化的基本特征

城市每时每刻都在孕育着人类的文化成果，而人类的文化成果又大大加快了城市社会的发展。因此，城市群众文化对城市新的政治体制、制度规范、价值观念、文化行为，以及科学技术的产生与发展有着重大的影响，其结果是使城市群众文化表现出整合性、开放性、层次性的基本特征。

（一）整合性

从中国城市群众文化的社区特点和服务对象来看，其主要成分是干部、职员、工人、教师、学生、工商业经营者、外地流动人员。这些人群，有着不同的职业、兴趣、爱好，这就要求城市群众文化必须凭借占主体地位的自我意识，以不同于一般物质客体的存在方式而存在，突出对完善新的经济体制和经济秩序的必要的整体作用，而不能仅停留在单一的服务和被动适应的意义上，即在内容上必须具备丰富多彩的个性特点，它包括娱乐的、知识的、审美的等趋向一体化。同时，借助具有鲜明时代特色的文化艺术和其他娱乐性活动，使城市群众尽可能根据自己的意愿选择必需的文化生活资料进行消费。这样，城市群众文化就可以有目的地引导城市群众的文化消费行为，朝着群众文化运动规律的既定方向发展。而对于城市群众来说，恰恰通过必要的群众文化生活资料的消费，享受健康愉悦的文化生活，以满足自身多方面的文化需要。由于城市群众文化包含了更多的知识性内容，因此在提高城市社会成员的科学文化水平，增长知识才干，陶冶道德情操，以及对自己所处的社区责任感等方面，将会起到良好的作用。这就是城市群众文化与其服务对象之间的因果关系在促进城市社会发展中的不可逆的整合意义。换言之，城市群众文化力图利用主体意识中蕴含的聚结意识，通过多样性的文化传播手段，把人的社会生活与客观时空的变换协调起来，以增强人们的城市化意识。

开放性，对于这个特征，我们可以从两个方面来理解。一方面，城市在群众文化基础设施的硬件建设和软件建设上，具有较完整的能使群众文化各种机制处于良性循环的自我协调能力，并配备系统化的群众文化组织网络。这些组织网络包括文化系统的群众艺术馆、文化馆、街道文化站和居民委员会的文化室；工会系统的工人文化宫和俱乐部；共青团系统的青年宫和少年宫；教育系统的教工之家和青少年之家以及校园文化沙龙；军营的军人礼堂和俱乐部、文工团等组织。这些互相交叉、互相联系的组织网络作为城市群众文化的物质载体，具有上规模、上等级、上水平的质量保证。它既要充分汲取城市整体文化成果中很有特色的内容作为树立自己形象的铺垫，又要自觉地变换活动方式使自身在城市社会成员中产生较大幅度的扩散力和较强的吸引力。再一方面，城市拥有较好、较先进的结构合理的物质基础。它有四种表现：一是城市具有充足的人力、物力和财力的经济能力。二是城市有较先进的生产力优势。即使是从历史上传承下来的生产力诸因素，经过改造后，也比农业生产力显得更具优势；这些先进的生产力优势涉及劳动资料方面的有生产工具、土地使用、运输手段，劳动对象方面有自然资源、原材料，劳动者方面有人力资源、身体素质、文化知识水平、操作熟练程度、生产经营经验、整体管理效果，以及同上述诸方面联系紧密的科学技术水平等。三是城市具有较高的经济效益，即生产经营活动中所占用和所耗费的劳动时间尽可能小于同时取得的劳动成果。四是城市具有一整套适应自我生存的经济能力和市场要素，即社会生产与社会消费尽量达到正比。这种比较扎实的城市物质基础，展明了现代城市生产力全部内容在发展中的开放性特点。这样，城市群众文化在形式的适用性上，必然会产生与城市物质文明的飞跃同步发展的开放性效果。特别是现代城市生产力的发展，将会在继续更新城市群众文化的形式、内容和活动中发挥巨大的作用，并且，事实将昭示人们：未来的城市群众文化将在更广阔的领域中展开，而历来受人欢迎的能够体现健康的新、奇、乐的群众文化活动方式，将会随着人们需求量的增加而扶摇直上。

（三）层次性

受现代城市以社会化大生产和市场经济作为社会发展背景影响的群众文化活动，将是人与人之间展开的先进科技和文化教育的创造、运用、传播、较量的活动，其触及的范畴和含义也更为深远。由于城市社会成员的异质性程度高，因此城市群众文化在活动过程中，显然要针对不同的职业和知识层次展开有效的活动。这种有效的活动是多侧面的，但其中根本的一条是适应作为城市群众文化活动主体的不同层次的城市社会成员的多方面需要。这样，才有利于城市群众文化向新的领域拓展，使人们对文化活动主体的把握更加准确。

三、城市群众文化的特殊作用

城市群众文化应是城市向现代化标准建设发展的反映，即高效能的基础设施、高水平的管理工作、高质量的生态环境、高度社会化的分工协作、高尚的文化艺术气氛。因此，城市群众文化的特殊作用也从以下两个方面表现出来：

（一）促进城市的文明建设，提高城市作为文化中心的地位

城市群众文化在具体的社会实践中往往需要相应的社会力量作为支柱，比较明确地把增强城市社会力量的实力作为繁衍本体的一种生态环境。为了实现这个目标，城市群众文化就要主动地致力于城市的整体文明程度的建设。它往往以物化了的生产力因素的身份，积极从事城市社会的生产力变革和生产关系变革活动，并且以意识形态领域中的一员，直接或间接地将进步的世界观输送给城市群众，使城市群众理解群众文化在加速人类文明进程中的深刻意义。

（二）满足城市居民的文化需要，提高城市社会成员的文化素质

城市群众文化在活动范围上较多地接触城市群众，所以它在内容的布置上往往显露出超过农村或乡镇的文化生活需要的量。它除了在本质特征和运动规律上进一步强化自己的属性外，还将城市群众的整体文化需要主动储存到自身的调控机制中。这样，当城市群众文化进入流动状态时，既要折射出普遍的浅显的适应一般城市居民欣赏水平的文化艺术活动，又要发挥其特殊的深刻的精神活动能力，促使城市居民新的文化生活方式的形成。由此引发出城市群众既要努力继承优秀传统的文化成果，又要努力创造出现代的文化成果。这样，城市群众文化显而易见的引导和示范的职能，在循环往复的活动中转换成动力机制，促使城市群众的物质生活条件的改善和整体文化素质的提高不产生偏离，直至达到为优化城市生产力服务的目的。

第二节 乡镇群众文化

随着我国经济的快速发展，人们的物质生活水平不断提高，文化产业也越来越受到人们的重视。乡镇群众文化的建设是我国精神文明建设的重要内容，也是促进乡镇文明发展的重要工作，对乡镇群众的个人素质以及生活品质都有着巨大的影响。

一、乡镇群众文化的含义及其形成

（一）乡镇群众文化的含义

乡镇群众文化，是指介于农村和城市之间的行政建制镇形成的以兼容非农业居民和农业居民的文化需要为主体的吸收和消化城市群众文化后的一种社会性文化。

构成乡镇群众文化的要素有四：其一，乡镇地处城市和乡村之间，因此乡镇群众文化在城乡物质、文化交流的网络中具有桥梁作用。其二，乡镇的社会成员具有混合型的人口结构。乡镇是农村剩余劳动力的转移场所，由于剩余劳动力的转移形式不同，乡镇人口结构表现出复杂的混合形态。根据居住形式划分，乡镇人口分为住镇人口和摆动人口两种。前者工作、居住固定在镇；后者则在镇工作，回原所在村庄休息。乡镇社区的混合型人口结构表明，乡镇地域的居民同农业、农村有密切的关联。其三，乡镇的经济基础具有较强的自主性。乡镇上相当一批经济企业是依靠农村集体经济积累和农民自筹资金建设起来的，这些企业在很大程度上依赖市场。这些原因决定乡镇经济基础有较强的自主性，即企业对经营方向、方针和方式有很大的决定权。这种自主性使乡镇经济立足市场需求，通过创造新的经营机制促进企业高速发展。其四，乡镇具有城乡结合的文化生活方式。乡镇群众文化体现着城市和农村两种文化的结合与交融，既有所处农村地区的"农村群众文化"的特质，也有从城市接受的"城市群众文化"的因素，两者根据乡镇的特点融为一体，形成乡镇地域别具一格的群众文化体系。由于乡镇居民大多是新近从农村转移而来的，他们的文化生活方式和价值观念自然带有农村特色。但在较为接近现代的生产方式和城市群众文化辐射的影响下，乡镇群众文化往往根据自己的条件和需要，将城市的文化生活方式加以改变后采用。这种"转换"对促进城市文明向农村渗透有重要的意义。

（二）乡镇群众文化的形成

乡镇群众文化的形成，还要依赖于乡镇的形成与发展。乡镇，又称为小城镇，是具有一定人口规模并聚集着一定规模的非农业活动的聚落。乡镇一般是在集市的基础上发展起来的，至今已有六千多年的历史。

在中国，乡镇的历史也很悠久。在春秋时期，集市贸易已具有相当规模。秦汉以来，集市贸易日趋繁荣。东晋南朝时，集市已普遍存在。"集"的发展，带动了镇的发展。在位置适中、交通便利、规模较大的集市所在地，先是有人为了方便交易者的食宿，开设了饭店、客栈等，随后又有工商业者前来定居经营，集市所在地便逐渐成为具有一定人口规模和多种经济、社会活动内容的聚落。

中华人民共和国成立后，随着农村经济的发展，在战乱中遭到破坏的乡镇逐渐恢复了生机，许多乡镇发展为工商、交通、建筑、服务业和文教卫生事业共同发展的多功能的农村中心。

按照有关行政规定划分，中国的乡镇可分为建制镇和乡镇两种。根据乡镇在一定区域所处的地位，可以把乡镇分为三种类型：第一种为县城镇，一般处于全县的中心，位于水陆交通网络的交汇点，是全县政治、经济、文化的中心。第二种为中心镇，是县城范围内的次级中心，位于地域适中、交通条件较好的地方。尽管从行政层次上看它同周围的乡镇平级，但它实际上担负着为周围几个乡服务的中心地职能，其人口聚集规模、经济发展规模、商品零售额、第三产业等都明显高于周围的乡镇。第三种为一般乡镇，是一个乡的中心，文教卫生单位及商业、金融、服务业等单位一应俱全，但人口、经济聚集规模和为周围区域服务的能力明显低于中心镇。乡镇以及乡镇的发展，拓宽了群众文化的活动区域，丰富了群众文化的内涵，也使一种新的文化类型——乡镇群众文化脱颖而出。

二、中国乡镇群众文化的基本特征

由于各国的规模经济和集聚经济的侧重点不同，因此乡镇化的程度和乡镇群众文化的模式也不相同。中国的乡镇群众文化具有普遍性和特殊性相结合的意义。中国乡镇群众文化的建设方针是开放搞活、扶持疏导、面向群众、供求两益。多体制、多渠道、多层次、多形式是乡镇群众文化建设的原则。有计划按比例地开发国办的、集体办的、个体办的乡镇群众文化项目，科学地、有组织地开展多种样式的乡镇群众文化活动，是繁荣乡镇群众文化事业的必要途径。因此，中国乡镇群众文化的基本特征，主要表现在结构性、延伸性、目标性上。

（一）结构性

乡镇群众文化一般具有相应的主客体之间互相依赖、共同促进的运行模式。这种模式有其明显的结构特点。它大致有两类：一类称作纵向型，一类称作横向型。纵向型一般都是单一的，与群众性文化艺术产生联系的类型，它所表现出的是一个较为严密的群众文化实体单位，它的人、财、物、工作都落实在同一个作用点上。在中国的乡镇群众文化中，纵向型结构又分为两种：一种是由乡、镇人民政府直接管辖的文化站、文化艺术服务部、文化科技咨询服务站等直接与群众文化本体有关的要素；另一种是农民文化馆或称文化中心站，它也是一个完整的、独立的文化经济实体，内部通常设有各种文化艺术活动部门，如书报阅览室、影剧场、民间剧团等，实行统一管理。第二类结构为横向型，它是一种广义的文化，高度集聚了各种文化科技设备设施，各种科技、教育、卫生、体育和文化艺术活动单位。具体地说，是在一个较大的乡镇上分别设有文化站（或文化分馆）、农技站、广播站、影剧院、体育场、学校、医院、工艺美术企业，以及各种业余文化体育组织，等等。它们都是各自独立的实体，其中有国家办的，有地、市、县办的，有区、乡、镇办的，也有集体和个人办的。业余性质的群众文化娱乐活动往往是工矿企事业单位和群众自行组织的。它们的人、财、物及工作分布在每个独立的实体中，对方与对方之间通常互不涉及，倘若要举办某项大型的群众文化活动，往往通过所在地域的政府部门予以适当地协调，或实行统一计划和统一安排。上述两类结构形式，在中国乡镇群众文化中基本上是并存并立的。

（二）延伸性

中国乡镇群众文化具有较强的综合性和社会性的参与意识，即在乡镇所在地域的政府机构的管理下，以社会主义思想为指导，将文教、科技、卫生事业、文化企业、专业或业余文化艺术活动合而为一，同时还延伸到时事政治宣传、科学普及、广播、电视、电影等社会科学内容和自然科学内容的领域之中，成为乡镇群众文化建设的基地。中国乡镇群众文化的主要服务内容是普及文化、教育、科技、卫生、广播电视电脑网络等知识技能，以满足广大乡镇群众和农村群众对文化娱乐生活的需求，提高他们的科技、文化、体育与健康水平，以促进乡镇的现代文明建设。为了使服务内容落到实处并产生整体效益，乡镇群众文化往往将强烈的文化意识延伸到乡镇的其他各个社会组织中，促使他们在主体和客体之间产生较大幅度的互动整合现象，从而相互合作，相互支持，相互协调，相互补充。

（三）目标性

无论乡镇的地域范围和人口覆盖面积大还是小，群众文化的设施建设都将随着乡镇经济递增发展的速度而日趋齐全、周密。这样，必然会引起乡镇群众文化设施建设上的目标性程度的提高。其一，可以有目的地激发集体和个人投资兴办乡镇群众文化设施的积极性，即国家通过增加对乡镇群众文化设施建设的必要资金投入，以此刺激集体和个人兴办乡镇群众文化设施，促进乡镇群众文化的"硬件"建设。其二，可有目的地调整对乡镇群众文化设施建设的投资比例，即国家对乡镇群众文化设施建设实行一些鼓励性的倾斜政策，文化主管部门主动介入制定乡镇群众文化建设的规划，并对其建设规模、所处的地理位置、投资比例等拥有相应的建议权利和控制义务，使基础设施建设能遵循群众文化的活动规律，使有限的投资产生良好的效益。三是有目的地建立健全乡镇群众文化的管制机制，其中包括归口使用机制、扶持巩固机制、保障文化秩序机制等内容，以此促进乡镇群众文化设施的优质服务效率和稳定自身发展效率的发挥，使乡镇群众文化的社会效益和经济效益共同构筑在系统性的科学管理基础上。总之，目标性不是抽象的。它要求乡镇群众文化必须具备系列化的形式、内容、活动和设备设施，形成相应的运转体系，使乡镇群众的文化心态、文明程度、道德水准等与现代乡镇群众文化的先进性相适应，最终达到彻底改善乡镇地域中人际关系的目的。

三、中国乡镇群众文化的特殊作用

乡镇群众文化的根本作用是推进农村群众文化建设。乡镇群众文化以乡镇为依托，熔国办文化、集体办文化、个体办文化为一炉，以丰富多彩、活泼健康的活动，满足乡镇群众求新、求美、求知、求乐的生理需要和心理需要，并且还以其独特的辐射、示范、引导等作用，改变着周围农村群众的生活观念和思想情操。因此，中国乡镇群众文化的特殊作用主要表现在加速中国农村群众文化建设上。

（一）乡镇群众文化的基础设施建设，为推进农村群众文化建设提供了有利条件

乡镇群众文化的基础建设，主要指已经建成的国家、集体、个体三级共建网络。它分为"硬件"建设和"软件"建设。"硬件"建设是指国家、集体、个人对文化设施设备的资金投入所产生的物质成果。"软件"建设则指有一支相当规模的业余的群众文化艺术的组织骨干和群体，以及一个多层面的群众文化活动格局。这些都是推进农村群众文化建设必不可少的有利条件。它能够为农村群众开辟新的群众文化事业建设的视野，扩展新的群众文化事业建设的思路，并为培养周围农村群众良好的文化心态，做好物质上的准备。

（二）乡镇群众的文化参与意识，为推进农村群众文化建设创造了良好氛围

乡镇既是农村发展市场经济的集散地，又是农村地域的文化、教育、科技事业的窗口，是传播新思想、新道德、新观念的桥梁。所以，乡镇群众的文化参与意识较之农村群众活跃。这种参与意识大致表现为直接参与和间接参与两种类型。直接参与是指乡镇所在地域的国营、集体、乡镇企业自觉兴办各类群众文化活动。间接参与是指乡镇所在地域以家庭为单体自发开展各类群众文化活动。由于乡镇群众的

文化参与意识往往比农村群众的更新,更有领先性和超前性,所以会促使农村群众文化出现相应的转机:一是从单纯依靠国办文化提供单向服务转变到以乡镇群众文化为枢纽,牵动农村群众文化朝多渠道、多层次、全方位办文化的方向发展;二是从原来简单直观的娱乐活动转变到融德、智、体、美为一体的具有较大广泛性和较强综合性的文化普及活动和文化提高活动;三是从原来组织群众开展文化活动以村级俱乐部为着眼点,转变到以乡镇为中心同时巩固和完善村级俱乐部的存在。

(三)乡镇丰富多彩的群众文化活动,为推进农村群众文化建设发挥了导向作用

在乡镇,社会性的群众文化活动和自娱文化活动往往交织在一起,并且逐步改变着人们的文化生活方式,日益在人们的文化活动中形成"场"的力量。其主要原因有:一是乡镇政府部门把群众文化建设纳入乡镇经济建设和社会发展的总体规划之中,尽可能地使乡镇群众文化呈现出朝气蓬勃、功能健全的局面;二是乡镇的文化主管部门在兴办乡镇群众文化时,能够充分行使组织、辅导、宣传、管理、调研、联络、服务、协调等方面的综合职能,为乡镇群众文化活动的拓展发挥了能动作用;三是坚持把面向农村,提高农村群众的文化素质贯穿到经常性的乡镇群众文化活动之中,使乡镇群众文化的活动主体产生较强的吸引力和广泛的社会性,乡镇群众文化通过导向作用,使农村群众逐步增加对农村地域文化建设投入的兴趣,进一步理解群众文化在发展农业生产力中的潜在效益。同时,也使农村群众真正认识到在生产劳动之余,能够得到健康有益、内容多样、形式别致的文化娱乐,是社会发展和时代进步的需要,是激发他们的劳动热情、转变生产力机制的一条行之有效的途径。总之,乡镇群众文化在推进农村群众文化建设这条"链"中,是一个很重要的中间环节。

第三节 农村群众文化

农村群众文化活动不仅有利于提高农民群众文化素质和思想水平,而且有利于农村文化的建设。农村群众文化活动并非单一个体的行为,而是一种群体现象,是

人类社会在历史长河中发展的一个产物,同时也发挥着整合农村群体综合素质、促进农村个体内在素质的提升与外在行为的扩展的作用。农村群众文化活动开展得好与不好,关系着中国广大农民的根本利益,同时农村群众文化活动的进步也可以带动整体人类的文明发展。

一、农村群众文化的含义及其形成

(一)农村群众文化的含义

农村群众文化是指聚集在农村地域范围内的社会成员在农业生产劳动中形成的一种社会性文化。

农村群众文化作为群众文化的一个子系统,有其相对独立的构成要素。其一,它是以一定的农业生产关系与其他社会关系为纽带组织起来的,具有一定数量规模的、自觉参与群众文化活动的人群。其二,人群赖以进行群众文化活动的,有一定规定范围的农村地域或农民群众参与文化活动的聚集场所。其三,它有一整套相对完备的,可以满足大多数农民基本精神生活需要的文化生活服务设施。其四,它有一系列相互配合的,为满足农民群众文化生活需要的制度和组织。其五,农民对所占有的文化消费在生理上和心理上的认同和归属。而在具体理解这五个要素时,要运用同一事物中不同组合成分之间的观点。其中,人群是农村群众文化的主体;地域或聚集场所和文化生活服务设施是农村群众文化的物质基础;制度和管理机构是农村群众文化的调控手段;文化消费是农村群众文化的互动机制。

(二)农村群众文化的形成

中国属于发展中国家,又是世界农业大国。中国的农村群众文化与中国的农业生产力的基本协调发展,具有典型意义。

首先,中国的农业生产力的发展,是从传统的封闭型的自给自足小农经济为主体的家庭农业中起步的。在相当长的历史时期里,农民群众仅凭着原始的土地意识,从事一些单一的农业产品生产活动。而因时因地产生的属于中国农村群众文化范畴的一些文化形态,只能与当时不发达的农村经济基础状况相适应,并且暴露出先天的自发状态的不确定性、不稳定性、封闭落后性。

其次，1979年以来，随着实行家庭联产承包责任制，中国农村发生了巨大的变化。原来"三级所有，队为基础"的人民公社管理体制被家庭联产承包责任制所取代，原来的"政社合一"的人民公社被乡村政权和各级经济合作组织所取代，乡镇企业异军突起，使农村经济结构发生了巨大变化，不仅使农村剩余劳动力从土地上转移出来，为农村致富开辟了道路，而且使农村经济逐步纳入全国统一的市场经济中，并开始准备与国际市场接轨。这些变化大大加快了农业现代化的进程。

中国农村社会主义生产力和生产关系的调整、完善和发展，一方面猛烈地冲击了农民群众历史上形成的保守落后的生产意识和思想观念；另一方面，它又以充分解放农业生产力的角色，使农民群众那种长期受压抑而缺乏能动性的劳动意识，转化为自觉地运用先进的生产工具、农业科技从事生活资料生产的意识。由于有了农业经济诸方面的客观因素的相互作用，中国的农民群众日益感到一般的物质生活的实惠，不再成为他们在日常生活中所追求的唯一目标，而科学技术、文化教育成了他们日益增长的生活需要。由此得出，农业地域的发展突出表现在专门从事农业经济活动的农业人群的形成，而农村中不断发展的新的经济基础，恰恰又成了农村群众文化得以客观存在的条件。

二、农村群众文化的基本特征

农村群众文化是农业地域内社会性文化活动和人际关系的集结，所以，不同的聚落形态对农民群众的文化需要有不同的影响。那么，分析和归纳农村群众文化的基本特征，首先要了解农业地域的一般类型和特点。

（一）农业地域的一般类型和特点

农业地域的一般类型，若按农业地域的经济活动内容划分，有农村、山村（林业）、牧村、渔村，以及随着市场经济的发展，在农业地域出现的以从事某种经济活动为主的专业村。若按人群聚落形态分类，可把农业地域分为以下几类：其一，散村（点状聚落），即以孤立的农舍为基础呈点状分布的村落；其二，路村、街村、沿河村（线状聚落），即沿路、沿街或沿河而建的村落；其三，团村（块状聚落），这类村庄规模较大，建筑物采取周边加行列式布局，即一部分建筑长边沿街，大部分建筑采取有规则朝向的布局。

农业地域通常有五个特点：其一，人口密度小，地域成员的异质性低；其二，家庭功能健全，血缘关系浓厚；其三，群众的文化活动有明显的季节性，生活节奏较慢；其四，群众的生活水平参差不齐；其五，群众文化有明显的地方特色和传统特色。

（二）农村群众文化的特征分析

根据农业地域的一般类型和特点，农村群众文化呈现出归属性、直观性、季节性的基本特征。

1. 归属性

农村群众文化往往要运用一定的表现形式服务于广大农民群众，而农民群众在接受某种文化形式和文化内容时，会产生逐步吸收、逐步消化的归属过程。这种归属过程体现在农村群众文化的本体面对异质性较低的被接受者，要选择怎样恰如其分的形式或内容，便于农民群众理解和接受。

农业地域社会成员的认识水平，使发展中国家的农村群众文化形态与农民群众产生如下互动关系：一方面，农村群众文化在内容的设计上，尽可能地联系现实农业社会的政治、经济、文化的实际情况，以及农民群众普遍关心的切身问题；在形式上，要尽量采用一些平实的、通俗的，能够触发农民群众真情实感的种类，使农民群众在采纳文化信息时，形成一个环形的接收圈，一种能够实现可以归属的心理感受。另一方面，农村群众文化在确定主体意识的过程中，往往要更多地考虑因地制宜、切合实际的特点，并且以社会意识形态的一个细胞，表示它在农民群众中有较强的传播能力、导向能力、感染能力，以及应当达到的目标，其中包括应该制定哪些科学的、有效的文化策略。

农村的社会生活并非一成不变的，且群众文化也不可能不遇到将一些较深的甚至复杂繁多的内容让农民群众去接受、去理解。面对这个情况，农村群众文化就要及时发挥主体意识中的能动作用，适当采取一些通俗化的措施，如图解式的、比较式的现身说法等，灵活而又巧妙地把那些"阳春白雪"化难为易、化繁为简，使农民群众在对文化价值的认同和归属的氛围里消化农村群众文化的内容，缩短认识上的差距，进而使一种意识——自觉地接受并且主动地参与各种类型的农村群众文化活动的意识得以形成。所以，农村群众文化的归属性会使更多的农业居民投入开发现代农业的文化成果的活动中去。

2. 直观性

任何事物都有它的形式，也有它的内容。任何事物处于稳定状态时都需要相应的形式和内容的统一。但是，事物在联系和发展的过程中往往具有二重性：一是与内容不直接相干的、非本质的外在形式；二是与内容紧密相关的、本质的内在形式。形式和内容之间并没有绝对的界限，在一定的条件下，作为一定内容的形式，可能成为另一形式的内容。这就是内容和形式在事物发展中的辩证关系。农村群众文化也不例外。它在内容和形式方面往往具有较多的适合农民群众精神调节需要的文化艺术活动成分，所以在它的本体中始终保存着较多的直观性。有时候，这种直观性需要人为地创造。由于社会发展的渐进性的客观原因，一些农民对文化信息的接收和反馈只停留在与农业现实的经济基础状况基本适应的水准上。倘若使这个水准产生偏差而不破坏它的质，那么，就要求农村群众文化在展现直观性时，有意识地把某些内容进行必要的加工和锤炼，运用形象化的处理方法，使之产生较强烈的视觉效果和较清晰的听觉效果。然而，除人为地设计直观性的内容外，某些直观性确实是自然形成的，并作为社会传统流传下来。例如，每个国家都有自己的具有某些特质的并且明显烙有历史文化痕迹和民族民间遗风的农村群众文化景观。由于这些景观流传已久，早被广大农民群众所熟知，故而，这些文化景观就会以其特殊的、深刻的直观性受到广大农民的喜爱和欢迎。即便某些文化景观在形式上或者新旧不一，或者繁简各异，但是，由于其直观性的客观效果，仍然会成为对某种新的内容的一种别开生面的补充。有时候，这种效果仿佛带有较多的偶然性，但是，它又很类似一些表面来说是不规范的，但却被人们约定俗成，其直接效果——呈稳定状的直观性植根于农村群众文化的根基之中。

3. 季节性

在农村，农民群众在长年累月与自然界的抗争中，形成了属于自己的日常生活习性。这种日常生活习性与土地使用的效率和农作物播种、生长、栽培、收获的周期，以及气象状况密切相关。在农业生产劳动与群众文化活动两者的价值取向中，一些农民往往先进行必要的选择和比较，把前者确定为主要的，而把后者确定为次要的。由于有了与农业生产劳动密切相关的一系列物质生产活动的客观存在，于是也就决定了农民群众在文化活动的时间和空间的安排上，具有像耕作收获时那样的季节性。这是农村群众文化发展的客观规律之一。假如违背这个规律，即使是内容很真实且形式很新颖的群众文化活动，也难以拥有更广泛的参与者，达到理想的效果。所以，强调季节性实质上是强调农村群众文化的特性，是强调开展农村群众文化活动因时因地的客观性和科学性。而且实践证明，农村群众文化活动一般在农闲季节和农家传统节日中容易开展，效果也显著，其原因是农闲季节和农家传统节日大多属于农民群众生产活动和社会活动中的闲暇时间，也是他们热切需要更多的精神生活调节其体力和充实其业余生活的时刻。在这段时间里，他们的精神活动显然比农忙时更宽松更舒展，文化活动的精力也充沛，文化娱乐生活中的空间部分也较广阔。假如是丰年的话，他们要为五谷丰登而载歌载舞；假如是遇灾的话，他们要为重建家园而鼓足干劲。因此，在农村群众文化这幅全息图景中，季节性像坐标系中的交点一样，有规则地、按次序地分布在农村群众文化活动的体系中，并且具体地指示出这幅全息图在事物运动过程中的范围大小、程度高低、一定单位时间内的规模如何。所以，季节性既是贯穿于农村群众文化客观存在的主线，又是最能体现农村群众文化价值观认同的标记。

三、农村群众文化的特殊作用

农村群众文化是农业地域的社会意识形态的客观产物，所以会折射出所处的农业地域内的一定社会历史阶段的经济基础的状况。可以这样认为，农村群众文化是在特定的农村社会政治、经济、文化形态的制约下生长、发育的，反过来又促进特定的农村社会的政治、经济、文化形态逐渐从低级向高级发展。因此，我们得出农村群众文化在促进农业现代化进程中具有特殊作用。

（一）具有提高农民群众的思想觉悟，使他们进一步摆脱愚昧落后状态的作用

中国地大物博，以农业生产为主。中国的农业地域具有人口众多、资源相对较少、经济基础薄弱、科学文化落后、地区差异很大等特点。因此，要把传统农业转变为现代农业，建立起广泛采用现代生产工具、现代科学技术和现代经济管理方法的农业生产体系，就必须强化中国农民的整体文化素质。而介入其中的中国农村群众文化，应当从重视智力投资出发，积极为大力发展农业教育、农业科学技术研究和推广工作、普及农业科学技术知识、造就一支适应农业现代化建设需要的农业技术和管理人才队伍服务。

同时，在群众文化传播的方式方法上，要拟定系列性的持久性实施方案，使中国农民真正成为适应现代农业社会发展的新型农民。

（二）具有提高农业生产社会化程度，发展农业生产力的作用

1979年以来，中国农村的社会结构发生了一系列的变革。变革的主题以引进市场经济和提高农业生产经济效益为中心。由此引发出坚持以改善农业生态系统，不断提高土地生产效率，并在此基础上大幅度地提高农业劳动生产率的农业生产方针。在逐步调整农业经济结构方面，建立健全了专业化和综合发展相结合的农业生产结构和农村产业结构。中国农民开始理解农业生产社会化在发展现代农业中的中坚作用。农民群众的生产活动领域的拓展，也给农村群众文化增添了新的内容。它要求自身每开展一项活动时，必须有一个明确的导向，那就是积极地为农业生产社会化程度的提高而鸣锣开道。而随着现代农业社会的不断完善，农民手中的生产工具机械化程度也日益提高，农业生产向有机农业和无机农业相结合的转变也将增速，由此会使以市场调节为主促使农业劳动力向其他产业领域渗透，以及如何处置农村剩余劳力出路等问题得到妥善解决。这些有利因素都催促着中国农村群众文化深入到专业户（村），农业生产前、生产中、生产后的服务和各地域、各部门的分工协作，以及发展农村市场经济等过程中。

不过，我们也要看到事物在发展中是多因素互相联系的。我们所认定的农村群众文化，毕竟不是一种包罗万象的能超越农村社会物质条件而存在的文化类型。那

么,从事物的量变因素和质变因素相互作用产生新的飞跃的辩证观点出发,农村群众文化在提高农业生产社会化程度和发展农业生产力中,其效益也许是间接的、潜在的,并且更多地保留以文化意识为导向的文化普及行为的因素,所以它的特殊作用的客观表现往往不是立竿见影的,而是隐形的。

(三)具有发挥自娱性文化的优势,活跃和丰富农村群众文化的作用

农村群众文化拥有被广大农民群众所认同的文化艺术普及与提高中的自娱性成分的特殊作用。农村群众文化在自身的文化孕育和文化发展中已经开拓出一条泾渭分明的环环相扣的沿革线路——成为农民群众生活方式中不可缺少的组成部分。因此,农民群众会不受拘束地以接受者和参与者的双重身份,加入所处的地域内的各式各样的文化艺术活动的行列中。更由于农村群众文化艺术活动具有情绪性、挥发性、松懈性等特点,出于协调物质生活和精神生活的不同需要的目的,身为活动者的农民群众似乎更看重通过群众文化艺术活动,能够产生消除疲劳、恢复体力的实际效果。这样,无论事物的主体或是客体,两者在繁荣农村群众文化中的目标都是相同的。

第四节 家庭群众文化

家庭是社会的细胞。家庭文化是群众文化建设的重要组成部分,它直接关系到整个社会文化建设的水平。家庭文化的服务对象是构成家庭的每一位成员,这些成员之间存在着其他关系不可替代的婚姻关系或血缘关系,是以亲情关系为纽带的最为紧密的人际关系群体,关系更加紧密微妙,互动性强,因而家庭文化内涵更为深厚。

一、家庭群众文化的含义及其形成

(一)家庭群众文化的含义

家庭群众文化,是以单个家庭构成的或以一家庭成员与另一家庭成员之间在自由时间里从事的具有群体性文化娱乐活动为特征的一种社会性文化。家庭群众文化

的特殊作用是联络感情、增进团结、互帮互助。

(二)家庭群众文化的形成

在社会群体中,一夫一妻制的个体家庭,是在原始公社末期私有财产出现的基础上产生的社会生活组织形式。个体家庭的出现,经历了一条漫长的道路。从最初的原始群体中,由杂交发展为实行各种形式的群婚,逐渐形成了以血缘纽带联系起来的母系氏族公社。这是由于早期氏族公社生产力稍有发展,男女在生产过程中开始有了自然的分工(男子从事狩猎,妇女从事采集、初步种植植物),妇女的生产比较稳定可靠,并在原始公社的生产中占据比较重要的地位等原因而产生的。原始公社的生产由狩猎向畜牧和农业进一步发展,畜牧业和农业生产要由男子负担,于是,男子在生产中的地位越来越重要,母系氏族公社便被父系氏族公社所代替,并逐渐出现了父系家长制家庭。畜牧业和农业生产力再向前发展,生产已有可能不依靠群体的共同劳动来进行,而由较小的个体单位来进行,同时,由于私有制的出现,也自然而然地要求形成各自独立的经济单位。这样,就逐步产生了一夫一妻制的个体家庭。

一夫一妻制的个体家庭,在阶级社会里,是建立在男性支配和奴役女性的基础上的,这时的一夫一妻制的义务,实际上只是片面地要求女方遵守。这种一夫一妻制的个体家庭形式,是私有制生产关系的必然产物,是为私人的财产占有权和财产继承权服务的生活组织形式。它以血缘关系为自然基础,又以私有制为经济基础。它既担负着繁衍后代的职能(对劳动者家庭来说,是劳动力的再生产的职能),又是私有财产占有的单位。就后一种意义来说,它也是一个经济单位。个体生产一般都是以家庭为单位进行的,这种家庭是生产的单位。在资本主义大生产的条件下,工人都在资本家的工厂里进行生产,家庭就成为单纯的消费单位,而不再是生产的单位。工人的家庭对于资产阶级来说,只是提供剥削的源泉。由此可见,家庭的性质、职能,都是随着人类社会的生产方式的发展而发展的。

家庭的制度以及与之相联系的伦理观念、法律观念、文化观念,也是随着经济关系的变化而变化的。所以,与封建社会的经济基础相适应,产生了封建的家长制度和家庭内的尊卑等级——父子、兄弟、夫妇的不同地位,以及维护这一制度的国家法规和家规及其道德文化观念。在封建家庭里,族权、父权、夫权控制着一切。

农奴阶级的家庭，对于封建主阶级来说是处于从属地位的。与资本主义经济基础相适应，资产阶级扯去了罩在家庭关系上的温情脉脉的面纱，把这种关系变成了纯粹的金钱关系。资产阶级的法律和道德，实质上是把这种资产阶级的家庭关系奉为至高无上的神圣原则。在工人家庭中，由于资本主义大机器工业的发展，把妇女吸引到生产劳动中，使妇女开始从宗法制度和家长制度的束缚下解放出来，提高了她们在家庭中和社会上的地位。

随着社会主义革命的胜利，剥削制度的消灭和公有制经济的日益发展，获得生存权利的男女在政治上、经济上以及在社会生活的各个方面都处于完全平等的地位，妇女成为自由的、具有平等权利的社会成员。只有到了这时，一夫一妻对于男女双方才都是现实的。在社会主义制度下，家庭关系发生了根本变化，人们才有可能摆脱封建主义和资本主义的家庭制度以及和它相联系的伦理观念、法律观念和文化观念，建立真正平等、团结、和睦的社会主义新型家庭。

总之，作为社会的生活组织形式的家庭，既反映了社会经济基础的特点，也反映了社会上层建筑的特点。它同整个社会形态，首先是经济基础之间有着内在的、密切的联系。它的职能、性质、形式、结构以及和它相联系的伦理观念、道德观念、法律观念和文化观念，迟早都会随着生产方式的变革而变化。

根据家庭反映社会上层建筑的特点，家庭与群众文化又有着密切的联系。一方面，群众文化具有广泛的群众性，从古至今，不论人们的年龄、性别、教养、生活条件、社会地位、风俗习惯有何不同，总是对文化各有所求，特别是在紧张的生产劳动之余，都需要有轻松、愉快、生动活泼的文化生活作为调剂，以满足自己的文化需要，同时表现出以家庭为单位参与社会性的文化创造活动和家庭成员自身自娱的需要。另一方面，自家庭形成后，任何时代的任何家庭的社会生活的组织部分只能有两个要素：一是物质生活；二是精神生活。尽管客观上存在着以婚姻关系和血缘关系划分的小家庭或大家庭，而且它们的类型不同、规模不同，但都有以下两个共同之处：其一，组成的家庭成员，都是群众文化活动的欣赏者或参与者，无论老、中、青、少、幼，都需要相应的文化生活；其二，家庭的生育功能、教育功能、感情功能、保障功能及经济功能，相似于群众文化不同的社会功能。

所以，自从家庭形成以后，作为上层建筑意识形态内容的群众文化就渗透到每个家庭的日常生活之中，这种家庭群众文化随着家庭的延续而发展。

二、中国家庭群众文化的现状及其认识意义

家庭群众文化是社会成员文化生活方式的一个主要部分，是群众文化发展的标志。家庭群众文化的健康发展，对于社会稳定和社会发展以及繁荣群众文化事业，都具有积极的作用。为此，可以在分析家庭群众文化的现状的基础上，进一步理解家庭群众文化的认识意义。

在中国漫长的封建社会里，家庭曾经被看作维持社会秩序的最主要因素，是社会控制的核心之所在。汉语中"国家"一词，从字义上表明，"国"与"家"是难以截然分开的，"国"就是"家"的扩大，"家"就是"国"的缩影。两者之间的紧密相关性不能不对人们的社会生活（私人的和公共的）产生深刻的影响，特别是在社会大动乱时期，国破必然伴随着家亡。中华人民共和国成立后，随着社会政治生活的巨变，家庭群体的活动方式、内部的结构状态、成员关系以及功能等多方面，都发生了变化。其中更多地表现了这一群体发展的新特征：首先，在形式上，家庭规模开始缩小，出现了所谓的"简缩"趋势，特别是在城市核心家庭（由一对夫妻与其未成年子女组成）比重上升，这种结构变化涉及家庭内部成员关系、义务、责任以及活动方式的变化。其次，家庭群体的功能变化引人注目，值得人们重视的是，随着社会经济政策的转变，原来被取代的家庭生产力功能在一定程度上得以恢复，在城市出现大量的家庭手工业和经营单位；在农村，家庭联产承包责任制实际上围绕着家庭来组织生产、经营，在家庭成员关系中强化各种经济因素（分工、分配等）。这无疑会对家庭群体的其他功能的变化趋势产生影响，也表明在中国社会现代化过程中，家庭群体的作用是极其独特的。

此外，家庭内部关系的变化，反映在亲子关系和夫妻关系的变化方面。在过去相当长的时期里，生育是中国家庭的主要功能，亲子关系由此而成为第一关系，男性占有绝对主宰地位。随着社会生活的变化，夫妻关系的重要性开始上升，与此相关，家庭群体内夫妻在经济、权力、家务、性生活诸方面的平等关系受到重视，男女平等观念开始普遍被接受。上述因素说明，中国家庭群体的变化对家庭群众文化的发展产生了深刻的影响。

第一，家庭群众文化由单一化转向多样化。在过去较长的时期内，家庭群众文化由于受不发达的社会物质条件的影响，文化活动项目往往是纵向的，大多局限在个别家庭活动上。而随着社会生产力的解放和人民群众经济收入的提高，家庭群众文化在内容和形式上都与社会发展的进程日益贴近。特别是随着城市现代大工业的形成和农村乡镇化的出现，先进的文化娱乐工具逐渐进入单个家庭，使家庭内部的文化生活更加丰富，并朝着多样化方向发展。

第二，家庭群众文化由低层次转向高层次，一方面，家庭群众文化的"硬件"由低级向高级发展，主要表现在现代视听设备不断涌入城乡普通家庭。这些现代传播技术和设备的普遍应用，能够给家庭成员提供信息及艺术欣赏，并能丰富生活、启迪思想、陶冶情操，扩大家庭成员的视野等。另一方面，家庭群众文化的"软件"由低级向高级发展，主要表现在家庭成员对科学文化知识的认识结构的改变。越来越多的家庭成员对家庭群众文化的兴趣爱好，逐渐从一般的娱乐性需要转变到知识性需要，以不断提高自己的科学文化知识素养，来适应现代社会生活不同方面的需要，适应新的生产力构造的需要。特别是随着现代大工业社会的到来，每个家庭成员将越来越渴求知识的高结构，即广大工人家庭的在职人员积极吸收科学文化知识，逐渐向高智商方向转化。广大农村家庭的成年人员，从勤劳致富逐渐走向科技教育兴农和科技教育致富相结合的道路；广大城镇家庭的成员，根据不同的职业特点，逐步运用文化教育知识向科技高峰攀登。

第三，家庭群众文化从观赏性活动为主转向参与性活动为主。也就是说，越来越多的家庭成员再也不满足于一般的视听效果的接收，他们的欣赏意识逐渐转向能够充分表现自己个性的群众文化活动上来。这并不是一种偶然的、短期的文化行为，而是由一定的客观条件促成的。随着社会成员人均生产效率的提高和劳动时间的缩短，因而有更多的自由时间用于参加各类群众文化活动。中国义务教育和社会教育的优化，以及社会成员文化知识水平的提高，对城乡家庭群体主动参与群众文化活动起到了极大的促进作用。

第四，家庭群众文化的规模由单家独户转向多家联户。以家庭群体为单位形成的创造性、竞技性、社交性、表演性、自娱性文化活动的发展，必然使家庭群众文化的规模向家庭与家庭之间、家庭与社区之间扩展。其方式除个别活动项目外，一般都要由两个或两个以上的家庭群体相互合作方能进行,以此扬各"家"之长,避各"家"之短,互相配合,共享其乐。故而要改变原来以单个家庭为活动主体的规模,而向多家联户和社区的范围扩展。

总之,中国家庭群众文化是中国社会上层建筑意识形态内容的一个组成部分,它的状况说明了这种文化具有较强的生命力和凝聚力,它为进一步调整现代社会的人际关系,为促进社区性文化建设起到了良好的作用。

总之,群众文化是一个大秩序,家庭群众文化则是一个小秩序。它们之间在现实社会生活中之所以能够协调发展,关键的问题在于人们要依照群众文化的客观规律,适度地变革家庭群众文化中封闭的、自私的、落后的部分,使之与社会发展相适应。

第五节 校园群众文化

校园文化是以校园为地理环境圈,以社会文化为背景,以学校管理者和全体师生员工组成的校园人为主体,以群体价值观念为核心的一种亚文化。校园文化应该是群众文化的一个组成部分,脱离了群众文化这个基础,校园文化的生存发展就失去了依据。

一、校园群众文化的定义及其形成

(一)校园群众文化的定义

校园群众文化是指以满足学生精神生活需要为目的,以文化艺术活动为主要内容的一种社会性文化。

(二)校园群众文化的形成

校园群众文化是随着人类社会的教育制度的确立而逐步形成的。在中国,最早的学校是官办学校。它萌芽于原始社会,形成于奴隶社会,至西周,学制体系初成规模,可以作为奴隶社会学制的代表。西周的学校分为国学和乡学。设在王都和诸侯都城的学校叫作国学。乡学是按照当时的行政区划乡、州、党、间设立的学校。教育内容包括德、行、艺、仪四个方面，而以礼、乐、射、御、书、数六艺为主要学习科目，体现了周代的教育是尚文重武、讲求实用的教育。春秋战国时期，社会发生了急剧的变化，表现在教育制度上的转变，是官学衰微，私学兴起。当时聚徒讲学的学者很多。孔子是第一个创办私学的大师，他广收各地区、各阶层的学生，以《诗》《书》《礼》《乐》《易》《春秋》六经授徒，培养了众多的门人弟子，而门人弟子中又多继承师业兴办私学。秦代为了统一思想，焚书、禁设私学。"以法学教""以吏为师"，这种吏师制度一直延续到汉初。汉武帝的文化政策是"罢黜百家，独尊儒学"。自此以后，儒家教育统治了中国学校两千年。汉代自武帝时兴办官学，建立起中国封闭社会官学的模式和系统。汉代的官学分为中央官学和地方官学。东汉灵帝时设"鸿都门学"，专习书画辞赋，是中国历史上第一所专门的艺术大学。魏晋南北朝时期，社会动荡不安，学校教育总的趋势是衰落了。隋朝短暂，但教育制度开唐朝之先，实行科举，对后代教育影响很大。唐朝是中国封建社会鼎盛时期，教育事业也极其兴盛发达，尤其是贞观至开元一百多年间，官学数量多、形式多、学生多、制度严密完善。以后历代，官学继承发展，私学作为补充。

鸦片战争爆发以后，中国近代教育制度发生了深刻的变化。首先，太平天国的教育改革，废除了科举制度。其次，中国教育制度史上具有资产阶级民主性的改革是从辛亥革命开始的，南京临时政府成立后，将这种改革向前推进了一步。1912年1月，著名教育家蔡元培（1868—1940）担任了中华民国政府第一任教育总长。1月9日，教育部成立，内分学校教育、社会教育、历象三司。到了1934年年初，苏区工农民主政权的教育制度在革命根据地形成之后，逐步形成了新民主主义性质和社会主义性质的教育制度。总之，中国教育制度的产生与发展，是校园群众文化形成的土壤，而随着社会主义建设事业的发展，校园群众文化日益成为教育的有机组成部分。

校园群众文化从属于校园文化。关于校园文化，根据文化的多义性，我们把它分为广义的和狭义的。广义的校园文化指学校物质财富和精神财富的总和。狭义的校园文化则指学校群体精神生活的总和，诸如长期形成的校园精神、优秀传统、文化教育观念、价值标准、道德规范等属于群体意识的非物质要素。而原先作为提出校园文化概念的接近于群众文化范畴的课余文化艺术内容，应归属校园群众文化。它包括校园群众文化的活动、工作、事业和理论研究等，涉及科学技术、文学艺术、体育、思想教育、娱乐等师生员工文化生活的各个方面。这样划分，能使校园文化的属概念与通称的文化、群众文化的属概念相一致，同时又保持自身特色。

校园群众文化是校园文化的一个要素。因而校园群众文化不等于一般观念中的"课外活动"与"第二课堂"，也不能把它仅仅理解为学生课外的文化艺术活动。校园群众文化的主体是学生和教职员工，活动方式是自我进行的，教职员工在群众文化活动中起指导作用。学生和教职员工参与文化活动是为了获得精神需要的满足和身心健康的全面发展。校园群众文化是一项系统工程，包含着文化政策的制定、文化设施的建设、文化组织的建设、文化活动的开展及文化理论的研究等。其中，学生的文化活动是校园群众文化的核心内容。

校园群众文化是群众文化的组成部分。在性质上，它有以下三个内容：

第一，它是综合性的文化形态。校园群众文化既包含了文学艺术这个主体内容，又涉及学生文化生活的各个方面。在它的整体中，大部分内容（如文学、音乐、戏曲、美术和电影、电视、录像等综合艺术）属于意识形态范畴，而小部分（如课外体育、游艺等）则属于非意识形态范畴。从总体上看，校园群众文化是综合性的文化形态，它可以从多方面直接影响学生的意识形态。这一社会属性，规定了校园群众文化活动必须把社会效益放在首位这一根本原则。

第二，校园群众文化是弘扬民族文化的基础。一个民族的总体文化艺术素质的高低，反映了这个民族、这个国家的文明程度如何。若从一般层次上认识，以文化艺术为中心的校园群众文化，恰好给广大学生未来的文化艺术实践奠定了基础；若从较高层次上认识，进步、健康的校园群众文化，还能够促进学生形成正确的世界观、伦理观、价值观。而从文化发展的战略角度和提高全民族文化素质的角度来看，正确引导校园群众文化的健康发展，有利于促进人类社会的文明进程。

第三，校园群众文化具有鲜明的倾向性。文化体现了一定阶级性对文化性质的规定作用。特定的意识形态决定特定的文化性质，在阶级社会和还存在阶级斗争的社会中，它必然表现出鲜明的倾向性；而作为一定社会时代占统治地位的文化的性质，则是由该社会占统治地位的阶级的性质及其利益和需要、对未来的追求决定的，即每一特定性质的文化形态的目的及其功能，完全是为维护统治阶级的地位、利益而服务的。统治阶级的性质不同，文化的性质和服务的方向也就不同。所以，以马克思主义科学世界观为指导的社会主义群众文化的性质，也就决定了校园群众文化要以正确的世界观作为指导思想，坚定不移地为工人阶级和广大人民群众的利益和需要服务，坚定不移地为社会主义革命和建设事业服务。

二、校园群众文化的基本特征

概括地说，校园群众文化具有广泛性、自主性、实验性的基本特征。

第一，广泛性。首先，广泛性表现在学生知识来源的广度。校园群众文化使学生的知识来源不再局限于课堂这方小天地，可以不受严格的教学大纲、教材、时间和空间的限制，而由学生自我选择适合于自己个性发展的文化活动，从中汲取知识营养。所以，校园群众文化有利于学生开阔视野、扩大知识面、增加信息量，也使学生的聪明才智得到充分的施展。其次，广泛性表现在校园群众文化内容与形式的丰富多彩。它既有大学生的提高性的活动，也有广大乡镇和农村初、中等学校学生的普及性的活动。因此，校园群众文化也呈现出多样的个性化和个别化的思想教育方式，以区别于课堂的共同化、标准化的教育。最后，广泛性表现在校园群众文化活动参与者的范围和规模。从繁华的城市到偏僻的乡村，从高等学府到初级学校直至幼儿园，校园群众文化的参与者是学生和教职员工。不同的年龄、性别、民族、年级的学生，都可以参与自己需要的文化活动。而从知识传播的角度上理解，广泛性还表现在传递信息的及时性。课堂教学所传输的知识，大都是定论的并经过较长时间积淀的知识，而校园群众文化却能运用新的文化科技工具，及时向学生输送大量新的科技信息。

第二，自主性。校园群众文化不仅仅具有群众文化的能动的参与意识的特点，更为突出的是具有自主性特点。学生课堂学习，往往是在教师主观指导下的被动接受，而校园群众文化则充分体现学生学习知识的主体意识，即学生在独立自主的文化活动中主动汲取知识，施展才能，培养自学能力和创造能力。不过，校园群众文化的自主性要适度发展。由于学生在世界观形成方面还不成熟，所以，校园群众文化仍然有必要对整体校园文化加以引导，把学生的文化需要与社会的文明建设统一起来，促进质和量的全面发展。

第三，实验性。从教育心理学上分析，学生时期是人生的"好动"阶段，对事物亲身体验的欲望较强。校园群众文化为他们大显身手提供了很好的机会。在多样化的课余活动中，学生往往自己创造条件，自己进行组织和辅导，自己从事设计和创造，自己检验和总结活动的效果等，总之有很强的实验特点。它可以促进学生的德、智、体、美、劳的全面发展。同时，校园群众文化又具有一定的社会性，使学生在文化活动中增长社会知识和提高人际交往能力。总之，它能促进学生的课本知识与社会实践的有机结合。

三、校园群众文化的特殊作用

教育制度和教育方式是时代的产物，不同的时代有着不同的教育制度和教育方式。从中国的教育史来看，分散、个别的私学教育已成为过去，单纯的课堂教育也逐渐被"第一课堂"（指课堂教育）与"第二课堂"（以校园群众文化活动为主体内容）并行、配合的新的教育体系所代替。教育要面向现代化、面向世界、面向未来，是全体社会成员的共同责任。那么，校园群众文化的蓬勃兴起正顺应了现代教育的发展方向。从这个意义上去认识，校园群众文化的特殊作用有五个方面。

第一，校园群众文化有利于弥补课堂教学的不足，提高学生的学习效率。首先，课堂教学由于标准化、同步化的要求，按统一的教学大纲、教材和教学方法进行教学，而学生的接受能力却有很大差别，从而出现教与学之间的矛盾。校园群众文化的发展，有助于学校的统一教学与课外的适应学生个性的学习相结合，学校教学和文化活动相得益彰。其次，课堂教学在传授知识上存在着时间差的缺陷，而校园群众文化能为之弥补。校园群众文化将日新月异的信息输送给学生，不仅使学生跟上时代的步伐，而且为进一步学好课堂知识打下智力基础。再次，校园群众文化可以调节学生的脑力活动，提高课堂学习效率。

第二，校园群众文化有利于学生认识世界，优化智力结构。学生是祖国未来的主人。为了进一步认识世界、改造世界，他们需要认识世界、了解世界。校园群众文化是学生认识、了解世界的一个窗口。在丰富多彩的文化活动中，学生可以提高辨别美与丑、善与恶、真与假的能力；可以获得课堂上难以学到的自然科学和社会科学知识；可以获得书本上没有的社会生活和各种活的知识等。所以，校园群众文化的健康发展，有利于培养一代有理想、有道德、有文化、有纪律的社会主义新人。

第三，校园群众文化有利于学生增强自信心，培养想象力与创造力。首先，学生的天赋、智力、才能是不平衡的。校园群众文化能使相当多的学生从中找到展示、表现和发展自己个性的领域，从而树立起民族自信心，成为充满创造激情的勤奋者。其次，校园群众文化能够培养学生丰富的想象力，进而使想象力成为知识进化的源泉。再次，校园群众文化成为学生实现志趣、发挥个人创造力的天地，学生可以采取多种方式在这方天地中施展才能、从事实践，从中锻炼自己的独立思考能力和适应社会发展的能力。

第四，校园群众文化有利于学生提高审美能力，陶冶道德情操。因为美育功能是独特的，有多方面作用，因此，学校设有审美课。但是，仅凭学校的美育课对学生实施审美教育是不够的，重要的是开展好健康活泼的课外文化艺术活动，从而达到更好的审美教育效果。而校园群众文化中的审美教育是多方面的、多层次的立体教育，并且大多属于陶冶式的、间接的教育方式。它消除了教育者与受教育者的地位差别，可以充分调动受教育者内在的学习积极性和主动性，使学生在对艺术形象富有感情色彩的审美活动中，自觉地陶冶自己的情操。

第五，校园群众文化有利于学生提高社会活动能力，强化竞争意识。现代科学技术的发展对新型人才的品格提出了更高的要求。这些新型人才不仅是各专业门类的专家，也是适应各种社会生活并具有强烈的竞争意识的能手。虽然，学校是社会肌体中的一个重要组成部分，但这个部分的内部活动范围还是有限的甚至是较狭窄的。恰恰是因为有了校园群众文化活动，才使学生的社会活动面、社会知识面和社会交际面得到扩展。学生可以从中得到社会活动能力的训练，为将来步入社会奠定基础。

第六节　企业群众文化

一、企业群众文化的含义及其形成

（一）企业群众文化的含义

企业群众文化具体是指通过企业员工的积极参与、自我娱乐以及自我开发，促使企业职、群众的身心得到愉悦，陶冶企业职工的情操，使企业职工获得知识，提高企业职工之间的凝聚力，通过构建企业的群众文化培养企业职工的价值观、工作态度、精神信仰，规范员工的行为等。

企业群众文化是企业员工形成的一种社会性文化，它既是企业物质文化建设的智力支持与精神动力，又是企业精神文化建设的载体和组成部分。

（二）企业群众文化的形成

企业群众文化是随着企业文化的产生而形成的。所谓企业，是指从事产品生产、流通或服务性活动的经营单位，如工业企业、农业企业、商业企业等。从广义的社会观点来看，企业应该是一个资源转化体，即把劳动力、原材料、资金，设备和技术等转化为有用的产品，如商品、服务、就业、精神产品、市场等。在实现这些转化的过程中，企业自然要求尽可能多的利润，但同时必须高度重视对社会进行周到的服务和提供尽可能多的就业机会。企业在实行资源转化时，必须建立与资源提供者的持续的交换渠道，必须创造和设计自己的一套内在的转化手段和技术，必须疏通、平衡内部与外部的各种关系。因此，企业作为社会的一个基本经济组织、一个细胞，也就具有自身的文化特征。

"企业文化"一词，是在20世纪80年代初由美国波士顿大学教授斯坦利·M.戴利首先提出来的，他通过对日、美企业的大量比较研究后发现，许多卓有成效的日本企业取得成功的诸因素中，最重要的、起决定作用的因素并不是资金数量、组织形式、经济资源、机器设备、经营技巧，而是得力于"企业文化"。

泰伦斯·狄尔和艾伦·肯尼迪两人在出版的《企业文化》一书中,十分明确地把"企业文化"视为各类企业经营成败的关键因素,强调企业文化是一个企业、公司生存发展的"一只无形的手"。他们对近百家企业、公司进行广泛调查的结果表明,其中18家杰出企业均有较强的集体意识和共同的价值观念。企业文化的"柔性控制"较来自企业经营管理系统的有形的"硬件控制"更具有激励性和持久力,它使由员工个人行为构成的整体企业行为产生最大的功效。在美国,人们普遍认识到,企业已经不再是一个单纯投入产出组织,而是一个经济、技术、社会、文化诸要素的合成细胞。企业在生产经营和管理活动中,除了争取一定的经济效益外,还要注意自身运转与社会发展之间相协调,重视提高企业的知名度和美誉度,塑造自己良好的形象。在日本各类企业中,企业文化的核心内容是汲取传统的民族文化精华,结合先进的管理思想,为企业的全体职员树立一整套明确的价值观念、行为规范、工作态度和管理方式,并利用它来帮助企业进行有效的管理。日本企业文化表现为"社风""社训""组织风土""企业信条"和"企业宗旨"等。企业文化是一种企业管理的方式,是企业管理的最高层次。企业文化,是指一个企业、组织和它的全体职工所具有的价值观念体系及其相应的文化教育活动的总和。这就是说,企业文化包括相互联系、相互依存的内隐和外显两个方面。就"内隐"(企业文化的内在本质)的方面来看,就是指企业职工的价值观念、思想意识、道德规范和工作态度等;就"外显"(企业文化的外在表现)的方面来看,就是指企业各种文化教育、技术培训、福利安排、娱乐联谊活动等。企业文化就是由企业的内隐文化和外显文化互相统一而形成的企业精神风貌。

那么,怎样理解企业群众文化呢?我们通过对企业文化的有关内容、诸要素的分析,得出企业群众文化是企业文化的一个要素,一种文化类型。它是企业文化的外在表现形式。企业群众文化的主要内容有两个方面。其一,文化娱乐活动。它是指企业开展的各种文化体育联谊活动,以及带有文化娱乐性质的庆典活动和传统民俗风情活动,如企业举办的运动会,车间部门之间进行的球类和棋类比赛,单位组织的节假日旅游、交谊舞会、周末俱乐部、文艺演出、联欢晚会和其他各类业余兴趣小组、摄影小组、影评小组、集邮协会等。它们有助于丰富和调剂职工生活,有助于沟通彼此感情、增加交往、陶冶性情,形成团结一致、和衷共济、奋发向上的企业精神风貌。其二，思想教育活动。这主要指企业开展的旨在提高职工文化素质和思想觉悟的各种活动，包括观念宣传、文化学习、树立模范等方面。观念宣传特指企业针对自己的价值观念、企业精神、经营原则、目标宗旨、历史传统等内容进行的宣传教育活动。文化学习是企业对职工进行的科学文化知识、法律法规常识、专业技术知识、政治经济形势的普及宣传活动。在企业的思想教育活动中，模范人物是企业精神的缩影和企业价值观念的化身，通过学习模范可以使广大职工以身边的人物为榜样，学习和体验企业群众文化的实质含义。因此，学习本企业、本单位先进模范人物是开展思想政治工作和实施企业群众文化建设的有效手段和途径。

因此，企业群众文化是一种潜在的生产力，是激励企业"求生存，图发展"的精神源泉。它可以把企业内部的一切科技人员和全体职工的聪明才智充分发挥出来，提高企业内部的科学技术水平；它可以调动企业内部进行技术革新的积极性，促进企业内部挖潜、改造、采用新工艺、试制新产品，使企业朝着高新技术方向发展；它可以促进企业与企业之间专业化协作关系的发展，使企业布局和产品结构更加合理；它有利于企业引进和消化国外先进技术，提高企业内部的劳动生产率，提高产品质量，降低生产成本；它可以提高企业内部的经营管理和企业全面质量管理的水平。

二、企业群众文化的基本特征

企业群众文化的基本特征是从企业的群体力量中显现出来的，它具有功效性、创新性、时代性的内容。

（一）功效性

企业群众文化往往吸收与企业根本利益密切相关的文化精髓作为自身的主要内容，并且跻身于企业的分配原则中。通常，它要有目的地增进职工间的友谊，激发生产积极性、主动性和创造才能，通过生产更多更新的优质产品向社会展示企业良好的经营素质、管理水平和精神风范，向广大消费者提供可以信赖的经济信息，从而提高企业的知名度，促进产品的销售，给企业带来较高的经济效益和社会效益。

(二)创新性

企业群众文化通过种种娱乐形式,把开拓进取、拼搏创新的价值观念渗透到职工的思想教育工作中。它以独特的价值观和开放意识,参与企业行政管理和全面质量管理的整个过程。它往往从企业生存和发展的战略高度出发,强调文化观念上的创新精神的重要性,并且及时发现、培养和宣传企业内部技术改造和创新活动中的模范人物。它有利于企业产品结构的适时调整,保持企业顺应市场环境变化的敏感性、灵活性,最终的目标是使企业在适应市场竞争和消费者的需要时,具有充足的活力和后劲,促进企业经济协调、稳步、持续地向前发展。

(三)时代性

企业群众文化属于上层建筑、意识形态的范畴,它的产生发展及具体内容要受到既定社会阶段的经济制度和政治制度的约束和影响,因而具有时代性的特征。作为先进的企业群众文化,不但要创造一种充满热情、互相信任、和谐融洽、催人奋发的环境气氛,而且还要通过平等互助、情感交融等思想教育工作,培养企业职工新的道德观念、价值取向、行为规范和企业在市场活动中的抗风险能力,使企业焕发出强有力的时代精神、民族精神、艰苦创业精神和文明服务精神,以使生产机制和经营机制处于良性循环状态。

三、企业群众文化的特殊作用

企业群众文化对企业发展具有特殊的作用。它主要表现在对企业生产经营的发展和经济效益的提高上。

第一,企业群众文化活动不仅仅是纯娱乐型的,它通过开展各种有益的文化艺术活动,将企业职工的思想引导到正确的轨道和目标上来,通过潜移默化的作用,陶冶职工的思想情操。这也是企业群众文化活动的根本目的,是区别于一般性的文化体育娱乐活动的标志。

第二,企业群众文化有自身的以价值观认同为中心的激励机制:目标激励——企业职工价值观趋同的示范,归根结底是人的培养和训练;利益激励——企业职工价值观趋同的动力,即国家、集体、个人的利益相统一;组织激励——企业职工价值观趋同的基础;文化激励——企业职工价值观趋同的范围。由于企业群众文化在活动方面具有较强的渗透力,当一项活动被广大职工认可并积极参与时,它就会成为一种激励机制,在职工心中转换成一种力量,促使其在生产、工作、学习中发挥作用。

第三,企业群众文化可以将企业中部门之间的职工团结起来,使他们凝聚成一种较大的向心力,与企业的命运黏合在一起。

第四,企业职工通过各种文化艺术活动和思想教育活动,从心灵深处焕发激情,进而陶冶情操,使自己的文化生活更加充实、饱满,使自己的文化艺术才华得以发挥和展露。这对企业群众文化的参与者来说,无疑是一种崇高的、无价的精神享受。

第三章 群众文化工作

第一节 群众文化工作的内容、任务和基本原则

一、群众文化工作的内容

（一）群众文化工作的概念

群众文化工作是公共文化服务体系的重要组成部分，是群众文化的有关部门、专门机构和工作者所从事的领导、指导、管理、组织、辅导和研究群众文化活动的社会化行为。它包括四个层面的含义。

第一，明确了群众文化工作的性质——公共文化服务体系的一个组成部分。

第二，明确了群众文化工作的主体——群众文化的有关部门、专门机构和工作者。

第三，明确了群众文化工作的内容——领导、指导、管理、组织、辅导和研究群众文化活动。

第四，明确了群众文化工作的范围——全社会。

在构建公共文化服务体系大背景下的群众文化工作，其地位、职责、机构、任务等，都较以往有了很大的提升和扩充。在公共文化服务体系建设的大背景下，群众文化已经成为公共文化服务的骨干力量，反映了人民群众实现文化公平、享受基本文化权益的需求。因此，群众文化工作应当在引领健康向上的社会风尚、培育社会主义核心价值体系、保障人民群众基本文化权益、满足人民群众基本文化需求方面发挥不可替代的作用。

群众文化领导部门、专门机构和工作者是群众文化工作的责任主体，也是群众

文化工作的专门力量。

群众文化领导部门主要指承担群众文化行政管理职责的各级政府文化主管部门，也包括各级人民团体、相关系统的文化管理部门。政府文化主管部门包括国务院设立的中华人民共和国文化和旅游部，各省（自治区、直辖市）政府设立的文化厅（局），各地（市、州、盟）、各县（市、区、旗）政府设立的文化局、文化委员会或主管文化工作的职能部门，以及各乡（镇）政府、街道办事处等设置的主管文化工作的相关科室。各人民团体、相关系统的管理部门包括各级工会、共青团、妇联以及教育、老干部、残联、部队及其他相关单位设立的主管群众文化事务的相关部门。

群众文化的专门机构主要指群众文化的服务机构，即专门从事群众文化组织、指导、管理、辅导、研究等工作的群众文化事业机构。

群众文化工作者主要指在群众文化服务机构中专门从事群众文化工作的各类专业人员。群众文化领导部门与群众文化服务机构在公共文化服务体系建设中的角色地位不同，所承担的职责任务也不同。

（二）群众文化领导部门群众文化工作的主要内容

在公共文化服务体系建设的大背景下，保障公民的基本文化权益，满足公民的基本文化需求，发展公益性文化事业是政府的根本责任，为公众提供公共文化服务是政府文化主管部门的核心职能。政府既是公共文化服务体系的管理者，也是公共文化服务的主要提供者。因此，群众文化领导部门所承担的群众文化工作主要是发展和推进公益性文化事业，为公众提供公益、普惠的公共文化产品和服务。

群众文化领导部门所承担的群众文化工作的主要内容包括：

第一，确定群众文化发展的战略和核心价值理念，提出群众文化发展的宗旨、原则、目标等。作为公共文化服务体系的重要组成部分，群众文化工作必须坚持社会主义先进文化的前进方向，遵循国家文化发展的总体战略以及文化发展的总体要求。群众文化领导部门应当立足于公共文化服务体系建设的根本目标，根据国家文化发展的总体战略和要求，提出并确定本地区、本系统群众文化工作的战略目标和任务。包括提出群众文化发展的总目标和阶段发展目标；明确群众文化发展的基本宗旨和原则；确定群众文化发展的基本思路和框架；提出群众文化发展的基本任务等。

第二，制订群众文化事业的发展规划。群众文化事业的发展需要制定规划，制定规划的过程就是根据所确定的战略目标,去研究采取哪些措施和方法去实现这些目标。制定群众文化发展规划应注意目标明确、可操作性强、组织落实、留有余地。其规划框架应由基础条件与现状分析、指导思想与规划依据、主要目标与基本原则、计划任务与数据指标、责任落实与保障措施等要点构成。

第三,制定群众文化政策、法规,搭建群众文化服务的制度平台。搭建政策平台,增强服务意识,是群众文化领导部门完善群众文化管理、做好群众文化工作的重要环节。特别是在构建公共文化服务体系、推动社会主义文化大发展大繁荣的背景下,政策保障尤为重要。因此,群众文化领导部门在制定群众文化事业发展规划的同时,还应制定和完善各项群众文化工作的相关政策和文化法规,搭建群众文化服务的制度平台,推动群众文化工作逐步向法制化、制度化、标准化、规范化的方向发展。群众文化政策法规建设的主要内容包括群众文化保障人民群众的基本文化权益问题;发挥群众文化设施的功能作用问题;群众文化的功能定位和基本任务问题;群众文化人才队伍的培养建设问题;群众文化事业机构的改革问题等。

第四,保障群众文化的设施建设和群众文化服务的经费投入,对社会性群众文化服务机构提供资助。群众文化作为一项公益性的文化事业,需要得到政府给予的财政支持。群众文化领导部门应当保障群众文化所需的基本设施和设备,保障群众文化服务所需的资金投入。同时对承担公益性文化服务任务的社会性群众文化服务机构提供必要的财力支持,还可采取政府购买、项目补贴或者奖励等方式,鼓励和支持其他社会力量提供公共文化服务,推动经营性文化设施为群众提供低价或免费的公益性文化服务。群众文化的设施建设主要指群众文化服务机构开展群众文化活动所需的基本用房、基础设备以及一定的室外活动场地;群众文化服务的经费投入主要指开展群众文化活动和提供基本文化服务所需资金,群众文化从业人员的基本费用,以及群众文化设施设备运营和维护所需费用。

第五,对群众文化服务机构进行指导、监督和绩效考评。对群众文化服务机构进行指导、监督和绩效考评,是群众文化领导部门的职责所在。这种指导、监督职能是:保证群众文化服务机构严格执行国家的法律法规;落实党和国家关于公共文化服务体系建设的方针政策;指导和推进群众文化服务机构的体制机制改革、公共文化服务、重大群众文化活动、基层文化建设、非物质文化遗产保护等各项工作。

同时，应根据工作目标和绩效标准，对群众文化服务机构的任务完成情况、人员履职情况、资金使用情况、人才培养情况等进行绩效考评。

第六，维护群众文化的安全。公共文化服务体系建设大背景下的群众文化更应注意安全问题。这种安全性主要体现在：一是文化安全。即营造良好的文化发展环境，弘扬中华民族的传统文化，维护文化的多样性，保障国家的文化主权。二是活动安全。即树立群众文化活动的安全意识，建立、健全大型群众文化活动的安全工作管理机制，提高群众文化活动的安全管理水平和突发事件的应急处置能力。三是设施安全。即保障各类群众文化设施的完好和使用，加强监督检查，不断完善安全管理预警机制、应急管理机制和信息报告机制。

群众文化领导部门承担着公共文化服务体系下群众文化安全的保障责任，其主要职责是：把握群众文化的发展方向，坚持用社会主义先进文化和核心价值观去引领风尚、教育人民、服务社会、推动发展，保障群众文化内容和传播方式的健康与安全；检查和完善群众文化活动的安全预案和应急救援预案，明确和落实安全管理责任，保障大型群众文化活动的安全；定期组织群众文化安全管理的培训和考核，提高群众文化设施安全技术手段的等级和防控能力。

（三）群众文化服务机构工作的主要内容

1. 提供群众文化产品和服务

为群众提供群众文化产品和服务，是公共文化服务体系建设大背景下群众文化服务机构的基本任务，它要求所提供的群众文化产品和服务能够充分满足人民群众的基本文化需求。

所提供的群众文化产品的内容包括组织群众文化产品的生产，开展各门类的群众文艺作品创作；编排丰富多彩的群众文艺节目，打造群众文艺精品；编辑出版图书、音像制品等各类出版物，传播优秀群众文艺作品。提供的群众文化产品要遵循社会主义核心价值理念的要求，坚持思想性、艺术性、观赏性的统一。

所提供的群众文化服务的内容包括利用群众文化活动场所，免费开放群众文化设施并提供相关服务；指导民间文化之乡和群众文艺团队建设，辅导和培训群众文艺骨干；加强群众文化数字资源建设，开展文化信息服务；组建和管理文化志愿者队伍，开展志愿文化服务；开展非物质文化遗产保护、宣传工作，组织开展传习传承活动；组织开展基层群众文化辅导，合理配送文化资源和文化服务；协助政府做好文化产品的购买工作，并将文化产品送到基层和农村。

2. 组织群众文化活动

组织群众文化活动是群众文化工作的核心内容，也是群众文化服务机构所承担的最重要的任务。开展群众文化活动应从满足群众文化需求出发，注重丰富多彩和群众喜闻乐见，坚持"业余、自愿、小型、多样、节约"以及欢乐祥和、内容健康、安全有序的原则，并注意把群众文化活动的主阵地放到基层和农村。

其主要内容包括举办群众舞蹈、音乐、戏曲、戏剧、曲艺等各种形式的群众文艺演出和宣传展示活动；举办群众美术、摄影、书法以及各种艺术样式的群众文化展览和艺术欣赏活动；举办各类群众文化知识的培训和讲座，开展社会教育，普及科学文化知识；开展非物质文化遗产项目的宣传展示活动，提高全民的保护意识；组织广场、公园等各类聚集性场地的活动，推动群众文艺团队的进步和发展。

3. 指导和培养群众业余文艺团队和群众文化骨干

群众业余文艺团队、群众文化骨干是群众文化活动的参与主体，是群众文化服务机构实现群众文化服务的桥梁和纽带。指导和培养群众业余文艺团队和群众文化骨干的内容包括：与群众业余文艺团队和群众文化骨干建立广泛的联系；在活动内容、艺术水平、组织能力等方面提供专门指导；定期组织群众业余文艺团队和群众文化骨干的培训；针对遇到的困难和问题提供必要的服务和帮助；为群众业余文艺团队和群众文化骨干提供表演展示的平台和机会；对优秀群众文艺团队和群众文化骨干给予表彰、奖励等。

4. 开展文化艺术辅导

开展文化艺术辅导是群众文化工作的基本内容。要使文化艺术发挥陶冶情操、引领风尚、普惠百姓的作用，需要通过文化艺术辅导，不断提高全民的文化素质。群众文化服务机构拥有文化艺术人才和文化艺术资源的双重优势，应充分利用这种优势，广泛开展文化艺术辅导。其主要内容包括对基层群众文化活动的辅导；对群众文化各艺术门类相关知识和技能的辅导；对群众文艺创作和群众文艺欣赏的辅导；对数字化基本知识和应用技术的辅导等。

5. 推动群众业余文艺创作和群众文化理论研究

群众业余文艺创作不仅能够满足群众自身的精神文化需求，也是繁荣文艺创作、培植文化精品的基础工作，对建设社会主义先进文化、构建社会主义核心价值体系具有积极的意义。

群众业余文艺创作管理的主要内容有：把握创作方向，创作符合健康向上要求的群众文艺作品；培养群众文艺创作骨干，建设群众文艺创作队伍；拓展创作面，丰富群众文艺创作的品种和体裁；开辟群众文艺创作园地，创办群众文艺报刊；组织创作采风活动，提高群众文艺创作水平；组织群众文艺创作评比和鉴赏活动等。

群众文化理论对群众文化工作具有引领和服务功能。处在文化大发展大繁荣的形势要求之下，加强群众文化理论研究，不仅可以为公共文化服务体系建设大背景下的群众文化工作提供科学的理论指导，而且有助于构建群众文化的理论体系，对群众文化学科体系的形成也具有重要意义。

群众文化理论研究管理的主要内容有：组建群众文化理论研究队伍，开展群众文化学科理论研究；撰写群众文化论文和编写群众文化理论著作，组织群众文化理论研讨活动；完成群众文化理论调研科目，承担群众文化理论课题研究任务；创办群众文化理论报刊，出版群众文化理论出版物；组织群众文化理论评奖，提高群众文化理论的研究能力和水平等。

6. 收集和发布群众文化信息

信息技术的快速发展和广泛应用，使得信息化建设成为公共文化服务体系建设大背景下群众文化工作的重要手段，也使信息化服务水平成为衡量群众文化工作质量的重要标志。因此，收集和发布群众文化信息是群众文化服务不可或缺的重要职能。

群众文化服务机构承担的收集和发布群众文化信息的内容有：建立群众文化信息传输网络，搭建群众文化信息沟通交流平台；进行群众文化资源数字化处理，建立群众文化资源数据库；建设群众文化服务网站、官方博客（微博），及时发布和传播群众文化动态信息；拓宽群众文化服务范围，开设网上展览、网上辅导、网上授课等服务；扩大群众文化信息的传播渠道，实现群众文化服务的社会化。

二、群众文化工作的任务

中华人民共和国成立以后,对"群众文化工作任务"的权威表述主要体现在1981年8月中共中央下发的《关于关心人民群众文化生活的指示》的文件中。该文件明确将群众文化工作的任务定义为:"第一,通过各种文化活动,提高人民群众的精神境界和社会主义觉悟,培植共产主义的理想、信念、道德和情操,培养科学态度和实干作风,发扬积极进取和勇于改革的革命精神,鼓励人们热爱祖国,为建设社会主义献身奋斗,造就社会主义一代新人。第二,使人民群众在劳动、工作之余能够得到有益身心健康的文化娱乐,以利于消除疲劳,恢复体力,陶冶情操,焕发精神。文化娱乐活动的内容,要以利于人民身心健康为原则,寓教育于文化娱乐活动之中,既要注意防止迎合某种庸俗的低级趣味,以致在思想上腐蚀群众的偏向,也要注意克服强求一切文化娱乐活动都要直接配合或表现当前某一具体政治内容的偏向。第三,积极创造条件,使人民群众在业余时间有可能自愿地参加各种文化娱乐活动,从体力和智力两个方面发展自己的个性和创造才能,增进自己的知识、技能、智慧和健康。"

这段表述基本上将群众文化工作的任务概括为:通过多种形式的文化活动,造就社会主义一代新人;满足人民群众在劳动、工作之余的文化娱乐需求;积极创造条件,使人民群众在业余时间有可能自愿地参加各种文化娱乐活动。

如今,群众文化工作已经有了四十余年的长足发展,并已成为公共文化服务体系的重要组成部分。在这一背景下,群众文化工作应当与公共文化服务体系建设的目标任务保持一致,为实现普遍均等的公共文化服务而努力。与其他公共文化服务方式不同,群众文化工作是以吸引群众参加文化艺术活动为组织方式,以群众自身为活动主体,以满足群众的基本文化需求为主要目标的公益性文化服务。

按照当前公共文化服务体系建设的要求,群众文化工作的任务可以确定为以下四个方面:

(一)满足人民群众文化需求任务

通过以群众文化活动为重点的群众文化服务,满足人民群众的基本文化需求,保障人民群众进行公共文化鉴赏、参加群众文化活动、提高文化艺术素质、参与群众文艺创作等基本文化权益。

这是在公共文化服务体系背景下对群众文化满足人民群众文化需求任务的明确表述，是群众文化工作的立足点和出发点。

1. 进行公共文化鉴赏

进行公共文化鉴赏反映了人民群众的基本文化需求，是人民群众参与文化活动的主要形式。参加公共文化鉴赏活动具有陶冶情操、愉悦身心、舒缓精神、培养情趣等多重功效，对提高整个中华民族的思想文化素质和精神文明水平具有重要作用。

开展以群众文化服务为内容的公共文化鉴赏活动可以采用多种形式，如利用群众文化设施开设用于群众读书、看报、上网、欣赏音像制品等的专门厅室；采用政府购买、政府补贴、市场参与等方式为群众提供免费欣赏戏剧、舞蹈、音乐等专业文化艺术的机会；组织专业和业余文化艺术团队开展送高雅艺术进社区、进乡村的活动；组织绘画、摄影、书法等各种艺术样式的展览（包括网上展览）等。

2. 参加群众文化活动

与公共文化鉴赏活动不同，参加群众文化活动体现了活动参与者在活动中自我表现的角色地位。因此，参加群众文化活动更能激发人们的自娱热情，使人们不仅可以从中得到自身的愉悦，展示自身的才华，也能满足自我表现的欲望。为群众文化服务，就是要更多地为群众创造和提供参加群众文化活动的机会和条件。例如，启发调动群众文艺积极分子的潜能，组织群众愿意参加的各类文艺团队；组织丰富多彩的公园、广场、节庆等群众文化活动，为群众的演出活动搭建平台；组织各类群众文艺比赛和会演，调动群众参加群众文艺表演的积极性等。

3. 提高文化艺术素质

提高全民的文化艺术素质，通过文化艺术宣传的形式，对群众进行爱国主义、集体主义、社会主义的教育，弘扬社会主义核心价值理念，弘扬中华民族的传统文化与民族精神，提高全民的审美能力、鉴赏能力、艺术修养、生活情趣等多方面的综合素养。群众文化工作应担当起提高全民文化艺术素质的任务，积极开展各类普及性的文化艺术培训、各类文化艺术交流活动等。

4. 参与群众文艺创作

人民群众既是文化艺术的享受者，也是文化艺术的创造者。群众为了表达内心情感、表现自我的审美追求、表现对事物的认识，需要以文化艺术创作的形式来表达个人的思想、意志、观念和愿望。从根本上说，参与群众文艺创作是人民群众应当享有的文化权利。因此，应当鼓励和支持人们参与群众文艺创作，创造群众参与文艺创作的良好氛围。

（二）促进人的全面发展任务

通过各种群众文化活动，培育社会主义核心价值体系，建设和谐文明的社会风尚，激发全民族的文化创造活力，促进人的全面发展，并以此推动社会主义文化的大发展大繁荣。群众文化工作承担着传播先进文化，进行社会教育的重要职能。这种宣传教育不是简单的说教，也不是枯燥的课堂教学，而是以群众喜闻乐见的形式和潜移默化的方式来实现的。也就是通过举办丰富多彩的群众文化活动，吸引群众的积极参与。其需要实现的目标包括三方面：

1. 培育社会主义核心价值体系

社会主义核心价值体系包括马克思主义的指导思想、中国特色社会主义的共同理想、以爱国主义为核心的民族精神和以改革创新为核心的时代精神，是社会主义先进文化的重要体现。群众文化工作承担着培育社会主义核心价值体系的任务，它以健康向上的群众文化产品、丰富多彩的群众文化活动，在潜移默化中培养群众对社会主义核心价值的共同认同。

2. 建设和谐文明的社会风尚

建设和谐文明的社会风尚是建设中国特色社会主义的重要内容，对于维护社会稳定、促进社会进步、增强人民团结具有重要作用。群众文化工作应把建设和谐文明的社会风尚作为自己的工作职责，通过搭建群众文化活动的平台，开展丰富多彩的群众文化活动，编创弘扬正气的群众文艺作品，宣传社会主义精神文明，倡导爱祖国、爱人民、爱劳动、爱科学、爱社会主义的思想；宣传社会主义传统美德，倡导助人为乐、尊老爱幼、互助友爱、无私奉献的精神；宣传社会主义道德风尚，倡导文明礼貌、诚实守信、和谐友善、勤劳质朴的民风，以此促进和谐、文明的社会风尚的形成。

3. 激发全民族的文化创造活力

"激发全民族的文化创造活力"是党对社会主义文化建设提出的要求。人民群众既是文化建设的创造主体,为文化发展创造物质基础,并直接参与文化创造工作;也是文化建设的利益主体,是文化产品的最终享有者和受益者。广泛开展群众文化活动,能够使群众在活动中唤起文化创造的热情和潜能,获得文化创造的灵感,积极参加群众文化产品的创造,并且在创造中获得新鲜的文化享受。

(三)建设群众文化服务网络任务

与中国特色社会主义事业和全面建成小康社会的历史进程相适应,按照结构合理、发展均衡、网络健全、运行有效、惠及全民的原则,以政府为主导,以公益性群众文化事业单位为骨干,鼓励全社会积极参与,努力建设以群众文化产品生产供给、设施网络、资金人才技术保障、组织支撑和运行评估为基本框架的覆盖全社会的群众文化服务网络。建设群众文化服务网络的基本要求是:

1. 坚持群众文化服务网络的建设原则

即建立党委领导、政府管理、群众文化事业单位依法运营的群众文化管理体制;建立以公益性基本文化服务为主,多方面、多层次、多样性文化服务为辅的群众文化提供机制;建立覆盖全面、责任分明的群众文化服务体系,逐步完善设施网络、组织体系、生产供给机制、资金人才技术保障机制、运行评估机制以及资源和服务成果共享机制等;建立免费开放群众文化设施、无偿提供群众文化服务的经费补偿机制,加大群众文化工作的投入力度,着力提高群众文化产品的供给能力;坚持城乡和区域群众文化服务协调发展,把群众文化服务的重心放在基层和农村,着力改善中西部地区群众文化服务的整体水平。

2. 遵循群众文化服务网络的建设格局

群众文化服务网络的建设应遵循公共文化服务体系建设的总体要求,即建立以政府为主导,以群众文化服务机构为骨干,以社会力量为补充的群众文化服务网络。各级政府侧重做好群众文化基础设施建设,保障群众文化服务经费投入,促进群众文化服务基本供给方面的工作;公益性群众文化事业单位则应以群众文化设施场地和喜闻乐见的文化艺术形式,为群众提供健康向上的群众文化产品和无偿质优的群众文化服务;同时还应鼓励全社会积极参与群众文化服务,积极支持群众文化服务机构以外的其他有关文化单位、社会教育机构等，组织开展公益性文化活动，并把通过国家购买或以政府资金资助方式获得的群众文化产品无偿用于群众文化服务。

3. 把握群众文化服务网络的基本框架

群众文化服务网络的基本框架是公共文化服务网络的主体支撑，应与公共文化服务网络的建设要求保持一致。

其基本框架内容包括：一是建立覆盖城乡的群众文化设施网络，并使之符合布局合理、功能齐全、使用高效的要求；二是建立群众文化产品的生产与供给体系和群众文化产品需求的信息交流平台，进一步拓宽群众文化产品的来源渠道；三是建立群众文化资金、人才、技术的保障体系，逐步建立起群众文化经费保障的长效机制，建立群众文化专业人员资格标准、准入制度及聘用制度，配备较为完善的艺术服务设备，逐步完善群众文化服务的设备配置标准；四是建立分工明确的群众文化组织支撑体系，逐步形成政府文化部门承担宏观管理、群众文化服务机构承担服务供给、社会力量承担资源补充的群众文化运行机制；五是建立群众文化服务的运行评估体系，形成政府、社会、服务群体共同参与的监督管理体系；六是建立资源成果的共享机制，在运行机制、机构改革、制度创新、服务方式研究、文化资源整合等多方面进行有益的探索，建设覆盖全社会的文化资源成果共建共享平台。

（四）弘扬中华民族的优秀传统文化任务

建设优秀传统文化的传承体系，弘扬中华民族的优秀传统文化，本着对民族、对历史、对后人负责的态度，积极做好群众文化所承担的民族民间文化的保护工作，不断推动有特色的优秀群众文化精品走向世界。这是时代赋予群众文化工作的新的任务。

优秀传统文化是中华民族的根基和血脉，是建设中华民族共有精神家园的重要支撑。弘扬优秀传统文化历来是群众文化工作的任务之一。1956年下发的《关于群众艺术馆的任务和工作的通知》中，明确将"发扬与继承民间艺术传统"作为群众艺术馆的工作任务；1992年发布的《群众艺术馆、文化馆管理办法》也将"搜集、整理、保护民族民间文化艺术遗产"作为一项重要的工作任务。2005年以后，群众文化机构更是在中国非物质文化遗产保护工作中发挥了骨干作用，挖掘整理了一大批具有重要历史、文化、科学价值的非物质文化遗产项目。

随着非物质文化遗产保护工作的深入，许多原来由群众文化部门所承担的非物质文化遗产保护工作，转由陆续建立的非物质文化遗产专门机构所承担，但群众文化工作不能由此放弃历来所承担的民族民间文化的挖掘整理工作。应在积极做好弘扬和传承传统文化艺术的同时，创造出具有优秀历史文化传统的民族民间文化艺术精品，并不断扩大与世界各国民间文化组织的交流与合作，逐步使具有中华民族优秀传统和多样性文化特征的群众文化产品走出国门、走向世界。

在公共文化服务体系建设的大背景下，群众文化工作的任务有了新的定位和扩充。较之以往，群众文化工作的意义更加重大，任务也更加繁重和艰巨。

三、群众文化工作的基本原则

（一）群众文化工作要遵循公共文化服务的基本原则

1. 以人为本的原则

该原则强调以满足人民群众基本文化需求、维护人民群众的基本文化权益为出发点和落脚点。

"以人为本"是群众文化工作的首要原则。坚持以人为本原则，就是要从保障人民群众基本文化权益的基点出发，把为人民群众服务放在群众文化工作的首位。"以人为本"原则要求群众文化工作必须要准确把握新的时代背景下人民群众对精神文化生活的新需求、新期待，切实维护公共文化生活的公平与正义，使文化发展的成果被全体人民所共享，从而真正实现面向全体人民的公共文化服务。

在群众文化工作中坚持以人为本原则体现为：坚持群众文化活动业余自愿的原则，按照群众的意愿组织开展群众文化活动；以满足群众的文化需求为目标，不断提高群众文化产品和服务的供给能力和质量；坚持把群众的满意度作为评价群众文化工作的根本标准，不断提高群众文化工作的整体水平；发挥群众在群众文化活动中的积极性、主动性和创造性，创造群众参与群众文艺创作的良好环境；提供均等、便捷的群众文化服务，保障群众的合法权益。

2. 公益性原则

该原则强调群众文化工作不以营利为目的，以追求社会效益为目标，由政府承担群众文化服务的经费。

公益性是公共文化服务的本质属性，公民依法享有一定的文化权利，即在公共文化生活中享有公共文化产品和服务的权利。群众文化作为政府公共文化服务的主体内容之一，其所提供的群众文化服务必须是公益性的。从这一原则出发，要求政府主办的文化事业机构必须承担起为群众提供免费的或优惠的群众文化服务的职责。群众文化服务机构的基本特征在于：群众文化服务以追求社会效益为目标，而不以营利为目的，群众文化服务的经费从政府财政经费中列支。这与从事经营性文化服务的文化企业有着本质的不同。

在群众文化工作中坚持公益性原则体现为：免费开放群众文化设施，实现群众文化场所的"零门槛"进入；无偿提供群众文化活动的场地和设备，开设群众可以参与的各类免费活动项目；协助政府部门选购群众所需的文化产品，完成政府交办的各类文化艺术演出任务；组织免费的基础性文化艺术培训，辅导群众业余文化艺术团队和群众文艺骨干等。

3. 公平性（均等性）原则

该原则强调统筹群众文化事业的发展，保障公民平等地享有群众文化服务，实现群众文化服务的均等化。

公平性原则强调公民在获得群众文化资源、享受群众文化服务方面所应享有的平等权利，包括获取机会、服务内容、服务质量以及服务过程的平等性。群众文化工作的公平性，说到底就是群众文化服务的均等性。群众文化服务必须惠及全民，地域、年龄、性别、贫富以及文化水平高低都不能成为群众均等地获取群众文化资源、享受群众文化服务的障碍。公平性原则要求群众文化工作必须满足不同地域、不同人群的文化需求，将服务面惠及全体人民，使人人都能获得机会均等、质量稳定、公正公平的文化服务。

在群众文化工作中坚持公平性原则体现为：树立"人人享有文化权利"的理念，提高对群众文化服务普惠性、均等性的认识；按照人民群众不同的文化需求，合理配置群众文化资源和群众文化服务；关注文化基础薄弱、文化资源匮乏的地域和人群，保障基层、农村和特殊人群的基本文化权益。

4. 基本性原则

该原则强调群众文化不可能满足公民所有的文化需求,只能提供进行公共文化鉴赏、参加群众文化活动等基本群众文化服务。

基本性原则强调群众文化所提供的群众文化产品和服务应属于基本性的范围,满足的是群众一般性的文化需求。换言之,群众文化服务所提供的不是群众精神文化生活需求的全部,其超出基本文化需求的部分,不属于无偿提供的范围。对于那些个性化、多元化的文化需求,需要通过市场购买的方式来实现。基本性原则对群众文化工作的要求,就是要积极提供属于群众基本文化需求范围的文化服务。

在群众文化工作中坚持基本性原则体现为:以基本性的群众文化服务为出发点和主体目标,充分保障群众的基本文化权益;提高基本性群众文化服务的质量,保证群众文化服务的满意度;拓宽基本性群众文化服务的范围,坚持以免费的方式加以提供;部分满足非基本性、个性化的群众文化需求,探索合理、优惠的有偿服务方式。

5. 便利性原则

该原则强调在群众文化设施的建设、群众文化信息的获取、群众文化活动的开展、群众文化服务的提供上,要方便人民群众。

便利性原则强调群众文化所提供的服务应当是近距离的、经常性的和容易获取的。便利性的要求涉及四个方面:一是要求群众文化设施布局合理,使群众能够就近前往,省时省路;二是要求群众文化信息快捷畅通,使群众能够及时获取,便于查询;三是要求群众文化活动安排得当,使群众能够随心所欲,经常参与;四是要求群众文化服务程序简便,使群众能够顺利获取,任意选用。便利性原则是以人为本原则的具体体现,也是实现公益性原则、公平性原则的前提和条件。

在群众文化工作中坚持便利性原则体现为:新建群众文化设施应选在交通便利、人口集中的地域,便于群众聚集活动且易于疏散;建设以服务半径为标准的群众文化服务圈,合理延长群众文化设施的开放时间,确保群众文化服务的总量充足;开展送文化下农村、下社区、下基层服务,提供灵活多样、便捷到位的服务;充分利用现代化的信息技术手段,运用网络、电化、影像、数字化技术为群众服务;加强群众文化资源的采集整理,提高远程供给能力和利用水平;关注特殊人群的群众文化服务，为残疾人和老幼群体设置便捷、无障碍的服务通道。

（二）群众文化工作要遵循群众文化的规律

1. 群众文化需求与满足群众需求存在矛盾的规律

群众文化的多样性是群众文化的显著特征，反映了人们对群众文化需求的多样性要求。群众文化的多样性主要表现为群众文化服务内容的丰富性和群众文化服务方式的多样性。

群众文化服务内容的丰富性体现在：群众文化活动样式的多样性，如文学、音乐、舞蹈、戏剧、美术等；群众文化活动类型的多样性，如创作、表演、展览、培训、观赏等；群众文化形态的多样性，如城市群众文化、农村群众文化、企业群众文化、校园群众文化、家庭群众文化等；群众文化特色的多样性，即由于不同民族、不同区域、不同行业、不同年龄等因素形成的不同特色的群众文化。群众文化服务内容的多样性，为满足群众多样性的文化需求创造了条件。

群众文化服务方式的多样性体现在：群众文化供给方式的多样性，如政府购买、群众文化机构提供、志愿服务、民间组织自给等；群众文化服务手段的多样性，如阵地服务、广场及公园活动、送文化下基层、特殊群体服务等；数字和网络技术手段的多样性，如数字广播电视信息平台、数字电影放映网络系统、网上展览、网上剧场和群众文化活动远程指导等。

正是群众文化的这种多样性的特点，使得人们对群众文化的需求动态变化且不断提高。随着对文化地位认识的提高和现代科学技术的发展，群众文化在满足群众需求方面虽然有了长足的进步，但是在人民群众日益增长并更加丰富多样的文化需求面前，要想实现和满足群众多样性文化需求以及适应这种需求的动态变化，仍然有较长的路要走。这使得群众文化需求与实现需求之间的矛盾，成为群众文化发展过程的基本规律。群众文化事业正是在不断地实现和满足人民群众多样性和动态变化的文化需求过程中逐步发展的。因此，群众文化工作只有不断地丰富群众文化服务的内容，改进群众文化服务的方式，才能真正缓解群众文化需求与实现需求之间的矛盾。

2. 群众文化与客观环境相互制约的规律

群众文化与其赖以生存的客观环境有着密切的联系。群众文化的客观环境包括自然环境、社会经济环境、文化环境、科学技术环境、政策环境、安全环境等多种因素，这些因素在很大程度上可以影响和制约群众文化的发展。

（1）自然环境是群众文化形式和内容存在的基础，决定着人的生产方式和生活方式，也影响着人们对群众文化形式和内容的选择。

（2）社会经济发展环境为群众文化提供需求动力和物质条件，决定着群众文化的发展水平、运行模式和社会地位，也影响着人民群众对群众文化的需求程度，以及满足群众文化需求所要具备的物质条件。

（3）文化环境是群众文化生态的根基，影响着群众文化的发展方向和价值取向。

（4）科学技术环境可以为群众文化提供新的技术支撑和物质保障，可以带动群众文化服务内容和服务方式的丰富和更新，提高人们参加群众文化活动的热情，促进人们文化消费的积极性。

（5）政策环境能为群众文化的健康发展提供生存空间，引导群众文化遵循正确的方针和政策，保障群众获得基本的群众文化服务，保障群众文化获得所需的资金、设备和人才支持。

（6）安全环境则可以为群众文化提供良好的活动空间，使群众能在和谐、欢乐的氛围中享受群众文化带来的快感，保障人民群众生命财产的安全，保证国家文化信息和文化主权的安全。

同时，群众文化的发展也对客观环境具有反作用，健康发展的群众文化可以促进客观环境更加优化，反之则会导致客观环境逐渐恶化。因此，群众文化与客观环境是相互影响、相互制约的关系，群众文化工作应当遵循两者之间的客观规律。任何不尊重甚至违反这一规律的行为，都会对群众文化产生不良影响。

3. 群众文化活动在群众文化诸要素中居于核心地位的规律

群众文化学认为：群众文化是一种复杂的社会现象，它由群众文化活动、群众文化事业、群众文化工作、群众文化群体、群众文化理论等要素构成一个完整的体系。在这一群众文化体系中，群众文化活动始终居于核心地位，群众文化活动的存在和发展决定着其他群众文化要素的存在和发展。

群众文化工作之所以要以群众文化活动为重点，主要原因在于：

第一，群众文化活动是群众文化最基本的表现形式。群众文化的起源来自群众文化活动，反过来说，群众文化活动则是人类最原始的文化形态。人们基于对群众文化活动形态的认识，衍生了群众文化；也是基于对群众文化活动形态的认识，并逐步开始对其进行组织和管理，才衍生了群众文化工作。因此，群众文化工作源于群众文化活动，做好群众文化工作离不开对群众文化活动规律的认识和研究。

第二，参加群众文化活动能够满足人民群众的基本文化需求。人民群众的基本文化需求主要在于获得求知、求乐、求健、求美、求自我表现的心理满足，并从中获得身心的轻松和精神的愉悦，这也是人们参加群众文化活动最主要的动机和目的。从另一个侧面来讲，正是由于群众文化活动具有内容丰富、形式多样的特点，才使其能够发挥多重效应，能与人们的心理愿望相契合。

第三，群众文化活动是大众喜闻乐见的娱乐方式。群众文化活动可以满足人们娱乐休闲、情感宣泄和审美实现等多样化的、个性化的要求，是其被大众喜闻乐见的原因所在。特别是时代的发展，各种高科技手段的广泛应用，使群众文化活动固有的魅力越发彰显，对人们的吸引力也明显增强。可以说，以群众文化活动为重点是群众文化的客观反映，因此应围绕组织群众文化活动来开展群众文化工作，并以此服务和促进人民群众文化生活的繁荣。

4.寓教于乐的规律

"寓教于乐"反映了文化艺术的本质特征，是文化艺术所蕴含的思想、观点、伦理、理念对人们的一种潜移默化的陶冶和教化。"教"是目的，"乐"是手段，"教"是通过"乐"的方式来实现的。

"寓教于乐"显示了文化艺术自身所具有的特殊影响力，也显示了文化艺术的独特魅力。从群众文化的角度来讲，娱乐是群众参与群众文化活动的最直接的目的。组织开展健康向上的群众文化活动能够给人以积极的影响，展示群众文化的教化功能，使人在群众文化活动中受到教育和启迪。

群众文化承担着传播社会主义精神文明、弘扬社会主义先进文化的任务，群众文化应当充分利用文化娱乐的特有方式实现教育群众的目的。在公共文化服务体系建设的背景下，群众文化工作要把社会主义核心价值体系的教育寓于群众文化活动之中，发挥其引领社会思潮、建设和谐文明风尚的作用。

第二节 群众文化工作的新要求

一、新的文化发展观对群众文化工作的新要求

新的文化发展观明确提出：要以人为本，经济、政治、文化、社会协调发展。文化越来越成为民族凝聚力和创造力的重要源泉，越来越成为综合国力竞争的重要因素，丰富精神文化生活越来越成为我国人民的热切愿望。

（一）推进群众文化的大发展大繁荣

新的文化发展观对群众文化工作提出了更多、更高、更新的要求，学习运用新的文化发展观推进群众文化的大发展大繁荣，是做好群众文化工作的前提。

新的文化发展观是科学发展观的重要组成部分，蕴含着十分丰富的内容。李长春同志曾经在全国文化体制改革工作会议上提出，要树立新的文化发展观，必须坚决冲破一切妨碍发展的思想观念，坚决改变一切束缚发展的做法和规定，坚决革除一切影响发展的体制弊端，做到思想上不断有新解放，理论上不断有新发展，实践上不断有新创造。新的文化发展观的基本要求，是要用文化的视角看发展，用发展的眼光看文化，加快推进公共文化服务体系建设，促进和推动社会主义文化的大发展大繁荣。

新的文化发展观对群众文化工作的要求是：坚持以人为本，紧紧围绕满足人民不断增长的精神文化需求，让群众广泛享有免费或优惠的群众文化服务，更好地满足人民多方面、多层次、多样化的文化需求；坚持改革和创新，冲破一切不适合群众文化发展的思想观念、做法、规定和体制弊端的束缚；注重城乡的协调和可持续发展，增加农村和边远贫困地区的群众文化服务总量，缩小城乡、区域群众文化发展的差距，着力解决流动人口等群体群众文化生活不足的问题；认识和处理好满足基本文化需求与满足多方面、多层次、多样化文化需求的关系，发挥主阵地作用与动员社会力量参与群众文化服务的关系，群众文化事业机构改革与群众文化发展的

关系等，努力做到两手抓、两加强；不断加强群众文化产品的生产与供给，提高质量，多出精品，提高群众文化的服务能力和服务水平，让人民群众共享文化改革发展的成果。

（二）推进群众文化思想观念创新

推进群众文化思想观念创新，不断深化对群众文化发展的地位、方向、动力、思路、格局和目的的认识，不断解放和发展群众文化生产力，这是做好群众文化工作的关键。

不断深化对文化地位和作用、文化发展方向、文化发展动力、文化发展思路、文化发展格局、文化发展目的的认识，也是李长春同志在全国文化体制改革工作会议上提出的。

从群众文化的角度来说：认识群众文化工作的地位和作用，是要深刻认识群众文化在公共文化服务体系建设中的地位和作用，把群众文化作为公共文化服务体系建设的重要组成部分，并使其在其中发挥主导作用；认识群众文化发展的方向，是要坚持用社会主义先进文化做引领，用健康向上的文化艺术鼓舞人、感染人，促进群众文化真正为社会进步和人民幸福服务；认识群众文化发展的动力，是要坚持与时俱进和思想创新，不断解放和发展群众文化生产力；认识群众文化发展的思路，是要坚持群众文化的公益性特征，确保群众能够享受文化建设发展的成果；认识要构建以政府为主导、以公益性群众文化事业单位为骨干、鼓励全社会积极参与的群众文化发展格局，形成比较完备的群众文化服务网络；认识群众文化发展的目的，是要坚持以人为本的原则，创造更多、更好的精神文化产品，满足人民群众日益增长的精神文化需求，促进人的全面发展，为社会主义建设提供精神动力和智力支持。

总而言之，要做好群众文化工作，需要更新观念，提高认识，使之符合公共文化服务体系建设的要求，适应群众文化工作机制的发展变化。

（三）推进群众文化工作的体制和机制创新

推进群众文化工作的体制和机制创新，逐步建立一种适应市场经济且符合群众文化事业发展规律的新型运行机制，这是做好群众文化工作的保障。

从群众文化工作的现状来看，群众文化体系至今仍在沿用长期以来形成的群众文化工作模式，尚未突破和改变旧有体制上存在的诸多弊端，难以适应构建公共文化服务体系的要求。

要构建完善的公共文化服务体系，要求群众文化工作在五个方面做出改变：

第一，改变过去那种按部门、按行政区划和行政层级配置文化资源的传统体制，改为按服务人口配置文化资源，打破条块分割、地区壁垒、城乡失衡的局面，建立起体现公益性、基本性、均等性、便利性原则的群众文化服务网络。

第二，改变过去那种群众文化事业机构单打独练的局面，形成以政府为主导、以群众文化服务机构为骨干、以社会力量为补充的群众文化运行机制，形成以公益性文化服务为主，以多方面、多层次、多样性文化服务为辅助的群众文化服务机制。

第三，改变过去那种服务面狭窄的管理思路，强化群众文化面向社会、面向群众的服务意识，以满足人民群众的基本文化需求为群众文化工作的基本目标。

第四，改变过去那种缺少规范、制度不严、有章不循的现象，坚持制度创新，建立和完善与群众文化服务相适应的规章制度，培育一支重责任、懂业务、守纪律的群众文化队伍。

第五，改变过去那种面对发展中的困难"等、靠、要"的工作态度，摒弃旧有的不符合群众需求的服务模式。

在公共文化服务体系的背景下，群众文化系统需要进一步探索群众文化服务的新思路、新做法，从整体上改变群众文化的工作状态。

二、群众文化社会化对群众文化工作的新要求

市场经济条件下的群众文化与计划经济时期相比发生了很大的变化，其中的重要标志就是群众文化的社会化，主要表现在群众文化运行机制的社会化与群众文化服务供给方式的社会化。

（一）群众文化运行机制的社会化

群众文化运行机制的社会化使群众文化已经从群众文化事业单位内部的小循环转变为整个社会环境下的大循环，从而拓宽了群众文化工作的视野。

随着市场经济的发展和人民群众文化需求的提高，群众文化运行机制 的社会化

已经十分明显，主要表现为：社会文化机构进入群众文化服务领域；社会文化资源广泛用于群众文化服务；社会资金参与投入群众文化事业。在公共文化服务体系建设的背景下，群众文化运行机制社会化的特征将更加凸显。

如何利用社会文化资源开展群众文化服务，引导和鼓励社会资金投入群众文化事业和兴办群众文化服务机构，是群众文化工作的新课题。一方面，要认识群众文化运行机制社会化给群众文化带来的巨大效益，发挥其在改善群众文化服务质量，提高群众文化服务能力，满足群众多方面、多层次、多样化文化需求方面的作用；另一方面，要适应群众文化运行机制社会化给群众文化带来的变化，使之符合群众文化公益性的特征和自身发展的特点和规律，充分利用运行机制变化的优势，更好地发展群众文化事业。

（二）群众文化服务供给方式的社会化

群众文化服务供给方式的社会化是群众文化社会化的另一个重要标志。主要表现为：引进竞争机制，采取政府购买、项目补贴等方式从市场购买群众文化服务；政府鼓励兴办社会公共文化服务中介组织和群众文化团体、机构提供群众文化服务。群众文化服务供给方式的社会化，改变了以往群众文化产品和服务主要由群众文化事业机构独家提供的单一化形式，有效地引入了市场竞争机制，有助于群众文化产品供需不对路、群众文化服务质量不高等问题的解决。

政府购买方式是由政府文化部门或委托群众文化机构按照规定程序，以约定方式向符合资质要求的社会文化组织或文化企业定向、定量购买群众文化产品。项目补贴方式是由政府部门对社会文化组织或文化企业，采取资金补贴或奖励等方式来获取群众文化产品。此外，还可以采取银行贷款担保、贷款贴息、减免税收等方式获取群众文化产品。但无论以何种方式从市场购得的群众文化产品，都应以无偿的方式提供给群众。

除了在群众文化产品生产的环节上采用向市场购买的方式，还在群众文化服务提供主体的选择上采用了市场化的操作方式。即在主要承担群众文化服务的各级群众文化事业机构之外，积极鼓励社会力量创办公共文化服务的中介组织、各类群众文化团体和机构，使之共同承担提供群众文化服务的任务。公共文化服务的中介组织是指顺应文化市场需要而建立的为供需双方提供信息、促成交易的文化服务机构。

文化中介组织是公共文化服务体系的媒介，在合理配置公共文化资源、调整供需双方关系等方面具有重要作用。

群众文化服务供给方式的社会化，要求群众文化工作的相关政策、群众文化工作的对象、群众文化工作的方式都要与之相适应。

三、群众文化需求的多方面、多层次、多样化对群众文化工作的新要求

多方面、多层次、多样化的群众文化需求，对群众文化工作提出的新要求主要体现在以下三方面：

（一）以提高服务质量作为工作的重点

群众文化需求的变化，要求群众文化工作在继续解决群众文化服务供给不足的同时，把提高群众文化事业机构服务能力、拓宽服务领域、创新服务方式、改善服务条件、提高服务质量作为工作的重点。

随着社会进步和经济发展水平的逐步提高，人民群众在文化方面的需求也越来越高，相比改革开放之前，人们的文化需求已经有了显著的变化。特别是在建设公共文化服务体系的大背景下，人们日益增长的精神文化需求又有新的提高。

第一，人民群众要求获得更加丰富的群众文化产品和服务。在经济发达地区，群众的文化需求已经达到了较高的水准，而现有的群众文化产品和服务很难满足群众已经增长的文化需求；在经济欠发达地区，特别是老、少、边、穷地区，群众文化产品和服务的供给严重不足，有些地方连群众读书、看报等基本文化需求也难以保障。因此，要求群众文化事业机构能够为群众提供足够数量、足够丰富的群众文化产品和服务。

第二，人民群众要求群众文化服务拥有稳定的质量。群众文化事业机构所提供的有限的群众文化产品和服务在质量上得不到保障，无论产品形式和内容还是服务方式和范围，都与群众多方面、多层次、多样化的文化需求有差距。因此，要求群众文化工作必须顺应群众文化需求发生的变化，努力创作与人民群众生活相关的、

群众喜闻乐见的群众文艺作品，提高群众文化产品和服务的供给质量。

第三，人民群众要求群众文化事业机构有更强的服务能力。群众文化事业机构在服务能力上的不足，也在很大程度上影响着群众文化服务水平的提高。因此，群众文化事业机构需要着力了解群众文化需求的变化，根据群众的需求进一步拓宽服务领域、扩充服务内容、创新服务方式、改善服务条件，以提高服务能力和服务水平。

（二）建立群众文化需求的反馈机制

群众文化需求的变化，要求群众文化工作必须加强对群众文化需求的研究，建立群众文化需求的反馈机制，实行"按需定供"和"菜单式"的服务方式。

以往的群众文化工作在一定程度上疏于对群众文化需求的研究，要改变这种现状，就需要加强对群众文化需求的研究。近年来，许多省、市的群众文化部门和机构都针对本地区群众文化生活的需求状况进行了富有实际意义的调研，从文化设施、文化队伍、文化活动和服务方式等多方面掌握了群众文化需求的第一手资料，分析研究了社会经济发展水平，群众的年龄结构、文化程度、工资收入诸因素对群众文化需求产生的影响，为提供有效的群众文化服务做了重要的基础工作，也为改善群众文化服务水平创造了条件。

此外，还要求群众文化工作搭建有利于供需双方信息沟通的媒介平台。即建立起稳定、长效的群众文化需求反馈机制，及时、快捷地掌握处于动态变化中的群众文化需求，并根据群众的需求实现"按需定供""菜单式""配送式""超市式"等一系列创新型服务。

（三）提高群众文化工作信息的及时性和透明度

群众文化需求的变化，要求提高群众文化工作信息的及时性和透明度，让群众易于获得，方便群众选择自己喜欢的项目，满足群众的不同需求。

群众文化需求不仅体现在获取群众文化服务的内容上，也体现在群众文化服务的获取方式上。因此，适应群众文化需求的变化，还要求提供群众文化服务信息的形式、方法也能适应群众的需求。这种要求体现在以下三方面：

第一，为群众提供足够丰富的群众文化服务信息。群众参与群众文化活动时需要获取的信息主要包括：引导标识，如群众文化场所的位置标识、活动厅室（活动区域）的分布标识等，以引导群众尽快达到目标位置；服务信息，如服务项目、活动时间、有关规章制度以及各类服务预告的信息，以方便群众适时地参加群众文化活动，了解相关的规定和程序；设备设施使用信息，如群众专用设施设备应标明使用方法和注意事项；专门提示，如火警匪警电话、禁止类内容提示、无障碍标识等。

第二，提供群众文化服务信息的方式多种多样。包括：设置固定公告园地，如对于服务范围、服务内容、服务时间、服务公约、服务承诺等基本服务政策，可在醒目位置设置公告园地予以公示；设置公告栏，如对于变更性、临时性的服务信息，可在群众进出易于发现的位置设置专门公告栏予以公告，重要信息应提前一定时间进行公布；利用其他手段公布信息，如利用所设立的网站或在电视台、电台发布消息等方式进行公告。

第三，保证群众获取群众文化信息的及时、透明和便捷。即在帮助群众获取群众文化信息时应做到途径畅通、速度快捷；获取的群众文化信息应内容公开、翔实准确；群众获取群众文化信息后便于选择、手续简便、易于掌握。

四、政府职能转变对群众文化工作的新要求

（一）加强对群众文化的宏观管理

要求各级政府认真履行群众文化工作的职责，转变职能、强化服务、改进管理、明确责任、提高效能，加强对群众文化的宏观管理。以往政府在履行群众文化工作职责时往往将管理者、举办者、资源拥有者等多重角色集于一身，导致在对群众文化工作管理方面存在不少问题。在公共文化服务体系建设的大背景下，需要政府在这一方面做出重大改变，即在职能分工上做到政事分开、管办分离，在实施管理上做到强化服务、提高效能，更多地体现政府对群众文化工作的宏观管理。

从这个意义出发，政府的群众文化管理职责应主要体现在：强化政府的公共文化服务职能，不断适应公共文化服务体系建设的要求；强化服务大局、服务群众、服务基层的意识，提高群众文化的服务能力；加强对群众文化服务机构的管理，完善对群众文化工作质量的监督考核；改进群众文化的管理方式，提高群众文化管理科学化、制度化和规范化水平；加强群众文化队伍建设，提高群众文化工作的服务

效能。

（二）加强群众文化的社会管理，支持各级各类文化单位开展群众文化服务

把政府群众文化工作职能由重点放在群众文化事业机构和直接主办群众文化活动，转到对群众文化的社会管理和支持各级各类文化单位开展群众文化服务上来。

以往政府在实施群众文化工作职能时，多是把侧重点放在对所属群众文化事业机构的管理上，而疏于对社会各层面、各系统群众文化工作的管理；另外，在实施管理过程中部分取代了所辖群众文化事业机构的基本职能，直接介入各类群众文化活动之中，也更多地占用了群众文化服务的有限资金。这种状况的出现，在一定程度上削弱了政府的公共文化服务职能和对群众文化的管理职能，也影响了群众文化事业机构功能的正常发挥。因此，在公共文化服务体系建设的背景下，要求政府必须准确把握其所承担的群众文化工作职能，将工作的重点放在对所辖区域的社会化群众文化管理上来，放在集中精力支持和帮助各级文化单位开展群众文化服务上来。

（三）建立群众文化事业单位的人、财、物保障机制和绩效评估机制

理顺政府文化主管部门与群众文化事业单位的关系，明确各自群众文化工作的主要内容，建立群众文化事业单位的人、财、物保障机制和绩效评估机制。

政府文化主管部门是在代表政府行使管理、指导和监督群众文化事业单位的职责；反过来，群众文化事业单位是在政府文化部门的主导下完成群众文化服务的具体任务。理顺二者之间的关系，需要进一步明确政府文化主管部门对群众文化事业单位管理的具体事务。一般说来，其对群众文化事业单位的管理事务主要应包括设施设备、法规规划、经费保障、标准规范和监督指导五个方面，具体内容是：加大群众文化事业单位的设施建设，改善群众文化服务的设施设备条件；完善群众文化管理的政策法规，制定群众文化事业的发展规划；加大对群众文化事业单位的投入力度，健全群众文化人、财、物的保障机制；确定群众文化事业单位的功能定位，完善群众文化管理和服务的规范标准；加强对群众文化事业单位的监督检查，完善群众文化工作的绩效考核制度。

五、数字和网络技术的应用对群众文化工作的新要求

在互联网时代,一切工作与生活都发生了巨大的变化,群众文化领域,也悄然发生着巨变。如何借助互联网的发展创新群众文化工作,成为每一个群众文化工作者需要不断探索的问题。

(一)促进数字和网络技术在群众文化服务领域的应用

促进数字和网络技术在群众文化服务领域的应用,是当前群众文化工作的一项重要任务。

21世纪的人类社会是一个数字化、网络化的社会。数字网络技术的发展不仅改变了人们的生活方式,也促进了服务方式的转变和更新。将数字和网络技术应用于群众文化的工作实际,对更新群众文化服务方式,提高群众文化服务能力具有重要的意义。在很大程度上,加快数字和网络技术在群众文化服务领域的应用,已经成为公共文化服务体系建设背景下群众文化工作亟待完成的任务。

处于信息时代背景之下的社会公众,其生活方式已经在各类现代信息技术的影响与冲击之下发生了同以往截然不同的变化,传统线下交流的方式为"线上交流与线下交际"的全新社交模式所替代。人们可以用微信建立属于自己的群进行在线互动,每个人生活的圈子或群既独立又交叉。这种"群模式"大大加快了信息传播的速度,打破了人们先前封闭式的生活空间,促进了人与人之间的沟通和互动。

作为新媒体技术而言,其具备了传统媒体所不具备的便利性。有鉴于此,广大群众文化工作者要善于依托新媒体技术这一特质,将之应用于日常群众文化工作之中,以此提升群众文化工作的效度与效率。

(二)加强数字群众文化的惠民服务

以现代信息技术为支撑,以群众文化资源建设为重点,实施"公共电子阅览室建设计划",加强数字群众文化的惠民服务,提高群众文化事业机构的服务能力。

现代信息技术是一个内容十分广泛的技术群,并已经广泛地渗透到人们的生活、学习和工作之中。利用现代信息技术对改进群众文化工作方式、提高群众文化服务

能力可发挥重要作用。作为专门从事群众文化服务的事业机构，充分利用所拥有的群众文化艺术资源，将其制成数字化的图像、文字、影像、声音等各类群众文化产品，既可扩充"公共电子阅览室"的阅读范围，满足群众查询、鉴赏、应用的需求，也有助于艺术档案建设水平的提高。

（三）构建数字群众文化服务网

以文化共享工程的服务网络为基础，构建一个内容丰富、技术先进、覆盖面广、传播快捷的数字群众文化服务网，实现双向互动。

文化共享工程又称"全国文化信息资源共享工程""共享工程""文化信息共享工程"或"全国文化共享工程"，是采用现代信息技术，对各门类的文化信息资源进行数字化处理和加工整合，并通过覆盖全国的文化信息资源网络进行传输，以实现优秀文化信息资源在全国范围内共建共享的一项文化发展工程。文化共享工程是国家确定的五项文化建设重点工程之一，它以基层站、点为纽带，以数字资源为核心，以多种传播方式为手段，以共建共享为途径，既能满足群众查询数字文化信息的需求，又能将这些信息进行广泛传播。截至目前，文化共享工程已经基本形成了资源丰富、技术先进、服务便捷、覆盖城乡的数字文化服务体系。

以文化共享工程为基础构建数字群众文化服务网络，既有现实基础，又具发展前景，有助于群众文化服务手段的升级和群众文化服务设备的改善，也有助于丰富基层群众的文化娱乐生活，传播优秀文化艺术作品。在数字网络技术不断进步的背景下，应注意发展和传播健康向上的网络群众文化，使之成为传播社会主义先进文化的新途径、群众文化服务的新平台、精神文化生活的新空间。

第三节　群众文化工作的绩效管理与评估

一、群众文化工作的绩效管理

（一）群众文化工作绩效管理的基本概念

群众文化工作的绩效管理就是根据群众文化的管理职能，借助一定的指标、方法，从政府部门、群众文化服务单位和群众文化服务项目的效率、服务质量、服务责任和社会公众满意度等方面进行判断，对其投入、产出和成绩、效果进行评估和划分等级。

群众文化工作绩效考评主要包括效率、服务质量、服务责任和社会公众满意度等方面的内容。

群众文化工作的效率是指群众文化投入与群众文化效益的比率，就是在完成一项群众文化工作任务时，所产生的社会效益与资金、人力、物力、时间等投入因素的相符程度，其中人均投入资金、人均占用人力资源等可以采用量化指标来计算的，应当作为效率考评的主要依据。

群众文化工作的服务质量是指群众文化工作能够满足服务对象群众文化需求的程度，考评服务质量就是要按照服务质量标准检查群众文化服务的落实情况。

群众文化工作的服务责任是指群众文化工作的责任主体在群众文化服务中所应承担的职责，考评服务责任则是检查责任主体履行职责的情况。

群众文化的社会公众满意度是指群众获得群众文化服务后心理上的满足感和愉悦感，社会公众满意度的测评一般采用群众个体对群众文化服务进行评分等方式。群众文化的社会公众满意度是群众文化工作绩效考评最重要的指标。要保证群众文化工作绩效评估的质量，应当事前设定标准，并应根据评估标准划分等级，以确定绩效的优劣。

（二）群众文化工作绩效评估的对象

群众文化工作绩效考评的对象主要包括以下四种类型：

1. 政府

政府是群众文化服务的责任主体，这是由政府承担的公共事业职责所决定的。政府有责任为公民提供群众文化服务，是群众文化服务的主要提供者和管理者。政府文化部门是群众文化工作绩效的第一考评对象。

2. 群众文化事业单位

群众文化事业单位作为政府举办的文化事业机构（主要指文化馆、综合文化站），承担着协助政府向公民提供群众文化服务的任务，是群众文化服务的骨干力量。群众文化服务工作是群众文化事业单位绩效考评的重点内容。

3. 通过政府采购提供群众文化服务的企业和社会组织

企业和社会组织参加政府采购而取得的群众文化服务项目，也应当纳入群众文化绩效考评的范围。

4. 重要的群众文化工作项目

政府部门、群众文化事业机构以及参与群众文化服务的企业和社会组织，无论以何种方式承担的重要的群众文化工作项目，都属于群众文化工作绩效考评的重点，包括重要的群众文化建设项目、重要的群众文化服务项目、重大的群众文化活动等。

（三）群众文化工作绩效管理的作用

1. 加强群众文化服务的公共性、公益性和民主性

群众文化服务涉及公民的公共文化利益，体现了公民的基本文化权益。公民通过依法纳税，取得了享受社会文化生活的权利，有权得到政府提供的群众文化服务。因此，群众文化服务蕴含的是公民的公共权利、公益权利、民主权利，加强群众文化工作的绩效管理有利于落实公民的这些权利。

2. 提升服务质量和责任意识

要使群众文化服务获得公民的满意和认可，需要提升群众文化的服务质量；而要保证群众文化服务的质量，则要求群众文化工作者有较强的责任意识，包括服务群众的工作热情、对待工作的认真态度和对公共资源的珍惜。加强群众文化工作的

绩效管理，可以通过考察实施者的责任意识，促进群众文化服务质量的提高。

3. 提高群众文化服务的综合水平和群众文化资源的使用效率

群众文化服务需要实施者有较强的政治素养、业务水平、组织能力等各项综合能力，需要投入设施、设备、资金等大量的公共资源。加强群众文化工作的绩效管理，有助于提高资源的使用效率，提高提供者的综合水平。

4. 为衡量群众文化服务的完善程度，提供必要的技术工具和制度保障

通过群众文化工作的绩效管理，还可以检查群众文化服务过程中技术工具的使用效果，检查群众文化服务过程中制度保障方面的疏漏，以实现技术完善、制度严密、运转协调、管理高效的群众文化服务。

二、群众文化工作的绩效评估

（一）政府群众文化工作的绩效考核

政府群众文化工作绩效考核对检验政府群众文化工作的质量具有重要意义。主要体现在以下方面：一是有助于促进政府认识群众文化工作的重要性，准确把握群众文化工作的定位；二是有助于提高政府群众文化工作的水平，实现群众文化监督管理的规范化、制度化；三是有助于政府了解群众文化需求的动态变化，为群众提供有质量的群众文化服务。

政府群众文化工作绩效考核的内容主要包括政府对群众文化经费的投入；政府对群众文化设施的建设；政府对群众文化工作的协调；政府对群众文化产品和服务的提供；政府对群众文化事业单位的管理；政府对群众文化管理规范的制定等。应根据政府群众文化工作的绩效考核内容，确定和完善群众文化工作的指标，把群众文化工作指标纳入政府政绩考核和创建精神文明城市、文化先进县（区）的指标，作为评价地区发展水平、发展质量和领导干部工作实绩的重要内容。政府群众文化工作绩效考核的方法可以采用指标评估、群众评议、上级政府部门评价相结合的方法。

（二）群众文化事业机构的绩效评估

群众文化事业机构的绩效评估对于提高群众文化的服务水平，显示群众文化事业机构的社会价值具有重要作用。随着政府对公益性文化事业投入的加大，群众文化事业机构能否发挥其自身作用，达到与国家投入、公民需求相契合的社会期望值，越来越被政府、被人民群众关注。

群众文化事业机构的绩效评估应以群众文化事业发展的要求和群众文化需求为依据，通过建立一套系统的、量化的、科学的、与工作实际联系紧密的评价指标来体现。这套指标应能反映政府对群众文化工作创新发展的要求，体现群众文化公益性服务的本质特色，并对整个群众文化工作起到引导和标杆作用，具有可行性和可操作性。中华人民共和国文化和旅游部主持制定的《文化馆服务标准》《乡镇综合文化站服务标准》，从根本上体现了这一要求，应该作为文化馆（站）年度绩效评估的依据。

群众文化事业机构绩效评估的内容主要包括：群众文化设施的利用、群众文化经费的使用，群众文化队伍建设，群众文化的基本服务、群众文化的数字化服务，群众文化制度规范建设，群众文化服务的满意度。群众文化事业机构的绩效评估应以群众的满意度作为第一位的标准。

开展文化馆和综合文化站的评估定级工作是进行群众文化事业机构绩效评估的一项重要手段。文化馆和综合文化站的评估定级结果应当列入地方政府文化部门相关领导和文化馆（站）长的任期目标责任制。

（三）群众文化工作项目的绩效评估

群众文化工作项目的绩效评估是针对在规定时限内完成的、有专项任务指标的、特定的群众文化工作任务所进行的评估。群众文化工作项目的绩效评估有助于保证特定工作项目的完成质量，有助于保证专项资金的使用效率，也有助于完善配套的针对性更强的群众文化评估指标体系。

进行群众文化工作项目的绩效考评一般可采用委托第三方或中介机构的方式来完成，目的是确保评估结果真实、准确。一般采用指标评估的方法，即在被评估单位进行自我评估的基础上，由被委托的第三方或中介机构邀请有关方面专家组成评审组，采取"听、询、查、看"的方式（听取专项汇报、当面问询交流、核查原始资料、进行实地查看），或根据需要另外进行专项检查和抽样调查，最后对设定的项目指标完成情况进行评分，在汇总评分的基础上确定项目完成的等次，并提出评估意见。

三、群众文化工作的主要指标

（一）群众文化工作指标的内涵

群众文化工作的绩效评估需要借助一套适合群众文化工作特点的、适当的、可比较的指标体系，并建立可靠的统计数据。群众文化工作的指标体系应能反映群众文化工作的基本构成及动态变化，是完成绩效评估的一项重要的基础工作。

群众文化工作指标和统计是观察群众文化事业发展水平、衡量群众文化工作水平和评估群众文化工作绩效的重要依据。

（二）现行的群众文化工作指标体系

按照中华人民共和国文化和旅游部财务司编纂的《中国文化文物统计年鉴》的统计口径，列入现行群众文化工作统计范围的主要是政府举办的文化馆（含群众艺术馆）和综合文化站。其统计指标主要包括以下几方面：

1. 机构数量和从业人员数量指标

机构主要包括各级文化馆（含群众艺术馆）、基层文化站、文化室以及文化户；从业人员主要包括各级文化馆（含群众艺术馆）和基层文化站的在编、在聘人员。

2. 群众文化工作指标

群众文化工作指标是群众文化工作能力和水平的一项检测数据，是群众文化服务能力的一种标志。群众文化工作指标主要包括举办展览数量、组织文艺活动数量、举办培训班班次和培训人员数量等。举办展览数量是指本机构年度内举办或与外机构联合举办的国内、外展览的个数（同一内容的展览无论地点变化和时间长短都只记为一个）；组织文艺活动数量是指本机构组织或与外机构联合组织的各种文艺活动（包括调演、会演、故事会等）；举办培训班班次是指本机构举办或与外机构联合举办的各种文化、艺术、科普等培训班的个数；培训人员数量是指所举办的培训班的参加人次。

3. 资金收入、支出指标

资金收入是群众文化事业机构从事公共文化服务的资金来源，体现了群众文化事业单位的公益性性质，是群众文化事业机构从事群众文化服务的基本保障性条件。在公共文化服务体系建设的背景下，资金收入、支出指标应当与社会发展水平、群众文化需求标准相适应，并建立起稳步增长的群众文化经费保障制度，进一步提高群众文化经费的投入标准和水平。

资金收入指标包括财政拨款、上级补助收入、事业收入与经营收入等各项指标。其中，财政拨款指本机构从政府财政部门取得的无偿拨付的、明确规定了资金公共事业用途的资金；上级补助收入指本机构从行政主管部门和其他机构取得的非财政拨款收入；事业收入指本机构开展专业业务活动及辅助活动取得的收入（包括预算外资金收入）；经营收入指本机构在专业业务活动和辅助活动以外开展非独立核算经营活动取得的收入。

资金支出指标包括基本支出、项目支出、经营支出、工资福利支出、商品和服务支出等各项指标。基本支出指为保证本机构正常运转、完成日常工作任务而发生的各项支出；项目支出指为完成本机构特定的行政工作任务和事业发展目标而在基本支出以外发生的各项支出；经营支出指本机构在专业业务活动及辅助活动以外开展非独立核算经营活动发生的支出；工资福利支出指本机构在职职工和临时聘用人员的各类劳动报酬以及为这些人员缴纳的各项社会保险费等，含基本工资、津贴补贴、奖金、社会保障缴费、伙食费或伙食补助费、其他工资福利支出等；商品和服务支出指本机构购买商品和服务的支出，不含购置固定资产的支出。

4. 资产指标

资产是指群众文化事业机构占有或使用的、能以货币计量的全部财产的总和。资产指标主要包括资产总值和年增加值、公用房屋建筑面积和文化活动用房面积指标等。

从狭义的角度理解，资产总值主要是指本机构房屋、建筑物、设备、器具、资料等固定资产的总值；年增加值主要是指本机构在年度内服务过程中的新增加值和固定资产折旧，群众文化事业机构的年增加值应为人员报酬、税金支出、固定资产折旧（年末固定资产原值×4%）、营业盈余（按固定公式计算）之和。

公用房屋建筑面积是指本机构拥有产权或无偿使用的各种办公和业务用房的总建筑面积，不包括职工宿舍和租用的房屋；文化活动用房面积是指本机构总建筑面积中专门用于群众文化活动的用房的面积。中华人民共和国文化和旅游部制定的《文化馆评估标准》对于这两项指标都规定了严格的标准，是检查群众文化设施建设水平和实际使用效率的规定性指标。

（三）现行群众文化工作指标的作用和不足

群众文化工作指标的作用：群众文化工作指标是观察和分析政府主办的群众文化事业机构总体状况的依据。目前，国家有关部门组织采集的有关群众文化工作的统计数据，反映了政府设立群众文化事业的机构、财政拨款、从业人员、资产、建筑、基本业务、信息化建设等各方面的情况，从一个侧面显示了我国群众文化事业机构的发展历史及动态变化，是研究群众文化发展、提高群众文化服务质量的宝贵资料。

现行群众文化工作指标的不足：一是整个指标体系不够全面，存在明显缺项，如群众文化活动的受众率等。二是与公共文化服务体系"普遍均等"的原则要求不相适应，未能充分体现公共文化服务的均等化指标。三是缺乏可比性指标，难以有效地进行公共文化服务质量的绩效评估。

（四）群众文化服务均等化指标

以服务人口为依据的群众文化服务均等化指标具有可比性，符合公共文化服务均等化的要求，是衡量群众文化工作和群众文化服务水平的客观依据。

1. 设施指标

设施指标是指群众文化设施覆盖率指标等。按照国家群众文化机构的建设要求，我国县一级以上机构应建有文化馆，乡镇一级应建有文化站，村一级应建有文化室。群众文化设施的覆盖率是指县、乡镇、村分别建立的文化馆、文化站和文化室的数量与地域内县、乡镇、村的数量之比。根据国家公共文化服务体系建设的需要，群众文化设施的覆盖率应以本地域每千人实际拥有的群众文化设施面积数与按实际人口计算每千人所应拥有的群众文化设施面积数之比为标准。即县、乡镇、村每千人拥有群众文化服务设施面积（含文化馆、文化站、文化室）的指标数与应拥有的群众文化设施指标数的比值。群众文化设施指标是群众文化服务均等化的一项重要的量化指标，群众文化设施的覆盖率在一定程度上反映了地域群众文化事业的发展水平。

2. 投入指标

投入指标是指人均群众文化事业经费投入指标。群众文化投入指标的均等化要求城乡群众文化事业经费人均投入标准基本平衡。从目前来看，城乡人均群众文化事业经费的投入存在着较大的差距。

3. 人员指标

人员指标是指群众文化工作者数量占服务人口的比例指标。群众文化工作者数量指标是群众文化服务能力的一个方面，群众文化服务的均等化要求群众文化的人员配置达到一个合理的标准。具体指标可包括：每千人服务人口拥有群众文化事业机构人员的指标，每千人服务人口拥有文化志愿者的指标，每千人服务人口拥有业余文艺骨干的指标等。

4. 工作指标

工作指标包括参加群众文化活动人数占服务人口比例的指标，文化馆（站）年免费接待人数占服务人口比例的指标，群众满意率指标等。其中，群众满意率指标是一项非常重要的指标，该项指标是群众文化服务水平的基本标志。

第四章 群众文化活动

群众文化活动,是指人们在职业外为满足自身精神文化生活需要而采取的文化行为。从群众文化发展的历史角度来看,在地球上出现人类时,群众文化活动便随之出现了,而群众文化事业、群众文化工作、群众文化理论等群众文化体系中的构成要素,则是群众文化活动发展到一定历史阶段才出现的;从群众文化构成因素之间的关系来看,群众文化的机构、工作、理论等,都是服务于群众文化活动的,它们的价值体现于群众文化活动之中;从群众文化内部结构的依赖关系来看,因为有了各种群众的文化活动,才形成了不同形态的群众文化。

第一节 群众文化活动的动力机制

在远古时代,群众文化并不是作为一种独立的文化形态出现的,它的产生紧密地同物质生产活动交织在一起。人类物质生活的逐渐丰富,人们的精神需求逐渐提高,才促成群众文化的形式与内容逐渐具有相对的独立性。随着社会的不断发展,群众文化活动又逐渐地成了人们不可缺少的精神生活内容。在这种历史过程中,作为群众文化活动主体的人的精神需要,是群众文化活动发生并构成其历史发展的原动力。原动力的种种差异性,也就是群众文化之所以千姿百态的根本原因。

一、群众文化活动的形成原理

人类社会的群众文化活动作为一种复杂的社会现象,不是孤立和偶然的,而是有着普遍的社会联系。它既是社会大系统的有机构成部分,同时又作为一个相对独立的有自身动力机制的系统而存在。群众文化活动,是主体以自身精神需要为原动力，在动机指使下所进行的文化行为的总和，从这种意义上说，群众文化活动就是主体现实的社会行为。于是，从静态考察有群众文化活动系统的结构，从动态考察有群众文化活动主体心理行为的动力系统的结构，它们分别成为群众文化活动动力机制内容的不同表达方式。

群众文化活动系统由四个相互关联、相互作用的子系统构成，如图4-1所示。

群众文化活动条件系统 → 群众文化活动动机系统 → 群众文化活动行为系统 → 群众文化活动信息反馈系统

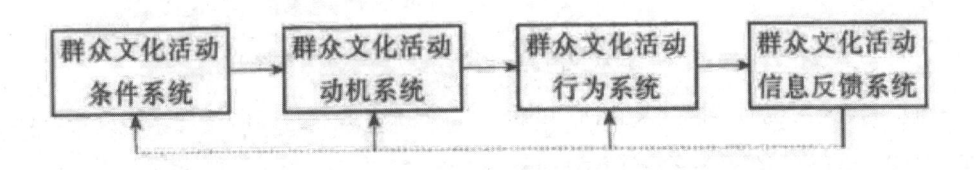

图4-1　群众文化活动系统结构关系图

活动系统的各子系统，反映着群众文化活动的社会普遍联系性。活动条件系统包括主体的生理素质、活动的客体因素、时空情况和社会环境等，它们是形成主体精神需要、活动动机和行为的必要条件因素。活动动机系统包括受社会和主体的调控力量作用所形成的群众文化需要、活动动机、活动兴趣等，是指向一定性质的活动目标而始发行动的关键环节。文化行为系统包括文化活动的进行以及方式、技巧、经验的选用等，是主体精神需求的实现和决定其满足程度的终端。信息反馈系统，是将活动结果情况反映给前面各系统的效应反馈环节，它影响着其他系统的调整性变化。

这一活动系统的内部关系，可以用社会心理学家勒温（K.lewin）提出的一个著名的人类行为公式来概括：

$B=f(P \cdot E)$

其中B代表行为，f代表函数，P代表人，E代表环境。即人类行为是人及其所处的环境的函数。这就说明，群众文化的行为是个体与环境交互作用的结果；人的文化心理和行为，决定于内在需要和周围环境的互相作用。

按照上述对群众文化活动系统结构的静态分析，可以将群众文化活动的主体心理行为动力系统，用模式图4-2表示。

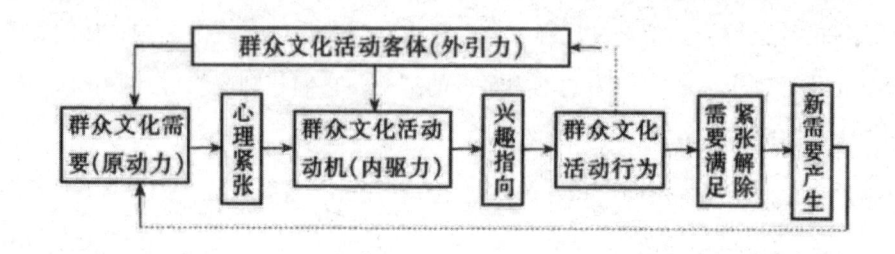

图4-2 群众文化活动主体心理行为模式图

这一模式图说明，群众文化活动的形成，是主体心理行为的一种变化过程，也是主体与客体密切联系着的一个循环过程。

二、群众文化需要的特点和心理紧张的产生

群众文化活动的动力机制，是以主体的群众文化需要为出发点的。需要，是生理的和社会的要求在人脑中的反映；群众文化需要是指人对精神文化的一种欲求。任何真正意义上的合乎参与者意愿的群众文化活动，都是活动主体在本身一定的精神文化需要驱使下，对于某种精神表达方式和享受方式的选择。所以，群众文化需要是群众文化活动的主体心理行为过程中的首要环节。

这种群众文化需要是人们在一定的社会历史条件下的社会生活中产生的。群众文化需要的特点：一是随着主体的社会化的逐步完成，理想、信念和世界观的逐步确立，群众文化需要在总方向上会逐步得到相对的稳定，不易受外界的影响而改变其需要的实质。二是群众文化需要具有无限性。正如心理学家马斯洛所说，人"几乎很少达到完全满足的状态，一个欲望得到了满足之后，另一个欲望就立刻产生了"。群众文化以它特殊的功能所产生的魅力，成为人们永不满足的需要，伴随着生命的全部历程。三是群众文化需要具有多层次性。我们从时间的横断面看，人们都在不尽相同的社会环境中生活，物质的条件、文化艺术的素养、社会化程度等个体差异性，都必然地作用于人们的群众文化需要，形成以群众文化活动的质与量为区别的高低不同层次。群众文化需要的总方向的相对稳定性、无限性和多层次性都表明，它无论在何时何地和对于何人，都是群众文化活动的原动力。

作为主体对文化生活的欲求状态的群众文化需要，是由于主体在精神和体力的

疲劳、持续的单调生活或其他文化需求的上升性量变等情况下，所产生的心理学意义上的心理紧张。群众文化需要愈多愈迫切，紧张度就愈高。主体心理的紧张构成一种内驱力，并在一定条件下转化为主体的群众文化心理动机，进入活动动机的环节。

三、动机的形成条件、特点和兴趣的中介作用

群众文化需要，未必都能成为群众文化活动的动机及推动主体去进行群众文化活动。变需要为动机须有一定的条件。首先，作为内在条件的主体心理需要，必须得达到一定的内驱力强度。其次，主体要有与其需要相适应的群众文化活动能力。能力是多方面心理特征的综合，任何群众文化活动都以主体具有一定的能力为条件。群众文化活动能力的有无和差异，必然会在动机中表现出来，一定的群众文化需要总是向着其能力的范围形成动机。最后，作为外在条件，要有与主体群众文化需要和能力相适应的文化活动对象及环境。文化活动对象即由一定的形式和内容有机构成的群众文化活动客体。任何群众文化活动都是对象性活动，必须指向一定的客体，通过与客体的结合达到主体的需求目的。显然，没有活动对象就不可能有对象性的活动，自然也就无所谓活动的动机。同时，这种群众文化活动的客体对象物，是主体产生活动动机的刺激物、诱引物，它以外引力的作用与心理动机的内动力相融合，才使动机进入活动的环节。可见，这种具有广泛性、永恒性和个体选择性的群众文化活动客体的吸引力，是唤起主体的文化需要和产生活动动机的必要的外部动因。有活动对象物还须具备一定的时空环境，各种群众文化活动总是在相宜的环境中进行的。尽管动机对环境的适应性比较宽泛，但没有一种特定的适宜的环境，群众文化活动动机的产生也就缺少必要的条件。

在一定条件下由需要而转化的群众文化活动动机，一是具有动力性，群众文化活动动机不仅能引发文化活动，而且能提供使其活动的进行直至完成所需要的动力，即既有始发动力，又有继发动力，作为有效能量的动力强度差异，直接影响群众文化活动的质与量；二是具有调节性，群众文化活动是一种情感形态的活动，容易受到来自外部和主体内部的各种影响，群众文化活动的动机在其中起到抵制其他活动动机和暂时排除其他干扰的作用，从而维持文化活动的进行；三是具有指向性，群众文化的需求还只是表明缺少什么的静态存在，而转化为动机后，即指向于群众文

化活动的具体方向和一定的形式与内容。

然而，从动机环节进入具体群众文化行为的环节的指向，还要以主体的兴趣为中介。群众文化兴趣是指个体对群众文化带有情绪色彩的倾向性。由它指向于不同样式的群众文化活动，由它决定什么样的群众文化活动客体对主体具有吸引力。

人们的群众文化兴趣是在一定的社会历史条件下，在群众文化活动实践过程中产生和发展起来的。它是一种复杂多样的心理现象，在性质上有积极与消极之分、在方式上有欣赏和参与之分、在持续时间上有长期与短期之分、在目的上有直接与间接之分、在范围上有广阔与狭窄之分、在价值评价上有主要与次要之分等。这种种群众文化兴趣，在动机与行为之间起着纽带作用，主体出于求知、审美、竞技、消遣、健身、社交、情感等的群众文化活动动机进行梳理并指向不同方向、目标、形式与内容的群众文化活动客体，形成文化活动行为。

四、文化活动行为的多种效应和心理行为过程的复杂性

当一定强度的动机顺着兴趣的指向完成了群众文化活动，主体的群众文化的精神需要便得到一定的满足，由群众文化欲求造成的心理紧张也便得以缓解或解除。这样，主体以自我调节的方式通过群众文化的途径，在一定程度上表现了潜力，满足了或求知、或求乐、或求健康、或求美、或求自我实现的精神需要。

从主体的精神文化需要到这种需要满足的群众文化活动过程，就这样形成了。而按照人们的群众文化需求和社会的群众文化发展的历程，前列主体心理行为模式图还告诉我们，主体群众文化行为的实现还产生以下两个方面的变化。第一，由于群众文化需要的无限性，主体在通过文化活动满足需要之后，接着就会产生新的需要。这种群众文化需要，又再度作用于群众文化活动动机。第二，群众文化活动的客体都是在人们的群众文化实践中形成的，主体的一次次文化活动的实现，也是一次次创造客体的过程。客体的不断变化、增殖又对主体的活动动机产生新的外引力。就这样，群众文化活动得以循环往复，不断推向新的高度；群众文化的发展，也因需要与满足这对矛盾的无止境运动而不断进入新阶段。

尚须指明的是，上述一个单独、完整的群众文化活动的主体心理行为过程，是一种理论上的抽象。实际上，这种主体心理行为过程并非都是一个接一个地完满地

进行和实现的。一方面，群众文化活动的主体心理行为过程的规模和时空跨度有大有小，大过程中可有许多小过程；另一方面，愿望性动机与行为结果之间，受着许多来自主体或客体方面的条件限制，因而会使一些活动主体的心理行为过程不完整或者是行为结果达不到期望值。所以说，具体分析各种活动主体的心理行为过程时，要充分了解它的复杂性。

第二节　群众文化活动的构成

在上一节我们可以看出，群众文化活动的动力机制，实质上是一个"需要—活动—新需要—新活动"的动态系统，是一个循环无穷并呈螺旋式上升的历程。现在，我们再把论域摆在群众文化活动行为这一环节上，对其本体构成及其规律进行剖析。

一、群众文化活动的内容与形式

无论自然界还是人类社会中的一切事物，都有它的内容与形式，都是内容与形式的辩证统一体。群众文化活动这一人类社会精神领域的客观事物，当然也不例外。所谓群众文化活动的内容，是指群众文化活动形式所表现的实质和意义，是群众文化活动主体因素和客体因素的统一体。

群众文化活动是以文学艺术为主要形式的，文学艺术作品通过艺术形象所反映的客观现实生活，也就是群众文化活动内容的主要组成部分。除此之外，还包含作用于人的智力、审美、健身等各种群众文化活动所包含的现实意义。就群众文化活动内容的主体部分而言，它既有反映社会生活的客观性，又有渗透着活动者思想情趣和审美评价的主观性，是客观与主观的统一。同时，它具有意识形态性，即群众文化活动的文学艺术部分的内容，一般都渗透着一定的世界观、人生观、价值观、伦理观等。这种一般的抽象的思想内容，都是通过群众文化活动的形象化形式来表现的。群众文化活动还包含一些不具有一定的明确的思想意义的活动项目，如游艺活动、群众业余体育活动、交谊舞活动等纯娱乐、健身、消遣的活动项目，其本身内容就不一定具有意识形态性，至于依附于这些活动上的其他思想内容，则另当别论。

群众文化活动的形式，是指群众文化活动内容得以表现的形态。群众文化活动形式从层次上划分，有外在形式和内在形式。群众文化活动外在形式是物质性的，是活动内容得以传达的物质手段和组织形态，群众文化活动形式所采用的物质手段的发展，带动着群众文化活动形式的发展。群众文化活动的内在形式是活动内容直接相依赖的形式，即活动内容的组织结构方式，也是活动内容的各种因素或各部分之间的内部联系和组织方式，群众文化活动的形式是在长期的群众文化实践中不断丰富和发展起来的，它本身没有阶级性。

群众文化活动的内容与形式的关系是辩证统一的关系。形式依靠内容而存在，内容依靠形式去表现，两者相互依赖、相互制约，都以对方的存在为条件。在地位上，群众文化活动的内容起着主导的和决定的作用，形式由内容决定并为内容服务。刘勰说："夫情动而言形，理发而文见，盖沿隐以至显，因内而符外者也。"这就是说，一定的形式总是根据内容的需要而产生并为一定的内容服务的。群众文化活动的内容从它的精神调剂、宣传教化、普及知识、团结凝聚等功能来看，包含德育、智育、美育、体育等所涉及的各个方面，内容是异常丰富的，而丰富的内容都有相适应的形式。

群众文化活动的形式虽然由内容所决定，但它又能给内容以积极的影响。相适应的完美的形式能使内容得以充分表达，从而达到较好的活动效果；反之，则会妨碍内容的表达而减弱活动的效果。群众文化活动的形式是人类各民族在长期的群众文化实践中形成和不断更新的；活动形式的创新又促使活动内容更为丰富和新颖。群众文化活动的形式也有相对的独立性，不同的形式可表达相同或相似的内容，相同的形式也可表达相同或不同的内容。此外，它还有着特殊的内在规律性和形式美的法则。比如，中国农民画在创作活动中逐步形成了鲜明稳定的表现形式和浓厚强烈的艺术风格，在造型、构图、色彩配置和笔法、材料工具的运用等方面，均具有独特之处，其绘制活动具有不同于其他绘画活动的个性规律。

总之，群众文化活动的内容与形式是辩证统一的；人们所做的努力，也就在于对一定的社会内容同尽可能完美的形式相统一的追求。

二、群众文化活动的类别

群众文化活动内容丰富而形式繁多,但并不是杂乱无章的存在物,它具有多层次的组合结构。按照事物分类的"划分标准统一"原则和从小到大的顺序,群众文化活动从外在形式上可分为这样四个层次:活动样式、活动类型、活动总类和活动总体。这些不同的活动层次,形成了群众文化活动存在的不同形态。

(一)群众文化活动样式

群众文化活动样式,是按不同文化艺术门类区分的基本的活动组成的活动种类。之所以能区分为不同的种类,是因为它们在形式上有不同的内部组织结构和外部表现形态。具体样式有以下几种:

群众文学活动:主要指小说、诗歌、散文、报告文学等文学作品的创作,以及围绕创作所开展的各种辅导、加工交流等有关活动。在群众文化的基础部分中的民间文学创作、传播活动,还包含民间歌谣、民间长诗、民间谜语、民间谚语等民间诗歌的活动,包含神话、传说、寓言、笑话、童话、生活故事等民间故事形式的活动等。这一活动样式的共同特点是以语言为工具,是语言的艺术。

群众戏剧活动:这一样式的活动,既包括群众性戏剧演出的活动,也包括对专业性戏剧演出的欣赏。戏剧是融诗歌、音乐、舞蹈、曲艺、美术、杂技、武术以及表演等多种技艺为一体的综合性的活动样式,它也包括民间小戏、木偶戏、皮影戏等。戏剧活动是古老的艺术,早在2000多年前亚里士多德就曾给它下过定义,它以自己的综合性和现场表演等直观的内外部特点区别于其他样式的群众文化活动。

群众曲艺活动:群众曲艺活动包括快板、快书、弹词、渔鼓道情、大鼓、琴书、牌子曲、时调小曲、评书、相声等不同形态的、种类数以百计的说唱活动。它以带有表演动作的说唱来叙述故事、塑造人物、表达思想感情,有着浓厚的地方性特色。它以叙事为主、代言为辅、"一人多角"等特点而成为带有显著民间色彩的群众文化活动样式。

群众音乐活动:分为用人声演唱的声乐和用乐器演奏的器乐两大类的群众音乐

活动,是一种用声音塑造情感形象的听觉艺术活动,是历史悠久且种类繁多的活动形式。就中国来说,远在周朝时期,见诸文字记载的乐器便已有 80 多种。不仅每个民族都有独具风格的群众音乐活动,而且这种音乐具有不经翻译即可为不同国家、不同民族的群众所欣赏的普遍可传达性。

群众舞蹈活动:这是历史久远、形式种类繁多的群众文化活动,包括社交舞蹈、风俗舞蹈、健身舞蹈、礼仪舞蹈等。它在形式上明显地表现着人民群众的生产与生活方式、风俗习惯、宗教信仰、道德观念和审美情趣,在外部表现形态上有着鲜明的动作性、造型性、节奏性和直观抒情性的特点。

群众美术活动:通称为造型艺术、空间艺术、视觉艺术和静态艺术的美术门类的群众文化活动,包括绘画、雕塑、工艺美术、书法、摄影、篆刻等方面的活动。泥塑或陶制各种玩具、剪纸、制作风筝、集邮等也都是群众美术活动。尽管这一样式的活动的外部表现形态各异,却一般都有以美术为基础以一定的物质材料在一定的空间创造静态视觉形象的特点。

群众游艺活动:指包含游戏、杂技在内的一种智力性、康乐性活动。它包括棋类、牌类、儿童游戏等,具体活动种类难以计数和尽说。它大体可划分为智力性与娱乐性两类。科技的进步已使现代化的电、光、声和机械等进行控制的游艺活动进入群众文化生活领域,群众游艺活动的形式也更为多样而新颖。

群众体育活动:这是指乡村、厂矿、企业、机关等基层群众所开展的业余性质的体育活动。民族民间体育活动有武术、荡秋千、赛龙舟、跳皮筋、踢毽子等;新兴的群众体育活动的项目同国家专业体育的项目差不多,能进入国家或国际性比赛的项目,大都可在业余进行。群众体育活动区别于专业性体育活动的特点是以自我娱乐、健身为主要目的。群众文化活动的样式同群众游艺活动一样,本身一般不具有意识形态性。

上述每种群众文化活动样式都具有相对的独立性,以其相对稳定的活动形式而存在着。它们都以独特的形式和方式来表现群众文化活动的内容,同时也都以不同的形式和方式成为客体而作用于群众文化活动的主体。从文化艺术门类层次上划分的群众文化活动样式,指的是一个种类的群众文化活动的形式,既包括这个种类的群众文化活动的过程,也包括与这个种类的活动成果有关的其他活动;既包括群众满足自身文化需要而创造这个种类成果的表现性活动，也包括同样目的而对他人的这个种类成果的欣赏性活动。

（二）群众文化活动类型

群众文化活动类型是指以共同的活动形态特征所形成的群众文化活动的类别，从包含文化艺术门类的意义上讲，它是比活动样式更高层次的群众文化活动形态。按照通常的分类方法，可以划分出下列主要的群众文化活动类型：

创作活动：群众文艺创作活动，是从满足自身精神需要出发而进行的群众文化行为，是自我实现性的活动。从创作的文艺门类上讲，专业性文艺家所从事的文学、音乐、美术、舞蹈、戏剧、曲艺等门类，全部是群众文艺创作的门类范围。不仅如此，专业性文艺家一般不会或不可能创作的大量的民间文艺门类，是群众文艺创作的独有天地。此外，群众文艺创作也包括口头性的民间文学创作。

表演活动：群众表演活动是一种自娱性与自我表现性相融合的活动类型，是对戏曲、曲艺、音乐、舞蹈等动态性文艺作品的创造性表达，是一种在公众场合进行的娱乐活动。表演者既可表演自创作品，也可表演他创作品。表演者与观赏者往往有着某些密切的社会联系，在表演活动中表演与观赏的角色还往往出现互换或同时兼有。

展览活动：群众展览活动是一种展示自己创造才能的活动类型，是置绘画、摄影、书法、雕塑等静态的文艺作品于观赏者中间的立体性表现。作为群众文化活动的另外一类展览活动，是通过文学、美术等艺术手段而进行图体、实物等形式的专题性陈列，是一种社会宣传教育性活动。若群众未直接参与这种展览物的制作，这种展览对于群众来说就只能归属观赏性活动。

观赏活动：在观赏性活动中，作为活动主体的人都是在欣赏他人所展示的文化艺术活动或作品，也是一种对他人提供的群众文化产品的消费活动。这种类型的活动有观看电影、电视、录像、幻灯、展览和文艺演出等。文艺演出、展览有直接的现场观赏和间接的影视观赏等多种途径。影视类观赏具有对文艺门类的最大包容性。

阅读活动：它同观赏活动的相同之处，是活动主体对他人文艺产品的一种接受，所不同的是阅读的客体对象是图书、报刊以及橱窗、画廊、板报等载体所提供的阅览物。这种类型的活动客体物除了文就是图。活动方式可以个体在各种时空进行，也可以集体性地在一定时空进行。

培训活动：指群众为提高自身思想文化素质和业务技能而自愿参加社会上举办的各类讲座、培训、补习等形式的活动。其中也包括文化艺术各门类的培训学习活动。这一类型的活动都是集体性的。

健身活动：群众文化范畴的健身活动包括群众业余体育、游艺等以益智壮体为主要目的的文化活动。这一类型的活动大都具有在智力上、技艺上的竞赛性，活动本身一般不具有思想意义。

对群众文化活动作如上类型的划分，是从其活动外部形态的共性上区别的一种分类方法。从其所包含的活动量来说，有大的类型和小的类型，但无论大小都是同类特征的活动组成的一个集合体。各种类型之间存在着相互作用、相互联结、相互依赖的内部联系；有的活动同时具有多种类型的特点。

（三）群众文化活动总类

比活动类型更高的层次，是群众文化活动总类。它是按活动主体在活动中的角色地位的不同来区分的，大体上划为接受性群众文化活动和表现性群众文化活动两大总类。对群众文化活动样式不能区别出接受性和表现性，活动总类是对活动类型的归并。阅览活动、观赏活动、培训活动等归属于主体接受性活动；创作活动、表演活动、展览活动、健身活动等归属于主体表现性活动。

接受性群众文化活动是主体的输入性活动，活动目的旨在从活动客体上求取愉悦、知识和审美享受等。它是通过活动客体去认识客观世界的一种意识性活动。而表现性群众文化活动主要是主体的输出性活动，活动目的旨在通过创作文艺作品、塑造艺术形象、展示文化艺术成果来表现自己的思想情感、智慧和价值。健身活动大都具有竞争的性质，也显示出表现自己的思想意识、文化修养、道德情感和艺术创造力。诚然，接受性和表现性两大类群众文化活动是紧密地联系在一起的。接受中可提高表现能力，表现中可获得新的接受。有些活动中主体的接受角色和表现角色可能反复变换；有些活动把接受和表现紧紧交织起来；有的活动同时具有接受和表现两种性质。

群众文化活动总类之上的层次，自然是群众文化总体了。这一活动总体是由活动样式、活动类型和活动总类若干内部层次组成的统一体，是一个有机的系统。我们对博大庞杂、浩如烟海的群众文化活动进行系统的分析,其目的就在于明确各种活动特点,认识其内部规律和相互联系的特性,并准确地把握它们的演变趋向。总之,是为了提高人在群众文化活动中的自觉性和主动性。

三、群众文化活动的基本特点

如同对群众文化总体特征的探求一样,对群众文化活动特点的研究,也是为了从事物的性质上去认识研究对象。从前面进行的对群众文化活动的活力机制、内容与形式以及分类的论述中,可知群众文化活动是一个庞大的系统。既然如此,群众文化本体与它的外部联系所表现出来的特点也必然是多方面的。所谓特点,就是事物的独特之处。群众文化活动这一事物总体所共有的独特之处主要有空间的广泛性和时间的闲暇性,目的的功利性和效应的双向性,内容的丰富性和形式的多样性。

(一)空间的广泛性和时间的闲暇性

群众文化活动在空间上的广泛性,是指群众文化活动这一事物在存在形式上的广度特征。这种广度从人类历史发展的纵向看,人类产生,人们的文化活动也就相随出现了;在无限的未来,群众文化活动永远是并且更将是人们不可缺少的一种精神生活内容。广度的范围,从人类世界的横向看,每个国家、民族的人民群众都有一定的文化活动。尽管人们的文化生活的质与量千差万别,但这种群众文化活动凡人类分布之处无所不在。群众文化活动的广泛性不仅在于它所存在的范围大,还在于它所涉及的方面广。作为人类社会的活动,有经济活动、政治活动、教育活动、宗教活动、军事活动、科学研究活动和人们的情感活动等,这包罗万象的种种社会活动,几乎无不与群众文化活动有关联。或者说,群众文化活动所包含的内容涉及社会活动各个方面。群众文化活动的这种广泛性,决定着它的内容与形式的丰富多样性,也决定着它的运行方式的社会化。

群众文化活动在时间上的闲暇性,表明它在发生时间上的特点。闲暇时间即除劳动生产活动以外的自由支配的时间。"闲暇时间是不被生产劳动吸收而用于娱乐和休息,从而为劳动者自由活动和发展开辟广阔天地的余暇时间。"这种"用于娱乐和休息的"余暇时间,使群众文化活动的进行成为可能和必然,从而也使群众文化活动具有文化行为时间上的闲暇性。

闲暇是人们正常生活的重要组成部分，闲暇活动的自由支配是人格和谐、平衡发展所必需的；而闲暇文化娱乐活动是人格多样性发展和创造潜力充分发掘的重要途径。闲暇时间的文化活动以此得到迅速发展。特别是在工业化和城市化发展程度较高的社会中，它更为人们所注重。群众文化活动的闲暇性，又决定了闲暇文化活动十分突出的随意性。在完全属于自我的消遣性享受的群众文化活动中，主体可以任意地选择活动的内容，所以也有消极的一方面。如一些西方国家方式多样的闲暇文化活动，呈自由化动向、发展型、消遣型和堕落型并行。社会的发展将使人们的闲暇时间越来越多，群众文化活动的闲暇性也将越来越突出，其闲暇性文化生活的调控与引导也因此而显得越来越重要。

群众文化活动的闲暇性，是指群众文化活动在劳动生产之余的空闲时间进行的特点。然而，在劳动生产之中也存在一些文化活动。比如，茶农采茶时唱的山歌，驾驶员行车时听音乐等。这种劳动生产过程中的文化生活现象，是否也具有闲暇性？这类文化活动处于从属的地位，其内容和形式直接受劳动生产方式的制约。它是消除疲劳和鼓舞精神的"辅助剂"，是不但不妨碍劳动生产而且直接服务于劳动生产的文化活动。从这种意义上，相对其劳动生产而言，它也具有闲暇性。

（二）目的的功利性和效应的双向性

群众文化活动目的上的功利性有两种含义，即群众文化活动的功利目的和功利标准。所谓功利，是指功效和利益。群众文化活动目的的功利性，就是指主体期望通过文化活动获取有一定功效和利益的结果。纵观群众文化活动的发展史，所有群众文化活动无不与该民族、该地区的历史发展和现实生活密切相关，无不与一定范围内的政治、哲学、宗教、法律、道德等社会意识相关，因而无一例外地带有一种极为明确的功利性观念。早在中国舜的时代，群众文化活动的功利性就已被人们发现。《竹书纪年》载：元年己未，帝即位，居冀。作大韶之乐。《尚书·舜典》作《九韶》之乐。"并指出："诗言志，歌永言，声依永，律和声，八音克谐，无相夺伦，神人以和。"可见，舜已认识到文化艺术的效用不仅可以娱悦神灵和歌功颂德，并且可用以教化百姓。随着对群众文化活动功利性认识的加深，历代统治阶级都把群众文化艺术作为维护统治的一种途径。对于人民群众来说，进行文化活动，也都自觉地带着娱乐审美、提高文化素养、消遣休息、美化生活、增智利寿等目的。群众文化活动的这种功利目的具有普遍的意义，任何人都是从精神需要出发而按一定的动机目的去展开群众文化行为的。

既然如此，人们也就自然地把一定的功利标准作为检查群众文化活动效应的基本原则。伦理范畴的功利主义传统认为，一种行为如果有助于增进幸福，则为正确的；如果导致产生同幸福相反的东西则为错误的；人的行动应当争取产生最好的结果。人们的群众文化活动的唯一目的也就是求得幸福；这种幸福除了活动主体自身，还应涉及受其活动影响的他人。同时，这种幸福的获取还应当以不危害他人和社会为前提。以个人与社会的需要相结合的实际功效或利益作为群众文化活动的行为准则，就是群众文化活动的一个显著的功利性特点。

功利愿望与活动结果的不一致性以及活动目的多样性，就带来了群众文化活动效应上的双向性，即具有性质相反的正作用与副作用两种效应的可能性。一般地说，凡属内容健康的群众文化活动，其所产生的是正作用即正效应；反之，内容不健康的群众文化活动所产生的是副作用，即负效应。然而，一些群众文化活动的内容并不能简单地从性质上分为两类，是具有互相矛盾的两种属性，即一种活动客体中同时具有两种互相对立的性质。从这种意义上说，这些群众文化活动客体具有二重性。活动主体与其有益的一面或有害的一面相联系，将分别产生截然不同的作用；主体素质与动机在这时起了决定性的作用。此外，一定性质的群众文化活动产生一定性质的效应，都是就适当的程度而言的。量变会导致质变。超过一定限度的群众文化活动，其效应的性质也将发生变化。总之，群众文化活动效应是活动主体与客体因素相结合的产物；一项活动产生什么性质的效应，与活动客体有关，但决定因素是活动主体。

由于群众文化活动效应的双向性，活动主体功利目的的实现，除了从内容上选择活动对象以外，还必须在活动中掌握一定的"度"。作为社会的调控机制，不仅需要直接限制群众文化活动负效应的产生，还必须致力于人民群众思想文化素质的提高，培养健康的生活情趣和审美意识，使群众文化的功能得以更好地发挥。

（三）内容的丰富性与形式的多样性

群众文化活动内容的丰富性，是指群众文化的功能作用包含的实质和意义所涉及的方面广、种类多，是群众文化活动内容的量的特点。

作为群众文化核心要素的群众文化生活，其绝大部分是文学艺术性的文化生活。其中，民间的群众性文艺活动无疑是人们的文化生活内容；专业性质的文学家、艺术家们生产文艺产品，也都是以进入尽可能广阔的人民群众的文化生活为追求目的的，都毫无疑问地会通过各种途径和方式进入一定范围和层次的人民群众的文化生活之中。而这所有的文学艺术所能反映的客观现实生活，就构成了群众文化的基本内容。这种由客观的社会生活与文艺作品生产者主观情感相统一的文学艺术的内容，又无不内含一定的思想意义和表达一定的倾向。由此，不难理解群众文化的内容有着怎样的丰富性。

群众文化活动内容丰富性的成因，可以从两方面去探讨。一方面是人们的群众文化需求的多样性。从社会学的意义上说，人是自然属性和社会属性统一的实体。社会性的获得不是生来就有，而需要一个社会化的过程。一个人从一无所知的生物个体成为一个社会成员，必须学习和掌握一定的生活技能、必要的社会规范、社会角色要求和生活目标。这些都可表现为群众文化的需求。从心理学的意义上说，在生理方面有劳动需要、健康需要、安全需要、繁衍需要等由物质生活需要同物质结合在一起的精神生活的需要，以及它们派生出来的其他具体需要；在心理方面有审美需要、学习需要、娱乐需要、交往需要、创造和自我表现需要等由社会性需要与个性心理结合在一起的精神生活的需要。这些也都可表现为群众文化的需求。这种生理的、心理的群众文化需求的多样性是显而易见的；而要满足其多样性的群众文化需求，群众文化活动内容就必须是丰富多样的。

另一方面，群众文化具有满足人们各种文化需求的效能。综合性的群众文化在其内容上几乎涉及人类文化需求的所有方面，各种形态的社会客观现实生活，都可以直接或间接地在群众文化中得以表现。人们通过各种内容的群众文化活动，其文化需求可以直接或间接地获得一定程度的满足。从人的社会化的角度来看，群众文化的教化作用不仅渗透在家庭和社会两种途径的社会化中，也渗透在学校的社会化中。内容广泛的群众文化的这种几乎无所不及的覆盖面，可以使生活在各种社会环境中的最广大的人民群众的文化需求获得一定的满足。人的生理性和心理性文化需求的差异性是很大的，有着不同的年龄、职业、文化艺术修养、思想素质等的人们，各有不同的群众文化需求。而内容丰富并具有娱乐性、普及性特点的群众文化，可使他们各取其需，各行所适。可见，群众文化能够在一定程度上满足人们的各种文化需求；正因为如此，群众文化必然地被人们赋予十分丰富的内容。

上述论证表明，实质上是群众文化的全民性与群众文化的多功能性的有机统一，决定了群众文化活动内容的丰富性。

群众文化活动形式的多样性，指群众文化内容表现形态的样式繁多的特点。它不仅包含群众文化活动的类型和文化艺术的种类，也包含群众文化产品的内容组织结构和外部表现形态。

群众文化活动的形式之所以具有多样性，是由它自身的本质和发展规律所决定的。第一，群众文化活动的内容对形式具有决定作用。群众文化活动所涉及的广阔范围和众多方面的内容，都有它相适应的存在方式和表现形态，从而形成其繁多的样式。第二，群众文化活动的形式具有相对稳定性。群众文化活动形式的形成并相互区别地存在，是因为它们各有其特殊规律和形式美的法则，具有其相对独立性。所以，在群众文化的发展过程中，新内容产生而形式并不一定随之产生，旧的形式也并不一定立即消失。往往是"旧瓶装新酒"，以老形式去为新内容服务。适应新内容的新形式的形成，比内容的变化要缓慢得多。但是，新形式的产生也不是以旧形式的消失为替换条件的，往往新旧并存。这样，群众文化活动的形式便在其承传中不断得以积累、增多而丰富多样。第三，社会因素的催发。一切群众文化活动形式都是一定的历史条件和现实条件的产物。具体地说，每一群众文化活动形式的形成，都与一定的政治、经济、地域、民族、风俗、信仰等构成的生态环境有着直接或间接的联系。相关因素多，并且它们都在发展变化之中，共同催发着群众文化活动形式的革新和演变。在现代社会，科学技术的不断进步，对群众文化活动的变换、创新更具有显著的促进作用。且不说群众体育活动从古时的投掷、射箭发展到今天数以百计的项目，群众文艺欣赏从古时的角抵百戏发展到了今天广播、录像、电视，高科技的电子、电脑也进入了群众文化生活领域，群众文化活动形式也由此而迅速增多。第四，主体因素的催发。从群众文化活动主体的横向看，人们的年龄、职业、文化素养、经济条件、风俗习惯等方面的差异，客观地要求群众文化以多样的形式去适应。而纵向观之，主体素质的进化则是群众文化活动形式多样化的根本因素。

随着社会物质与精神文明程度的提高，人们的文化修养、志趣爱好、审美能力和思想感情等，都在朝着文明的方向不断进化。由此而带来的群众文化需求和群众文化活动内容的千变万化，也相应地决定着有千姿百态的群众文化活动形式。

上述是群众文化活动的存在方式和动机行为实质等方面的基本特点。群众文化活动还有其他许多特点，比如，从活动效益方面表现出来的知识性、信息性，从主体需要上看的自我表现性，从客体对象上看的综合性、普及性，由群众文化活动本质和活动时间所决定的非职业性、业余性等。它们有的并非群众文化活动的共同特点，有的从属于上述基本特点，或者是从局部或一般意义上说的特点，这里不再展述。

四、群众文化活动的基本规律

人类社会群众文化活动熙熙而来，攘攘而往，形式繁多，新潮迭出，看似变幻无常，其实有其自身的规律。规律是不以人的意志为转移的客观过程的反映，是事物本质的内外联系。群众文化活动作为一个极其复杂的社会生活现象，与社会各个领域和方面有着多层次的联系，而基本规律所要探寻的是其内在的必然的本质联系。群众文化活动普遍的基本规律，一是作为内部规律的群众文化需要同群众文化活动相互制约的规律；二是作为外部规律的群众文化活动社会客观条件相互制约的规律。它们都是在群众文化活动这一社会现象中辩证统一的客观存在。

（一）群众文化活动的内部联系

群众文化需要与群众文化活动相互制约的规律，表现在两个方面。

第一，群众文化需要对群众文化活动具有决定作用。群众文化需要即人对精神文化生活的一种欲望和要求。群众文化活动的主体心理行为机制告诉我们，一切真正意义上客观存在的群众文化活动行为，都源自活动主体的精神需要，即决定于活动主体的以群众文化为内容的精神需要。这一群众文化活动的形成原理，又决定了需要与活动之间的一些规律性现象。一是"需求量与活动量不成正比，活动量低于需求量"。一般说来，人们的群众文化需求量总是先于群众文化活动的进行而递增，具有无限性，不能达到完全满足欲求的状态，因此其所进行的群众文化活动的量是低于需求的量。二是"需要的质与活动的质相一致"。人们的群众文化需要具有多层次的不同质的内容。按照马斯洛的需要层次说,依次分为生理、安全、归属和爱、尊重、自我实现五个级次。这种种需要,均可不同程度地直接或间接地从群众文化活动中获得一定的满足。一个正常的社会个体有何种层次的需要,就选择何种内容的群众文化活动;一定时空条件下有何种性质的需要,就有何种相适应的群众文化活动。三是"需要差异与活动差异相一致"。活动主体由于所处自然环境、社会文化环境的不同和社会化程度的不同,存在着个体差异性,表现在群众文化需要上就会出现它的群众文化需要的类别、强度等方面的差异。这种需要的差异导致群众文化活动的动机、兴趣的差异,并由此决定了其所进行的群众文化活动也具有一致的差异性。群众文化活动的内容与形式的丰富多样性、活动与主体意愿的一致性,就是这些内部规律的表现。

第二,活动对需要的反作用。群众文化需要对群众文化活动具有决定作用,反过来,活动的开展又会作用于主体的群众文化需要。首先,如本章第一节的群众文化活动主体心理行为模式图所示,主体在需要和动机作用下产生群众文化活动,而需要随其活动的实现获得一定期望程度的满足之后,接着又会产生新的群众文化需要。新的群众文化需要不仅是表现为量的再次需求,而且是质的欲求的提高。从宏观上说,群众文化活动的发展是社会物质文明和精神文明的结果;而从微观上说,在群众文化活动中不断激发出来的新需要,是推动群众文化活动不断发展的直接动力。其次,群众文化活动的一次次进行,可以使主体不断提高群众文化活动的能力,形成良性循环。一定的群众文化活动能力,是主体的群众文化需要成为行为的必要条件;而这种能力的绝大部分往往只能在群众文化的实践中获得提高,提高了的活动能力又会作用于主体的群众文化需要以及动机、兴趣,刺激着主体的群众文化活动水平的上升。

可见,群众文化需要和群众文化活动的存在和变化,都是以对方的存在和变化为条件的。它们相互作用、相互制约,是辩证的统一。

(二)群众文化活动的外部联系

群众文化活动和社会客观条件相互制约的规律,是具有相对性的外部规律。作为展开群众文化活动所必备的社会客观条件,从广义上讲是指社会物质文明与精神文明的总和所形成的群众文化活动的社会环境与物质载体,从狭义上讲单指社会的物质条件。这里仅就后者加以论述。群众文化活动和社会客观条件的相互制约表现在两个方面，一方面是社会物质生产为群众文化活动的开展提供条件。从总体上看，人们从事的文化活动是在物质生产的基础上进行的，若无一定的物质载体条件的保障，文化活动的开展简直无从谈起，这是显而易见的事。群众文化活动越发展，对物质条件的要求越高。群众文化活动发展主要表现为活动形式的创新和活动的普及化，而新活动形式的诞生和活动的普及都离不开新的科技开发和物质性生产。如果说古代群众文化活动的展开主要是主体的审美意识活动，那么，现代和未来的群众文化活动则更多地依赖于科学技术的突破和物质条件的保障。社会物质生产对于群众文化活动的作用，还表现在由它转化而提供的活动必需的时间条件上。当人们必须以全副精力投入物质生产劳动时是无法进行文化活动的，只有在生存必要的物质生产之外有较多的余暇时，才有文化活动展开的自由。社会的物质生活水平越高，用于生存所必需的物质生产时间就越少，而可用于群众文化活动的时间就越多。所以说，社会的物质生产为群众文化活动提供了时间条件。此外，社会的物质生活状况也制约着群众文化活动的水平。一般地说，群众文化活动的水平，即群众文化活动的质与量，总是与社会物质生活水平成正比发展的，贫困、温饱、小康等不同的物质生活水平，决定着群众享有不同等次的文化生活。

然而，社会物质生产对群众文化活动的制约并不是绝对的，群众文化活动还有自己的相对独立性。究其原因，一是群众文化活动有极强的适应性和历史的承传性；二是群众文化活动与道德、宗教信仰、风俗习惯等其他意识形态相关联，它们以不同方式对群众文化活动的发展起着作用。世界舞蹈史家克尔特·萨哈斯在《世界舞蹈史》中说："令人十分不解的一件事实就是，作为一种高级艺术的舞蹈，在史前期就已经发展起来了。在那个时期，人们普遍过着野蛮的群居生活……然而却创造出了使所有人类学家都感到吃惊的、难度较大而又很美的舞蹈。"这个不解之谜的谜底，正是艺术生产与物质生产发展的不平衡关系的具体体现。

另外，群众文化活动也反作用于社会物质生产。群众文化活动具有调剂精神、强身健体、宣传教化、普及文化科学知识和团结凝聚等功能作用。不难理解，这种从群众文化活动的进行过程中释放出来的功能，归根结底都作用于活动主体，即作用于全体人民群众自己。作用的结果是使人们的思想文化素质不断得以提高，然后又作用于社会的物质生产。

综上所述，群众文化活动的构成方式说明，它无不是主体与客体的和谐统一；无不是形式与内容的和谐统一。所构成的群众文化活动总体是一个由活动总类、活动类型和活动样式等不同层次所组合的结构体系，是一个有机联系的系统。从群众文化活动的总体上看，它具有空间上的广泛性、时间上的闲暇性、目的上的功利性和效应上的双向性等存在方式和动机行为实质方面的特点。而之所以有这些活动构成的形式与内容和主体与客体的统一性、总体系统以及特点，是由于群众文化活动的发展规律所使然。

第三节　群众文化活动在群众文化体系中的核心地位

通过对群众文化活动从个体角度上的形成机制和总体角度上的构成体系两方面的探究，已经明确，所谓群众文化活动就是人们职业外为达到满足自身精神需要之目的而采取的文化行为。那么，它在群众文化结构体系中的地位如何？它与群众文化的其他构成要素之间的关系如何？

群众文化是一种复杂的社会现象，它由群众文化活动、群众文化事业、群众文化工作、群众文化群体、群众文化理论等要素构成一个完整的体系。在群众文化这一客观事物的历史过程中，群众文化活动是核心要素，即主要矛盾。群众文化活动的存在和发展，决定着其他处于次要和服从地位的要素的存在和发展。群众文化的本质，就是由取得支配地位的群众活动的内容这一主要矛盾中的主要方面所规定的。

纵观人类社会群众文化的发展史，群众文化体系的发育、成熟的过程，就是以群众文化活动的发展为孕育和催长的内在动因的。据考古发现，从猿进化为人之后，文化艺术活动就出现了。早在距今数万年之前的旧石器时代中晚期的母系氏族公社，人类就开启了艺术活动的先河。在地中海整个沿岸和欧亚大陆上发现有此期间的小型雕刻品和大型壁画、雕刻及浮雕，东欧和西班牙、法国部分地区保存有大量的这类古代艺术品。原始艺术活动的样式上可说与文明时代约略相等；各原始民族的艺术活动种类和特色也有大体上的一致性。尽管原始艺术活动带有明显的实用性功利目的，但审美意识、动机在原始艺术活动中的渗透是客观存在的。人类不断进化，社会不断演变，群众文化活动也随之逐步得以发展。在原始社会向奴隶社会过渡时，歌舞、美术等种类的群众文化活动已比较普遍，为群众文化群体的产生奠定了基础。比如，在中国秦代民间出现了角抵，发展到东汉，出现了百戏，包括角抵、杂技、武术、幻术、滑稽表演、音乐演奏、演唱、舞蹈等项目。在这种日益兴盛的群众文化活动中，孕育、诞生了群众文化的群体，百戏中以文艺活动团体雏形的面目出现的群众文化群体，完全是群众文化活动发展到一定阶段的产物。

群众文化活动的发展继之也滋生了群众文化工作和群众文化事业。在原始社会的蒙昧状态下，群众文化活动主要是人们对社会生活的简单模仿和再现，不可能形成一种作为分工的工作和事业。在奴隶社会，奴隶主和封建地主役用大批乐舞奴隶、工艺奴隶从事专业性文艺活动；民间与祭祀乐舞并行的庶民自娱歌舞和卖艺娱人歌舞也不断发展。进入封建社会以后，以阶级为分野的统治阶级和被统治阶级的文化艺术活动都进一步发展。群众文化的工作和事业，也就在这样的群众文化活动的历史阶段上得以萌芽与成长。统治阶层的"宫廷文化艺术"，即使不把它列入群众文化的范畴，它与民间文化艺术也是不能分隔的。如中国西汉以后封建王朝设置"乐府"官署，做采集民歌、整理歌词、编配乐曲和演奏等工作，这种文化工作客观上起到了记录、保存民歌的作用。从某种意义上讲，这些文化工作也都是群众文化活动发展的产物。进入现代社会以来，国家政府根据群众文化活动发展的要求，促使现在理解意义上的群众文化工作和群众文化事业逐步形成了群众文化体系的构成部分。在社会主义制度国家，群众文化的事业和工作已发展成为社会福利事业的一部分。

各个社会历史阶段的自身不断发展中的群众文化活动，在孕育、促生群众文化的群体、工作和事业的同时，也在孕育着它的科学理论。在漫长的群众文化发展史中，人们对群众文化的理性认识越来越丰富和深刻，为科学体系的诞生做了长期的准备。至 20 世纪末，作为人类社会群众文化活动发展到一定历史阶段之产物的群众文化学，终于在中国应运而生，并开始跻身于社会科学之林。

上述对群众文化体系生成的粗略勾勒，说明了群众文化活动对于群众文化的群体、工作、事业、理论的作用，同时群众文化活动又是作为它们的服务对象而存在的。

第四节　群众文化产品

一、群众文化产品的含义

人类所有劳动成果，不外乎物质性的物质产品和观念性的精神产品两类。进入群众文化生活领域的全部文化产品都是精神产品，即都是满足人们的文化生活需要的精神食粮。从生产者的角度，对进入群众文化生活的全部文化产品又可以划分为两类，一类是由专业人员创造的提供给人民群众消费的专业文化艺术产品；另一类是由人民群众在文化活动中创造并消费的群众文化产品。

专业文化艺术产品，是以满足他人精神需要而进行的文化艺术创造的成果。群众文化产品，则指人们职业外以满足自身精神需要而进行的文化创造活动的成果。之所以划分为如此两大类，是由于它们既有共同点又有不同点。

主要的共同点：

第一，都具有意识形态的属性。文化产品，虽然离不开物质形式的创造，但主要是一种意识的情感的产物，文化产品中往往渗透着生产者的思想感情和思想倾向。由于生产者的思想总是同其所处的时代社会治乱盛衰状况、统治阶级思想、意识形态、价值观念、伦理道德等相关联，他们所生产的文化产品也就必然充分反映出他们时代的社会现实生活。人的意识是社会的产物，是社会存在的能动反映。因此，所有文化产品又都有社会性。

第二，都具有外在的物质性和内在精神性相互渗透和统一的构成方式。每一件文化产品都是由一定的物质材料所造成的一个直接诉之于人们感官的对象，它不是抽象的观念中的存在，而是可供认识、欣赏和再创造的感性物质的存在。以语言为物质材料的口头文学，看起来是观念性的文化产品，但它是可以通过思维去直接感知的对象。每一件文化产品既是由一定物质材料所造成的可感性对象，同时它又体现出某种思想、感情、愿望、理想等精神性的东西。这是文化产品的共同特点。

第三，都具有消费弹性。物质产品作为人生存的必需品，需求的伸缩性比较小，而文化产品对消费对象来说，都具有较大的伸缩性。人们的物质生活水平、文化产品的价格和质量等因素的变化，均可使他们对各种文化产品的需求产生变化。

第四，都具有创造性的特性。文化产品的生产是一种新特质的创造，而不是复制已有的产品。工厂印制书籍是一种物质性生产，其书籍内容的创作才是文化产品的创造性生产。由于文化产品生产的创造性，使任何文化产品的生产都有别于一般的物质生产，文化产品生产者也都有别于一般的物质生产者。此外，都具有自由性的特点。文化产品的生产，都是一种脑力上与精神上的劳动，是一种意识活动的过程和产物。物质产品可用机械生产，文化产品的生产必须是人脑的劳动。文化生活虽受一定社会经济基础的制约，但它并不直接由经济基础所决定，而是受一定经济基础上所形成的社会关系、社会环境所决定。因此，各种文化产品生产作为一种精神活动，都有较强的独立性；它不像物质生产那样直接依靠一定的社会物质条件，而是一定社会形态下的自由的精神生产。

然而，专业文化艺术产品同群众文化产品既然作为两个不同的概念，就必定有其不同点。其根本的区别，是文化产品生产者的生产直接目的和服务对象的不同。

作为一种社会职业的专业文化艺术生产，是人类社会分工发展的产物。社会分工一方面使文学、艺术等文化的独立成为现实，另一方面也产生了专门从事这类文化产品生产的人。其生产以履行职业责任或达到经营目标为目的，服务对象是社会一定范围人民群众（当然包括其自身），价值取向是满足他人的群众文化需要。尽管这一类文化艺术产品的生产者在生产过程中也有一种精神需求，产品进入群众消费也会使自己的精神需要得到相应的满足，但这种需要和满足并不属于群众文化范畴的心理现象。

群众文化产品则恰恰相反。其生产者的生产是以满足自身精神需要中的群众文化需要为目的的，服务对象主要是自己。它对于他人的服务作用是建立在服务自己基础上的，是一种在自我满足的过程中起到的满足他人的作用。从这一点上说，群众文化产品也有一部分以商品的形式进入流通，通过交换给予消费者，因而似乎在商品属性上混同于专业文化艺术产品。区别之处在于，群众文化产品成为商品，并不是其生产者的根本目的，而只是他的自我实现需要的一种满足途径，是满足群众文化需要的一个辅助性的组成部分。如果以成为商品作为生产目的，那么已从性质上转变为并非群众文化范畴的文化产品了。

由于群众文化产品的生产目的是群众自我满足精神需要，而产品的产生过程也就是群众文化活动的过程，其活动的特点就决定着它的产品的特点：活动空间的广泛性规定了产品生产的普遍性，活动时间的闲暇性规定了产品生产的非职业性，活动效应的双向性规定了产品性质的两重性，活动目的的功利性规定了产品价值的实用性。在相当多的活动中，群众是没有产品生产意识的，其产品在一种无意识的不自觉的状态下产生。而职业性的专业文化艺术产品，毫无疑问都是自觉的有意识的创造活动的劳动成果。之所以把除专业文化艺术产品以外的文化产品称为群众文化产品，原因也就在于此。

文化产品的生产直接目的和服务对象的不同，在专业文化产品和群众文化产品之间划出了一条分界线。本节的主要任务就在于讨论后者：它作为一种具有普遍联系性的客观事物的性质和特征，不仅是由其生产直接目的和服务对象所决定，也是同专业文化艺术产品相比较而显现的。因此，下面将要展述的群众文化产品的特征，其实全属于它与专业文化艺术产品相比较而言的不同点。

二、群众文化产品的特征

物质性产品都是可观的具象性物品，而作为精神因素和物质因素相结合的群众文化产品，其表现形态的基本类型除了具象性的实物形态之外，还有抽象性的行为形态。我们把它们称为实物性产品和行为性产品。实物性产品是离开生产者的生产行为而独立存在的，是显性的静态的产品。比如，以文字为基本物质材料的各种艺术作品。行为性产品是指由生产者的生产行为组成的动态性产品。生产者运用一定的文化产品进行传递性或再创造性的生产活动，生产的结果不是有形的实物性物品，而是以生产的行为作为文化产品，现场性地供给文化产品的消费者。所以，这类产品是依附于生产者的，不能离开生产者而存在，生产的同时就在被消费。因此，实物性文化产品可以有两种表现方式，即它还可以转为行为形态。比如，用书本上的诗歌上台为观众朗诵。当然，后一形态是一种经过再加工的产品。总之，群众文化产品是具有特殊表现方式的精神产品。较之于专业文化艺术产品，这两种形态的群众文化产品在内容、形式、生产、消费等方面，有其显著的特征。

（一）生产者的集体性

群众文化产品的生产主要是一种民间性的文化产品生产，就其大部分来说，是集体共同劳动的成果。从原始社会中的彩陶、石雕、壁画到民歌、传说故事，从各种民间的舞蹈、音乐到戏曲、曲艺等，多为群众集体智慧的结晶。有的产品在其生产时（如对歌）就是你一句我一句地合成的；有的产品开始是一人所制作，但在流传中被无数人自觉或不自觉地注入了再加工、再创作的创造性劳动，使其文化产品日臻完美；而有的民间艺人、歌手、故事家等则在众人创制的基础上加工，从而生产出更好的产品来。群众文化产品生产者的集体性，决定了其在内容上最直接而鲜明地表现人民群众的共同生活和代表人民群众的共同利益，在形式上最能表现人民群众的共同情趣和审美观念。

也正因为群众文化产品是集体性的共同生产，使许多产品达到思想性与艺术性的高度统一而成为传世佳品。如希腊史诗《伊利昂记》(《伊利亚特》)和阿拉伯故事集《一千零一夜》等群众文化产品，成了世界群众文化宝库中耀眼的明珠。高尔基说："只有集体的绝大力量才能使神话和史诗具有至今仍不可超越的、思想与形式完全调和的美。而这种调和也是因集体思维的完整性而产生的。……这些广阔的概括和天才的象征，譬如，普罗米修斯、撒旦、赫刺克勒斯、斯瓦托戈尔、伊利亚、米库拉以及数百个这类的概括人民生活经验的名字，只有在全体人民的全面思维条件下才能创造出来。数十世纪以来，个人的创作就没有产生过足以与《伊利亚特》或《卡勒瓦拉》媲美的史诗，个人的天才就没有提供过一种不是早已生根在民间创作里概括，或者一个不是早已见于民间故事和传说中的世界性的典型——这点极其鲜明地证实了集体创作的力量。"高尔基这段精彩的论述，是对群众文化产品的生产者的集体性及其意义的深刻揭示。

群众文化产品的生产者的集体性，还派生出若干不同方面的其他特点。一是产品生产者的无名性。由于是集体的创造，并且是在漫长年代的流传中和跨地区、民族的流传中的集体创造，大多群众文化产品是不知生产者的无名氏产品，也是难以署名的产品。特别是民间文学类产品，是口头生产、口头流传的"口承文艺"（日本名称），往往不知生产者是谁。二是产品的变异性。生产者的集体性和产品的流传性，使得群众文化产品的内容和形式不断发生变异。这种变异的过程，主要是对其产品不断完善以适应不同时代不同消费者的改变过程。这种变异不仅表现在一个地域、民族内的纵向，也出现于国度之间。例如，源于印度的故事《乌龟和猴子》，传入中国后在漫长年代的流传中，在吉林、山东、山西、陕西、上海、福建等省（直辖市）的汉族和蒙古族、藏族、朝鲜族中变成了一系列异文；它还传入日本、马来西亚，也在内容和形式上发生了变化。由于这种变异性原因，不同地方会存在类同的群众文化产品。三是广泛扩散性和久远延续性。相当部分群众文化产品，是人们在跨时代跨地域的无限时空中的集体性创造，因此，不少精华产品具有极广的扩散范围和极长的延传时间。如探戈（Tango）舞曲，最初是19世纪中叶阿根廷一个名叫博卡的贫民区的船员、码头工人在业余文化活动中产生的，成熟起来后不断扩散和延续，20世纪初传到了北美、欧洲，继之传到更广的范围。

（二）消费对象的大众性

群众文化产品是一种在满足自身精神需要的活动中产生的成果，具有"自产自用"的性质，所以，活动产品的直接生产者同时又是消费者。但是，消费者并不一定是直接生产者。直接生产者是指直接进行其产品的创制、加工的人，消费者多于生产者。群众文化产品的消费对象主要是广大的普通民众，这就决定了它必须是大众性的产品。所谓群众文化产品消费对象的大众性，就是指其产品在内容和形式等方面适合广大劳动群众需要的特征。这种需要表现在产品的内容上，就是要求它最直接地反映人民大众的生活和斗争，表现劳动群众自己的思想感情和审美观念。在阶级社会中，具有意识形态性的群众文化产品，大都立场鲜明地代表人民大众的根本利益。而在实际上，这类文化产品的确最能敏锐、迅速地反映现实的生活和表现人民大众对现实社会的态度。正因为如此，历代许多帝王要组织民间采风即搜集群众文化产品，以作为"观民风、知厚薄"的执政决策依据。对产品的需要表现在形式上，就是要求它最能符合人民大众的审美兴趣、生活方式和风俗习惯等，能让人们通过对其产品的消费而尽可能达到精神需要的满足。由于这种内在要求，群众文化产品的形式，无不是人民大众的接受能力、消费水平和习俗的反映。

就全部文化产品而言，也唯有大众性的，才拥有最广大的接受者。中国古代文学理论家刘勰，在理论巨著《文心雕龙》中感叹文艺作品有"深废浅售"现象，其实，这就是文化产品消费的特定现象。任何时候，一个社会的成员的文化修养和他们对文化艺术产品的鉴赏水平、接受能力，都会有层次性和差异性，中下层次的总是占绝大部分，所谓大众化就是适合了这绝大部分人的需要。群众文化产品的消费者的大众性特点，也正说明了它拥有最广泛的接受者。

群众文化产品在消费者方面的大众性，还派生出其产品价值取向的实用性和产品特色的通俗性等特点。

1. 群众文化产品的实用性

从相关目的看群众文化产品的实用性，我们可以看到，人们生活中的许多礼仪、社交、民俗、宗教等方面的活动，都离不开群众文化活动及其产品。仪式歌、喜词、咒语与神话、舞蹈、戏曲、音乐、歌谣等，都是节日庆典、婚丧嫁娶等活动的重要组成部分；年节贴窗花、剪纸、春联、年画和唱歌、跳舞、演戏等，都被赋予祈福禳灾的功用。工艺美术方面的群众文化产品的实用性，则更明显地表现在社会生活的各个方面。

群众文化产品的实用性，有其悠久的历史根源。远古时代，群众文化活动就是与生产劳动紧密地结为一体的，文化产品具有更显著的实用性。喊劳动号子、对歌是古人统一劳动节奏、提高劳动效率的重要方法；民歌、笑话被用以帮助解除疲劳，以利焕发精神。文化活动的进行和活动产品的流传，是古时传授和普及劳动知识、技能等百科知识和实践经验的重要途径。维护本阶级利益的斗争，也常常以群众文化活动的方式和利用其产品的作用来进行等，都表现出群众文化活动与其产品的实用性。

2. 群众文化产品的通俗性

大众性的，也一定是通俗性的。群众文化产品之所以适合最广大人民大众的消费需要，即最适合他们的群众文化需要和审美观念，重要原因之一就是它的通俗性。一般说来，构成其产品的语言比较浅显朴素、生动晓畅；思想内容比较深入浅出、主题鲜明；结构比较灵活单纯、完整精练；风格上比较明朗清新、富有民族和地域特色并相对稳定。这也表明，我们所说的通俗性，并不含有浅薄、低层次的意思，形式上的通俗与内容上的深刻和艺术上的精美是不矛盾的。深入浅出，正是许多第一流的伟大的文化产品的共同特点，也是不少作者所追求的文化产品极致之一。

总括地说，可以作为事物征象的群众文化产品的特征，从生产者的角度看，有集体性以及由之派生的无名性、变异性、广泛扩散性和久远延续性；从消费者的角度看，有大众性和它所决定的实用性与通俗性。群众文化产品是区别于专业文化艺术产品的品种极其丰富多样的精神产品，它的生产、加工过程和表现形态、存在方式是复杂的。所以，这种种特点也都是相对的，是就总体而言的。一方面，并非每一件群众文化产品都必定显著地呈现出上述各种特点；另一方面，专业文化艺术产品也并非都与这些特点绝缘，而是程度不同地在某些方面具备相同或相似于群众文化产品的特点。何况，两类文化产品之间也不存在绝对隔离的鸿沟，而是相互影响和紧密连接的。这是下面要说到的内容。

三、群众文化产品与群众文化活动的关系

群众文化产品，是活动主体在自我满足精神需要的文化活动过程中产生的作为精神食粮的创造物，分为实物性和行为性两类表现形态，是一种群众"自产自用、边产边用"的特殊产品。从这种意义上说，活动和产品似乎混同一体，难以分清。特别是行为性产品，活动与产品确实是无法分离的。

然而，活动与产品毕竟是不同含义的两种事物。我们说，实物性产品的生产是主体有意识的创造，其产品是脱离主体而存在的具象物体。它既是主体自我满足精神需求的产物，又可流传到社会上成为他人开展群众文化活动的客体对象物。而行为性产品是一种抽象产品，是活动主体为满足自己精神需要而直接或间接地当众展开的演示性文化活动，是一种主体意识的产品生产。说它是产品，是指其活动作为一份精神食粮提供给欣赏者这一客观效果而言。可见，行为性产品只对于一定的接受欣赏者来说才是一种产品。这样，我们就把活动与产品区分开来了。

同时，我们也已把所有群众文化活动切分成了两块，即创造性活动和欣赏性活动。前者是从主体活动到文化产品，后者则是从文化产品到主体活动，它们形成相统一的不同阶段和双向的过程。活动产生产品是十分明确的，但产品对于活动还有作用方式问题。群众文化活动的活动系统和动力机制产品在其中都是作为活动客体对象物作用于主体需要、动机和兴趣，并成为活动展开的条件和环境。可见，群众文化产品在群众文化活动的形成中具有十分重要的作用。

我们知道，进入群众文化生活领域的是全部文化产品。这样，群众文化产品对

于群众文化活动的作用,除了上述这一直接的途径,还有间接的途径。群众文化活动产品作用于专业性的文化艺术产品生产,然后,其产品又返回到群众文化活动中来,对群众文化活动的开展产生重要作用。

以民间文学艺术为核心的群众文化,早在专业作家、艺术家出现的千百万年之前就产生了。社会发展带来的社会分工,才在群众文化中渐渐分离出了"专业文化",即职业性从事文化艺术活动的人以及他们的活动和产品。在漫长的人类文化发展史中,两种类型的文化在相互影响中都获得了不断发展、提高,并随着社会的演变而一同进入一个个历史新阶段。文艺史上的"雅俗结合律",指的就是这两种文化艺术的结合是产生伟大作品的重要条件乃至必要条件之一。这是文化产品提高质量所必须遵循的内在规律,合则两美,离则两伤。人类史上最著名的优秀的文化产品创造者,都是受过群众文化活动产品的哺育的,甚至可以说,未受过群众文化产品影响的创造文化产品的大家是没有的。例如,创作中国古典小说《红楼梦》的曹雪芹,就在此书中融入了许多群众文化产品的精华;巴尔扎克的结构宏伟的《人间喜剧》就是借鉴了《一千零一夜》,作者自称是"西方的《一千零一夜》"。对于这种必要的结合,世界上不少著名的文化产品大师,从群众文化产品在思想、题材、形式、风格等方面对专业文化艺术产品生产等方面的影响,做了充分肯定。高尔基在研究了古今世界文学之后得出这样的结论:"不懂得民间文艺的作家是不好的作家,无穷无尽的财富隐藏在民间文艺里。有良心的作家必须掌握它。"德国伟大的诗人歌德对英国苏格兰大诗人彭斯与民歌的关系做了深刻的揭示:"倘若不是前辈的全部诗歌都还在人民口头上活着,在他的摇篮旁唱着,他在儿童时代就在这些诗歌的陶冶下成长起来,作为他继续前进的有生命力的基础,彭斯怎么能成为伟大诗人呢?"可见,群众文化的确是"专业文化艺术产品"萌芽与成长的肥沃土壤,群众文化产品的确是职业性文化艺术产品生产者所不可缺少的"原材料"和基础。

这种影响是生态性的循环关系。群众文化产品在作用于专业文化艺术产品之后,又得到良好的"回报"。一是其文化产品直接进入群众文化生活;二是以其指导作用提高群众文化活动及其产品的水平。

当然,在肯定群众文化产品在群众文化活动中的重要作用和它的社会意义时,也要看到它可能有糟粕的一面。作为活动主体的人都是一定时代和一定社会环境中生活的人，历史和阶级的局限性必然地会在一定程度上转化为活动主体的局限性，必然会自觉不自觉地体现到他们所创造的具有意识形态性的文化产品之中。这样，就可能会有一些从思想到艺术都显得粗劣的，或者精华与糟粕杂糅的、不健康的、庸俗的乃至错误、反动性质的文化产品。当然，这只是支流，优秀与健康的作品历来是并将永远是群众文化活动和群众文化产品的本质和主流。

第五节 群众文化活动的辅导形式与方法

一、群众文化活动的辅导形式

群众文化活动的辅导按照辅导过程的不同形态，大体可分为七种形式：

（一）单向传输式

单向传输式辅导多以课堂授课的方式出现，即由辅导者以教学的方式传授相关理论和艺术知识等。一般包括个人辅导、群体辅导、讲座等多种方式。

1. 个人辅导

个人辅导即采取单人一对一的形式对辅导对象个人进行的辅导。辅导者有时需要根据辅导对象的个人需求进行单独授课，所需的辅导方式、方法也应符合辅导对象的个性需求。个人辅导形式可分为短期辅导和长期辅导：短期辅导是由辅导者针对辅导对象在接受辅导过程中所遇到的重点、难点问题所进行的一次性或短时性的辅导；长期辅导则是辅导者根据辅导对象的实际水平，按照专业教程的目标、内容进行的系统性或阶段性的辅导。

2. 群体辅导

群体辅导即针对辅导对象群体进行的辅导。辅导者进行群体辅导往往需要根据辅导对象的水平差异、辅导知识的共性特征等因素，从整体的接受能力和效果出发，合理安排群体构成，宜采用以点带面、先易后难的方式以适应不同的群体要求。一般集体性项目均采用此种辅导方式，如群舞、合唱等。

群体辅导也可分为短期辅导和长期辅导：短期辅导应针对群体某一方面的知识或相关问题进行；长期辅导应根据辅导群体的不同水平或不同知识目标进行整合，按照教程系统地完成辅导目标。

3. 讲座

讲座即辅导者采用授课的方式向辅导对象传授知识、技能的一种辅导方式。讲座按内容划分可分为专题讲座和系列讲座：专题讲座宜针对某一方面知识和技能进行，系列讲座则可系统传授相关知识和技能，并实现预期的辅导目标。相比较而言，讲座方式是更多地采用辅导者讲、辅导对象听的方法，过于机械和呆板。为提高辅导效果，易于辅导对象理解和接受，讲座应当做到与辅导对象的实际情况紧密联系，在授课中有互动、有问答，形式生动活泼，并充分运用影像、多媒体等现代科技手段进行辅助。

（二）引领传输式

引领传输式辅导是由辅导者示范引领，辅导对象模仿练习，通过口传身授的方式进行的辅导。口传身授是群众文化辅导的一个重要特点。它包括教师的口头讲解和以身示范两个方面，即辅导者在讲解的基础上，采用引领示范的方法，指导辅导对象进行模仿练习，从而达到辅导的目的。示范可分为两个过程：一是整体示范，使辅导对象对辅导内容有个全面的印象；二是分步示范，即辅导者边示范，辅导对象边模仿。在群众文化辅导中，引领传输式辅导较为有效和实用，如群众戏剧、群众舞蹈、群众音乐的辅导，大多都采用这一形式。

（三）指导传输式

指导传输式辅导是在辅导者的带领下，由辅导对象进行教学练习。此种形式是通过辅导者的指导和帮助，由辅导对象中的优秀者重复进行疑难问题或部分内容的二次讲解和示范，既可以使承担讲解示范任务的辅导对象进一步巩固所学的知识和技能，也能使其他辅导对象通过这种二次辅导得到复习理解所学内容的机会。指导传输式辅导的优点在于能够最大限度地调动辅导对象的积极性，有利于提高辅导效果。在群众文化辅导中，书法、绘画、摄影等辅导都可以采用这种辅导方式。

（四）互助传输式

互助传输式辅导是由辅导对象之间相互传授经验和体会，取长补短，共同进步。此种形式是群众文化辅导中不可缺少的一种形式，对提高辅导效果发挥着重要作用。如教学讨论会、学员技艺竞赛等。教学讨论会可以针对辅导中遇到的重点、难点和急需解决的问题进行专题研讨，通过辅导对象之间的交流和讨论，相互帮助、取长补短，从而获得对讨论议题的理解。

（五）观摩传输式

观摩传输式辅导即采用实地采风、影视观看剧场、多媒体演示等多种方式为辅导对象提供观摩机会，开阔眼界、拓展思路，提高辅导质量。观摩是群众文化辅导不可缺少的一种手段，有目的地进行直接或间接的观摩可以取得事半功倍的辅导效果。采风原指到民间去采集、搜集民歌、民谣、传说、故事等口头文艺创作，后也指到民间拍摄采集地方风光与民俗。群众美术、摄影、书法以及群众文艺创作辅导多采用采风的方式获得创作灵感。群众舞蹈、音乐、戏剧、戏曲、曲艺等艺术表演门类则更多地需要到剧场、影院去进行观摩。

（六）实习传输式

实习传输式辅导是在辅导者的带领下，开展创作或排练、演出展示等活动，并将辅导内容融入其中，以此提高辅导质量。实习，顾名思义，就是在实践中学习。群众文化辅导也离不开实习，即在经过一段时间的辅导或辅导即将结束之时，将传授给辅导对象的知识运用到群众文化活动的实际工作中去。如根据所辅导的专业或内容，有针对性地组织辅导对象进行群众文艺创作，或组织文艺节目排练、演出等。

（七）网络传输式

网络传输式辅导是利用网络媒体、电化演示等科技手段来进行群众文化辅导活动。随着网络技术的发展，利用网络进行群众文化辅导已经成为群众文化辅导的重要手段。主要形式包括利用网络为辅导对象提供网上授课、网上辅导资料查询下载、网上展示以及远程指导等。网络资源十分丰富，开展网络传输辅导有助于提高辅导效果和质量。如进行群众音乐辅导，可以充分利用网上的音乐资源，既可使辅导对象对音乐的欣赏更深入和充分，还可以根据其个人所需进行模仿和校正。

二、群众文化活动的辅导方法

由于群众文化活动的辅导对象在职业、年龄、文化程度、艺术素养和接受能力等方面都存在着较大差异，因此应根据辅导对象的差异选择适宜的辅导方法。即在实施群众文化辅导的过程中，注意遵循群众文化辅导的一般规律，采取便于辅导对象接受的、灵活多样的辅导方法实施辅导，以保证辅导的最终效果。

群众文化活动的辅导大体可分为以下八种方法：

（一）目标激励法

目标激励法就是帮助辅导对象在辅导活动的初始阶段就明确学习目标、找准方向，从被动学习转为主动学习。采用目标激励法最主要的就是根据辅导对象的实际情况确定适当的学习目标，既不要使辅导对象感觉目标过难而失去信心，又不能因目标过易而失去学习的主动性。同时，在辅导过程中，应针对辅导对象的心理追求设定阶段目标，及时发现并鼓励辅导对象所取得的点滴进步；在遇到困难的时候，又要鼓励辅导对象坚定信心、克服困难，适时地教授相关的知识和技能技巧，从而实现最佳的辅导效果。

（二）循序渐进法

循序渐进法就是辅导者要根据辅导对象的具体状况，进行由浅入深、由表及里的渐进辅导。在群众文化辅导中，应紧密联系辅导对象的实际，采取由浅入深、由简到繁、由表及里、由慢到快的方法，注重打牢基础、循序渐进，一步一个脚印地按照层次和次序有步骤地进行，切忌推进过快，造成"夹生"。急于求成的结果，不仅会"欲速则不达"，还会使辅导对象的学习走弯路、入邪路，造成难以纠正、难以为继的后果。

（三）示范引导法

示范引导法就是通过辅导者或特定示范者的示范演示，引导辅导对象模仿学习。示范在群众文化辅导中起着重要的作用。在辅导中，辅导者通过自身科学的、高水平的示范演示，或者通过引导特定示范者或辅导对象的示范演示，可以起到带动辅导对象的感官体验、提高辅导感染力和感悟力的作用。尤其针对辅导对象学习和训练中存在的问题，进行有针对性和对比性的示范，有助于提高辅导对象的鉴赏力和分析力，可以起到事半功倍的作用。借助高水平的演艺作品进行演示，也是一种有效的示范方法。

（四）难点突破法

难点突破法就是根据辅导过程中的实际情况，寻找出难点的解决方法，进行重点辅导。对辅导中出现的难点问题，应力求做到：找出难点的原因症结所在，将难点进行分解，注重分析难点与其他相关辅导内容的内在联系，认真研究突破难点的有效途径，运用便于辅导对象接受的辅导理念和辅导方式调动辅导对象的内在潜能，分步骤、分阶段、分层次地解决难点问题，使难点一步一步得到解决。

（五）反向思维法

反向思维法就是辅导者从辅导对象思维的角度所进行的启发性辅导。在群众文化活动辅导过程中，有时面对辅导对象正向思维难以理解的重点、难点问题，应当运用反向思维法进行辅导。反向思维就是打破正向思维机械和僵化的思考问题模式，采用"倒过来想问题"的方法，从中发现解决问题的办法。在群众文化辅导中，采用反向思维法就是用辅导对象思维问题的角度和方式去理解辅导中遇到的问题，找到辅导对象理解问题时出现的误区和盲点，进而达到解决问题的目的。

（六）借鉴融汇法

借鉴融汇法就是将其他门类成功的辅导经验融入本专业的辅导中来。在群众文化辅导中，还应学会借鉴和运用姊妹艺术在辅导方面的知识和方法，包括一些绝招、绝活和绝技，来破解本专业辅导中遇到的难题，提高本专业的辅导效果。如在群众音乐辅导活动中，就可以借鉴戏曲、曲艺、舞蹈、美术等一些艺术门类的知识，帮助解决群众音乐创作、表演、技能技巧训练等辅导过程中遇到的问题。适时运用借鉴融汇法，可以丰富、活跃和创新群众文化辅导手段，有助于群众文化活动辅导水平的提高。

（七）理论指导法

理论指导法就是将群众文化的理论知识灵活运用于群众文化活动辅导的实践，使辅导对象在接受辅导的过程中能够得到理论上的提高。辅导过程不能脱离理论的指导，确保辅导对象顺利完成从感性认识到理性认识的转变，是群众文化辅导的重要环节。在群众文化辅导中，辅导者应根据所遇到的问题，有针对性地讲授原理，揭示真谛，高屋建瓴地剖析本质，使辅导对象既能掌握实际技能，又能掌握基本理论，从而有效减少和避免群众文化活动的盲目性和片面性，达到"知其然"并"知其所以然"的目的。

（八）检查评定法

检查评定法就是通过对辅导对象阶段性学习成果的检查和指导，达到辅导的预定目标。检查评定是群众文化辅导过程中经常采用的重要辅导手段，其目的既是使辅导对象了解自己的学习效果，也是检查辅导目标的实现程度。检查评定一般可采用阶段性或总结性的考试、考核方式，也可采用现场演示或现场问答的方式来完成。无论采用何种方式进行检查评定，都应当力求客观公正，通过检查评定、发现解决辅导对象存在的知识和技能方面的问题，巩固已取得的辅导成果，调动和提高辅导对象的学习积极性，使辅导对象得到新的进步和提高。

群众文化活动的辅导过程是一个复杂的动态过程，对群众文化辅导模式、形式和方法的选择应因时而异、因地而异、因人而异，不应千篇一律、机械套用。此外，群众文化辅导过程也不是套用一种规制从一而终，而是要根据辅导过程出现的新情况、新变化，综合采用两种或多种辅导模式、形式和方法来进行。一句话，就是一切从实际出发，合理、灵活地选用辅导方式和方法。

第五章 群众文化的管理

管理,产生于共同劳动之中,是社会分工与生产专业化发展的产物。作为社会宏观综合管理活动组成部分的群众文化管理,包括群众文化活动管理、工作管理和事业管理。

第一节 群众文化管理的含义与任务

一、群众文化管理的含义

群众文化管理,是管理者为了使群众文化事业机构、设施、工作和群众文化活动能够合理、高效地运行而有意识采取的管辖、控制活动。在群众文化管理系统中,事业机构、设施和工作的管理,是群众文化管理的基础,它是服从群众文化活动的需要而设立,围绕群众文化活动的发展而发展的。群众文化活动,则是群众文化管理的关键。一切群众文化管理工作的最终目的,都是服务和促进群众文化活动的繁荣。

群众文化管理是一个过程,它表现为在一定的时间、空间内,根据管理目标,通过一定的方式把人力、物力、财力、时间、设施等管理基本要素组成一个有机的系统,在对这个系统内部的信息进行传递、交换、反馈、协调和控制的同时,保持与外部条件的相对平衡,以获得最佳的社会效益,从而达到实现管理目标的目的。

从调节和控制的角度看,群众文化管理和经济管理等其他管理,既有相似之处,又有不同之处。

相似之处主要表现在:第一,有明显的管理目标和协调的管理功能。一切管理行为都是在一定目标下，协调一定的人群，执行一定的功能，因此，必须要有明确的管理目标和协调的管理功能来作为管理行为的统帅。第二，有顺畅的管理信息渠道。管理行为是由管理信息来沟通的，而管理信息又往往容易受到管理体制、管理方式、管理手段等因素的制约，因此，有效管理必须有一个顺畅的管理信息渠道来进行沟通。第三，以管理效率为衡量尺度。群众文化管理和经济管理等其他管理一样，都有个如何衡量效率的问题，而管理效率正是它们衡量管理绩效的尺度。第四，在分散控制与集中控制问题、分层管理问题、职权与责任的关系问题等具体的管理方式和方法上，群众文化管理与其他管理也有相似之处。

不同之处主要表现在：第一，在目标上，群众文化管理具有比较明显的非经济因素。群众文化以精神文明建设为最高目标，追求的是在取得社会效益的前提下，相应地获取经济效益。第二，在动力和诱因上，群众文化管理侧重借助信仰、兴趣、爱好、荣誉及事业心等精神因素，而经济管理则侧重借助物质利益。第三，经济管理，可以用经济要素的投入与产出之比作为衡量效益的尺度，群众文化管理虽然也可以有效益与消耗之比，但难以定出比较准确的尺度。

从管理属性的角度看，群众文化管理具有二重性，既具有社会属性，又具有自然属性。群众文化管理的社会属性，主要反映在它要服从社会整体利益的要求，受到反映生产资料占有支配权的生产关系和反映人际权益利害得失的社会关系的制约和影响；群众文化管理的自然属性，反映在它和其他社会协作劳动过程的要求一样，都要尊重事物的客观规律，把管理过程作为一系列科学活动的过程。所以，正确认识群众文化管理的属性，是有效实施群众文化管理的关键。

二、群众文化管理的意义与任务

（一）群众文化管理的意义

1. 群众文化管理是促进群众文化生产力发展的必然要求。生产的深入发展和生活水平的迅速提高，不仅激发了人们在文化创造上的积极性，同时也使群众文化产品的社会需求频率不断增长。这就要求群众文化生产力要有相应地提高，才能满足人们的物质和精神生活的需求。而群众文化生产力的增长，绝不仅仅是增加资金投入和人才投入，同时也要求管理水平有相应提高，使之建立更加合理的指挥机制，把基本上处于自发状态的缓慢的群众文化发展流程，转变为有计划、有步骤的自觉行动。

2. 加强群众文化的管理是中国目前群众文化体制改革的要求。中国的群众文化的体制改革做了许多有益的探索，取得了不少成绩。但是，与经济、科技等领域的改革相比较，群众文化的改革大多局限在群众文化事业单位内部，改革的路子还不够宽，步子还不够大，要想在短期内打开群众文化事业的新局面，势必要突破原有群众文化体制的框框，因地制宜地把本地区各行各业各部门的人力、财力、物力调动起来，进行新的横向组合和宏观管理。更重要的还在于，随着改革开放的步步深入，必将出现一个新旧体制转换的过渡时期。这时，旧体制的一部分功能仍在发挥，而新体制则刚刚建立，新旧两种机制都不是处在最佳运行状态，因此，不可避免地会出现某些宏观方面失调的情况。而加强管理，正是有效地防止或纠正这种失控或失调，促使新机制不断建立、完善，并进入最佳运行状态的重要手段。

3. 加强群众文化管理是现代科学技术与群众文化相结合的迫切需要。科学技术的发展，给各行各业插上了飞跃的翅膀。对群众文化来说，新的科学思维改变了文化创造的感受和角度；新的文化门类要求有更多的社会文化投资；新的技术和工具要求培养大批熟练的操纵者，这一切新的变化还需要新的管理手段加以统摄把握。正因为新的科学技术给群众文化带来的活力是多方面的，它涉及群众文化的价值、行为（文化活动的方向、原则等）、过程、设施、投资、组织、生态（如具有民族特色和地域特色的文化形态的发掘、整理和保护等）、政策（如研究和处理新的文化政策与原有政策的关系，把握新政策带来的各方面的冲击力，建立相应的政策储备等）……所以，群众文化的管理也必须讲究科学化，不能停留在仅仅发几个一般指令，而是要求管理者以上述关系群众文化发展的各个环节为对象，进行全面把握，借助科学技术现代化的力量，激发整个群众文化系统的潜在活力，推动群众文化事业的整体发展。

4. 加强群众文化管理也是中国群众文化事业迅速发展的必然要求。群众文化事业作为中国精神文明建设的组成部分，要求必须随着四个现代化建设的进程而相应地发展。这种发展，不仅表现在群众文化生产力的一面，同时也要反映在充实文化服务条件、改善服务结构的一面。唯此，才能使群众文化机制进入良性运行，达到综合化发展的目的。但是，目前能够为发展群众文化提供的条件比较有限，这势必使群众文化活动在消费者的心目中缺乏吸引力，而社会上要求利用群众文化场所进行文化消费的人口和可用于文化消费的时间却在逐年增长，这种反差必然给群众文化事业机构的服务工作造成空前压力。因此，群众文化的管理，不仅是对精神生产的管理，而且是对相关物质生产的管理；不仅是对群众文化传播的管理，而且也是对群众文化消费的管理。只有从群众文化生产、传播、消费这一循环过程中去进行整体把握，才能使群众文化朝着健康轨道发展。

（二）群众文化管理的任务

群众文化管理的任务，是由文化管理的性质和目的决定的。群众文化管理的根本任务，是围绕发展群众文化生产力这个核心，在充分认识群众文化发展规律的基础上，通过科学管理，有效地组织文化活动，逐步实现群众文化发展的现代化和社会化。

群众文化管理的具体任务有四项：

1.根据国民经济发展速度和人民群众的需要，运用管理手段调整群众文化的总需求和总供给，使群众文化事业朝着现代化、社会化的大目标不断发展。在群众文化管理实践中，不仅要保证有一个合理的总体结构，还要根据形势发展变化不断调整总体结构，使其平衡有序地发展。所谓文化的总体结构，是指群众文化发展的总体构架、布局以及发展过程中各种要素、各个环节相互之间的联系与制约的关系，具体表现为群众文化发展的质量、数量、速度、顺序之间的关系。宏观控制的任务，就是要合理地妥善地处理这些既矛盾又统一的关系，保证总体结构在群众文化发展过程中能平衡地发展。

2.按照群众文化发展的客观规律，从国情、国力出发，从当地的具体条件出发，正确地制定不同发展时期、不同发展阶段的战略目标和重大决策，规定战略目标和重大决策的发展方向和实施途径，保证群众文化事业有计划、有步骤地向前发展。计划职能是管理的重要职能。通过发挥计划职能，及时地为群众文化事业发展制定出战略目标和重大决策，这对于推动群众文化事业的发展是一个必不可少的管理程序和管理方法。正确的决策和可行的计划来自对客观规律的认识，取决于对文化发展环境的了解，以及能否按照系统的观点正确分析和处理各个方面的关系。制定规划和决策，需要很高的决策水平和实施能力。

3.群众文化的管理任务还在于发挥管理的指挥监督职能和调节控制作用，通过科学的管理流程，对群众文化事业、工作和活动进行科学的组织和管理。这就要不断地改革群众文化的管理体制，完善管理体系，合理地分配和有效地利用人力、财力、物力，妥善地协调文化生产和文化环境的关系，有规律、有秩序、高效率地进行科学管理活动。

4.群众文化管理不仅对人的生产活动进行指挥、监督和控制，同时还要调动人的积极性，提高人的素质和创造力，提高劳动生产效率。因而，作为管理者，要研究人的运动规律与人在群众文化活动中的作用，建立完整的思想政治工作体系，建立精神与物质激励相结合的调动人的积极性的机制，充分发挥人的思维创造能力。

第二节　群众文化管理的原则和方法

一、群众文化管理的原则

（一）与当地经济水平和地理条件相协调的原则

政治、法律、哲学、宗教、文学、艺术等的发展，是以经济发展为基础的。因此，群众文化的建设与管理，必须根据当地经济水平、自然地理条件、人口因素等基本要素，做到"加强领导、积极发展、因地制宜、量力而行、讲究实效、稳步前进"。如果不顾当地实际承受能力，在文化建设与管理上提出过高要求，则不仅不容易办到，而且即使办到了也会因群众需求尚未达到这个水准而形成浪费；反之，如果群众有要求，当地也有条件发展而不去发展，则不仅会挫伤群众的积极性，群众的科学文化水平也不能得到应有提高，从而影响当地的整体发展。只有从当地的经济承受能力、人口数量、文化程度等实际可能出发，对群众文化的建设与管理做出正确判断与决策，才符合群众文化发展的客观规律，也是群众文化管理必须遵循的原则。

（二）以满足人民群众精神生活需要为根本目的的原则

进行社会主义建设的根本目的，除了满足人民群众对于物质生活的需要，还要满足人民群众对于文化生活的需要。人民群众能够享受丰富多彩、高尚健康、振奋精神的文化生活，也是高度文明的一个重要标志。因此，群众文化管理的目的，就是要为工作劳动之余的人们提供休息、娱乐、社交、学习和进行各种创造性精神生活的场所和条件，使他们的文化生活和精神创造能力不断地得到满足与提高。

（三）实施集中统一领导、全面系统管理的原则

群众文化系统，是一个统一的整体，它一方面同外界各种社会因素有着复杂的关系，另一方面其自身内部又是一个普遍联系的网络体系。因此，对群众文化的有效管理必须坚持集中统一领导和全面系统管理的原则。

所谓集中统一领导，就是要把群众文化系统内部哪些该发展、哪些该压缩、哪些该扶持、哪些该反对、哪些该实行有偿服务、哪些该实行免费服务等，一一进行统一规划，统一目标、统一政策，实行有效的统一宏观控制，使群众文化的发展与经济、政治等社会发展条件相适应。

所谓全面系统的管理，就是要对群众文化制定出近期、中期和长期的发展战略规划，规定出各个时期所要实现的目标，保证群众文化系统内部各要素之间的有序运行和与外界有关系统之间的均衡协调。

（四）坚持社会效益和经济效益、长远效益和暂时效益、整体效益和局部效益相统一的原则

贯彻社会效益与经济效益、长远效益与暂时效益、整体效益与局部效益相统一的原则，首先要处理好社会效益与经济效益的关系。群众文化为群众服务，为社会发展服务，是群众文化社会效益的体现，它应当在此前提下考虑经济效益；而取得经济效益的最终目的，是使群众文化增强服务群众和服务社会的能力。这既是一个"两个效益"的问题，也是一个局部与整体的问题。其次，要处理好文化建设与文化消费的关系。重消费、轻建设，会使文化发展丧失后劲；重建设、轻消费，会使文化建设失去目的，只有两者协调地发展，才能取得长远效益和暂时效益的有机统一。

（五）坚持"政府办文化"与"全社会办文化"相结合的原则

繁荣群众文化必须坚持政府办文化与社会办文化相结合的办法，群众文化面广量大，仅靠政府办的一些文化事业机构，远远满足不了群众日益增长的文化需求，必须动员全社会有钱出钱，有力出力，共同办社会"大文化"。政府办的文化，是群众文化的主体，对社会办的文化起着指导、示范的作用；社会办文化，是政府办文化的补充。政府办文化由政府拨款，社会办文化由社会筹资，两者应当做到政社分开。在管理上，可以采取行政手段加以宏观控制，同时运用市场调节的方法把微观搞活。

二、群众文化管理的方法

（一）群众文化管理的行政方法

行政管理方法是指依靠行政组织，运用行政手段，按照行政方式来组织、指挥、监督群众文化活动。

行政管理由文化行政机构来实施。文化行政机构是按照文化行政管理的需要，根据一定的等级制度组织起来的"官方"机构。它的主要职能是按照规定的权限，接受当地最高领导的授权、旨意和指令，对其所属的文化单位和地方文化事业实行统一管理。行政手段是指行政机构进行文化行政管理所运用的决议、决定、命令、规章、制度、纪律、工作程序、规划预算、检查标准等办法。

文化行政管理方法的使用具有以下特点：

第一，行政管理方法只适用于由国家或地方财政拨款的文化事业单位和企业单位。

第二，拥有文化行政管理权的机构，必须是当地政府中的行政部门。行政管理权具有权威性，它通过强制的方式指挥、左右文化活动。

第三，实施行政管理必须贯彻集中统一领导的原则，下级文化部门必须服从上级文化部门，各方面的文化事业都应服从统一管理机构制定的目标、规划、政策，管理大权集中在行政管理的最高领导层。

第四，运用行政管理方法应当做到权责一致，行使文化行政管理的各个层次、各个部门、各方面人员都应有职有权，职权一致，才能确保行政管理的权威性。

行政管理方法既有长处，也有短处。长处是集中统一，目标明确；短处是容易产生过僵过死的情况，影响创造性的发挥。

（二）群众文化管理的经济方法

用经济方法管理群众文化，指的是依靠经济调节控制机构，按照文化发展中体现出来的经济原则和经济规律，运用经济手段来管理文化。

所谓经济调节控制机构，即文化事业的财政管理部门、工商管理部门、税收部门和银行等组织机构。所谓经济手段，即财政拨款、利润成本、价格调节、工资奖金、税收监督、经济罚款等经济杠杆以及经济责任制、经济合同制等制度。所谓文化发展中体现出来的经济原则和经济规律，是指在文化市场运行中起作用的价值规律和等价交换原则。

用经济方法管理群众文化的实质问题，是通过物质利益的手段，调动文化企业的积极性，促进文化事业的繁荣；通过各种经济手段，来调节文化生产者和文化消费者，以及政府、企业在文化活动中发生的关系。

用经济方法管理群众文化的长处：可以为群众文化的高效率运行提供经济上的动力，使群众文化系统在人力、物力、财力各方面都能在经济、节约的情况下发挥作用，使群众文化系统实现社会和经济两个效益。

群众文化的德育教育、美育教育等方面，并不是单纯用是否获利这样的经济方法所能检验的，这就需要借助指令性手段或市场调节等灵活度较大的手段加以配合，这一点是在使用经济管理方法时值得注意的。

（三）群众文化管理的业务方法

群众文化管理的业务方法，是指按照群众文化的特点和规律，通过业务辅导、专业培训、业务等级考核以及会演、评比等形式，从业务上对群众文化实施管理。群众文化活动作为精神生产和精神享受的过程，是一种复杂、敏感、富有个性的活动，因此，用业务方法管理比较符合它的特点，也是最普遍、最经常使用的管理方法。

用业务方法管理的长处：

具有针对性。群众文化业务范围非常广泛，包括文学、戏剧、音乐、舞蹈、曲艺、绘画、摄影、民间工艺、民间艺术等文化艺术门类。这些门类几乎都是一个独立的领域，各自都有特殊的运行规律。用业务方法管理，可以做到从这些不同门类的特点出发，更具有针对性。

体现民主性。通过辅导、评论、培训等业务手段，来提倡、鼓励需要扶持和发展的优秀文化活动，抑制、批评不提倡或需要控制的文化活动。这样的做法，比单纯用行政方法硬性规定该写什么、该演什么的效果要好得多。这种业务上的民主做法，符合精神生产的特点，能够更好地调动业务人员的积极性和创造性。

符合群众性业务管理的方法必须充分发挥群众文化组织、各种群众文化活动队伍的作用，这些组织和队伍的参与，使业务管理更具有广泛的群众基础。

（四）群众文化管理的法律方法

政府权力机关根据社会的文化需求，通过颁布法则、法规、法令、规章、条例等文化法律规范，来调整和规范群众文化单位、群体、个人在文化活动中所发生的文化交往关系，保证人民群众文化生活的正常顺利进行，这就是法律管理方法的内涵。

法律管理的特点：

倾向性不同的社会制度有不同的文化管理方针和原则。封建社会的文化法律，是为了巩固封建统治阶级的利益服务的；在社会主义制度下，运用法律方法进行文化管理，则是为了维护人民的利益，为社会主义的政治服务，限制一切反动腐朽文化的发展。

强制性。法规、法则、条例等法律规范一旦颁布，就具有权威性，都必须遵守执行。因此，法律管理具有很强的约束力。

综合性群众文化法律包括文化管理机构的设置和功能的章程，文化设施管理方法、方式，文化系统的监察、诉讼制度，维护文化行政管理部门的权威，保证文化经济政策、经济手段实施，保障文化活动秩序和治安的法规以及各个文化活动场所、各种文化活动内容项目的详细规则等。它从上到下、从宏观到微观、从个体到群体对群众文化进行综合性的监控、调整和规范。

用法律方法管理群众文化时，要注意保持文化管理法规的连续性、稳定性和系统性。在拟定文化管理法规时，必须遵循国家根本大法，充分发扬民主，使法律制定和实施建立在科学的基础上。

(五)群众文化管理的思想教育方法

群众文化管理的思想教育方法是指通过说服、教育、批评和自我批评的方式来处理文化工作中的矛盾,制止文化生活中不健康因素的蔓延。群众文化工作是把加强思想道德方面的建设,提高全民族思想、道德和法律水准作为工作重点的。这就要求在管理中必须加强思想教育,把批评与自我批评的风气、思想政治工作的传统贯彻于文化工作和文化活动的始终。

以上五种方法各具特点,各有长处,实际使用中只有有机结合,才能提高管理效果。

第三节 群众文化管理的模型和特点

一、群众文化管理的层次模型和类别模型

按照系统分析的观点,群众文化管理可以划分为不同层次和不同类别。不同层次和类别的管理者,各有不同的管理任务,而不同的层次和类别又与国家的政治、经济、文化体制密切关联。

(一)群众文化管理的层次模型

中国现行的群众文化管理体制,一般可划分为三个层次,即最高决策层次、中间调控层次和基层执行层次。这三个层次,像一根纵轴那样,把群众文化管理贯穿始终。

最高决策层次,是中央和省(自治区、直辖市)的党政领导机构中的文化主管部门,这个层次具有牵一发而动全身的作用。它的管理任务大致有:第一,根据国家的经济文化发展战略,制定出相应的有关群众文化发展的总方针。第二,根据文化发展总方针,制定有关的政策和法规,并根据执行过程中的反馈,修正、补充、完善这些政策法规。第三,规定下属部门的职责、权限,并做到上下沟通,以加强集体决策。

中间调控层次，是县（市）级党政领导机构中的文化主管部门。它的职能是承上启下，根据自己管辖范围内部的实际情况，全面而又灵活地实施最高决策层次的意图。就管理的具体任务来说，与决策层次的任务差不多，只是范围缩小到自己管辖的地域而已。但是，它的管理侧重点应放在以下方面：第一，结合本地实际，因地制宜地做好群众文化发展预测，制订发展群众文化的具体规划，并付之组织实施。第二，建立和健全自己直属的群众文化单位，即通常所说的管好自己"脚下"。第三，对本地域内的社会文化事业进行政策性管理的同时，要做好沟通、协调、平衡工作，也就是说要管好"天下"。中间层次具有相当的自主性，在整个群众文化大系统的承上启下中具有关键的作用。

基层执行层次，是群艺馆、文化馆、文化站等群众文化单位。这些单位是整个群众文化管理链条中的一部分，它除了要贯彻执行上述两个管理层次所规定的有关任务以外，就其自身的管理来说，主要任务是：第一，抓好本单位内部的政治思想、业务工作、行政事务、财会工作等管理。第二，正确处理与本单位的运转有联系的种种关系，例如，与文化宫、青年宫等同类型事业单位之间的关系；与文联、共青团、妇联等社会群团之间的关系；与公安、工商、财税等执法单位的关系。

总之，三个管理层次的管理任务虽然各有侧重，但它们是一个相互依承、相互补充的整体，只有充分发挥各自的作用，才能体现管理的完整效应。

（二）群众文化管理的类别模型

1. 城市的群众文化管理

城市的集约功能和辐射功能决定它成为所处区域内的政治、经济、文化的中心。城市文化管理，在文化管理实践中占有重要地位。城市文化事业的发展，不仅大大推进城市本身文化事业的发展进程，而且可以带动周围城镇、农村文化事业的发展。城市的群众文化管理是自成系统的系统管理，它既要系统管理各个子系统，又要调节同其他领域的复杂、无法割裂的关系。

城市的文化管理任务有四项：

（1）指导的任务

主要是指在市范围内贯彻国家文化方针、政策的指导；发展地方文化事业规划的指导；遵循文化客观规律的指导。贯彻国家文化方针政策贵在坚持从实际出发，防止生搬硬套。规划指导主要是指中期规划和远期规划，是逐步实现市文化管理预期目标所必需的手段。遵循文化发展客观规律的指导，是指不能凭长官意志、主观愿望、个人爱好来指导，不能仅凭一般行政工作经验来指导。

（2）间接控制的任务

市文化管理主要是对文化组织和文化生活的行为进行引导、调节和监督，而不是直接控制，简单地管住、卡死或者统包统揽。间接控制的根本目的是解决矛盾，纠正偏差。

（3）服务的任务

服务是指不能过多干预文化组织和个人的文化活动，而是对文化艺术产品的生产、经营、消费以及社会性文化活动发挥指导、组织、协调、监督的职能，重点在于创造一个有利于本市文化健康发展的环境。

（4）中介协调的任务

主要是在市政府、上级文化主管部门和市文化管理对象之间起中介作用，贯彻实施上级意图，反馈信息，进行切合实际的调节。政府对文化实行间接管理后，市文化管理的中介协调职能显得更为重要。上级和管理对象具有各自特性，需要做多方面协调才能实现市文化管理的整体目标，达到综合平衡、协调发展。

2. 县的群众文化管理

县的文化管理联系着广大城镇居民和人口最多的农民，满足他们的文化需求，推进农村物质文明和精神文明建设，在文化管理系统中具有深远意义。县的文化管理作为国家文化管理的组成部分，在本县区域内体现国家文化管理的意志。同时，要求根据本县经济和文化建设的实际，充分体现文化管理的服务职能。农村文化管理，无疑是县的文化管理的重要组成部分，要求在管理实践中协调农村文化基础设施的建设，运用各种管理手段，引导农村文化产品合理地生产、经营和消费。县的文化管理，还应当重视本县区域内的文化资源特点。同自然资源一样，各县文化资源的形成及分布是各具特色的，在管理上既要注意保护，又要重视开发。

县的文化管理中，要注意挖掘利用农村文化的潜在优势。这种潜在优势主要体现在以下方面：一是农村文化市场优势。农村存在着多层次、多品种的文化消费需求，几乎每种文化艺术产品和文化娱乐服务都可以在农村受到程度不同的欢迎。二是集镇文化中心的潜在优势。集镇同广阔的农村紧密相连,集镇文化中心的辐射功能将对周围乡村文化发展产生示范作用,因此,开发和利用这一潜在优势前景十分广阔。

3. 乡镇企业俱乐部和乡际文化交流的管理

乡镇企业俱乐部是农村乡镇工业迅速发展的产物,也是乡镇农村文化管理面临的新课题。乡镇企业俱乐部对乡镇企业创造良好的整体素质有重要意义。乡镇企业俱乐部的管理,应当依靠乡镇企业各类生产经营单位来实施。县或乡镇文化管理部门属于指导性管理,可以运用多种方法,监督、指导、辅导乡镇企业俱乐部的文化娱乐活动,包括指导、辅导开展各类文体活动、人才培养及服务性的咨询。

农村乡际文化交流是一种客观存在,严格地说有些农村文化活动没有明确的地域界线。对乡际文化交流的管理,着眼点应放在逐步形成开放式、网络型的农村文化新格局。乡际文化交流管理要注意:一要根据农村文化发展客观规律来组织,通过各种形式的联合协作,建立纵横交错的文化网络。二要依靠乡际互相的吸引力来组织,管理部门在指导、协调上发挥作用。三是在条件许可的前提下,把交流引向开放式,即不仅在本县区域内的乡与乡之间交流,还可以在毗邻县之间组织乡村文化交流,以便形成更大范围的横向联合。

4. 文化(艺术)馆的管理

文化(艺术)馆的管理,是指管理者遵循群众文化的规律,运用科学的管理手段和方法,建立高效的组织机构,合理地组合专业人员的最佳智能结构,促成有效的内外部协调,极大地发挥文化(艺术)馆内人、财、物等因素的作用,依靠及时准确的信息和严密合理的控制,组织和领导全体成员,实现工作目标的一种有序的活动过程。

文化(艺术)馆的管理,要努力做到:

(1)要注意时间观念

每位文化(艺术)馆成员都要善于从时间的角度把全馆业务活动的每个环节紧紧扣在一起。在业务活动和经营活动中,使人、财、物的结合处于最佳状态。对什么是确保项目、什么是主体业务,谁长谁短,在时间管理上应有一个全局性的考虑。

(2)要树立管理的空间观念

重视空间位置和周围环境对群众文化活动的制约性。树立空间观念,就是要充分了解本馆的历史、现状，确认本馆作为带动本地区群众文化活动的龙头位置。逐步提高自身功能的覆盖率，拓宽功能的辐射面，真正使文化（艺术）馆在本地区（一个空间位置）起到示范作用和中心作用。管理的空间观念还表现在外部，如文化网点的设置、文化设施的布局，都要考虑有利于空间整体位置的协调，有利于优化管理效能。

5. 文化站的管理

文化站是国家最基层的文化事业机构，是乡（镇）人民政府和街道办事处设立的文化事业单位，是当地群众进行各种文化体育活动的场所。

文化站的任务：宣传、贯彻执行党的方针政策和国家法律法规，开展社会主义和爱国主义教育；普及科学技术和文化知识；组织辅导开展群众文化体育活动，指导农村文化室、文化户、文艺社团等群众文化组织开展各类活动；协助文化行政管理部门管理文化市场及其他有关工作。

文化站的管理体制：文化站隶属于乡（镇）人民政府和街道办事处，同时接受上级文化部门的指导和辅导。对所属地域内的群众文化组织负有管理和指导的责任。

文化站的工作内容和方式：第一，业务工作。包括社会宣传教育工作，组织辅导群众文艺活动工作，普及科学文化知识工作和指导、辅导基层群众业余文化组织的工作。第二，行政工作。包括文化市场管理工作，文物管理工作，个体文化管理工作。第三，以文补文工作。在保证全面完成业务工作和行政管理工作任务的前提下，积极开展作为本身业务延伸的有偿服务活动。

实践经验证明，文化站的设立应该与相应的政权结构和经济组织相一致，便于集中统一管理。

二、群众文化管理的特点

群众文化是一个既庞大又复杂的系统，就其性质来说，有从中央到地方各级行政机关中主管群众文化的部门，有国家、社会群团专门从事群众文化工作的事业部门，有各种非职业性的群众文化活动群体（又称"群众文化队伍"），以及众多进入市场流通的以营业为目的的文化经营单位；就其构成来说，从大的方面划分有群众文化生活、群众文化活动、群众文化工作、群众文化事业和群众文化理论研究等；

就其内容来说，凡生产、生活、历史、现实、自然、社会、经济、文化、政治、军事、科学、技术、哲学、宗教、风俗、习惯等均有反映；就其形式来说，凡文学、艺术、体育、游艺、阅读、展览、广播、电视、电影、宣讲、报告、集邮、种花、养鸟等都有涉及。总之，正是由于群众文化内容的广泛性、形式的多样性，决定了它内部机制的复杂性。因此，形成了它管理方面的特点。群众文化管理的主要特点有以下四点：

（一）以繁荣群众文化活动为中心的整体管理格局

群众文化活动、群众文化事业、群众文化工作，都是保障群众文化这部机器正常运转的重要组成部分，缺一不可。群众文化活动，是群众文化这部机器的动力部分，是整个群众文化的生命所在，如果离开了活动，群众文化就失去了存在的价值。群众文化事业，是群众文化活动的重要载体，尽管人民群众的文化活动方式是多种多样、不拘一格的，甚至可以分散到家庭或个人，但通过各种文化阵地，以群体性方式开展的活动，始终是群众文化活动的一种主要方式。至于群艺馆、文化馆、文化站等群众文化事业机构的设立，一方面是为了给开展群众性文化性活动从物质上、业务辅导上提供条件，另一方面它们所组织开展的活动，又代表了一个地区群众文化活动的特色和水平。所以，可以说群众文化事业是构成群众文化这部机器中的主要部件。群众文化工作，对群众文化活动产生牵制、调控的作用，是群众文化这部机器上的阀门，关系到它的运转方向与速度。没有明确的方向，机器就会开向斜路或出现空转；速度不当，运转就会失去平衡。所以，群众文化活动、事业、工作三者是一个有机的整体，必须统筹兼顾、全面安排、相互配合，共同完成繁荣群众文化活动的任务，最终达到满足群众文化生活需要的目的。这种以繁荣群众文化活动为中心的整体管理格局，正是群众文化管理的重要特点之一。

（二）分门别类的管理体制

群众文化在其内部构成上存在着活动、事业、工作三大体系，这三大体系又各有自身的特性、运行规律及具体工作要求，因此，其管理方法也是各不相同的。比如活动，就有组织活动和自发活动、大型活动和小型活动、室内活动和室外活动、单项活动和综合活动之分，不同的活动就要采用不同的方法去管理。又比如事业，作为国家和社会群团的事业机构，它本身就是一个工作实体，它内部就有行政、业务、财会、后勤等完整的分工，都各有自己的一套制度和办法。对活动队伍的管理，又不同于管理实体机构，必须根据队伍的特性来进行。再比如工作，对事业机构可以采用指令的办法，对社会文化市场则要采用依法管理的办法，而对群众性文化活动只能用引导、辅导、指导的办法等。总之，对不同的对象要根据它的不同特性分别归类实行管理，这是群众文化活动的客观需要。所以，群众文化的管理是分门别类的，这是群众文化管理的又一重要特点。

（三）纵横交错的管理形态

纵的管理形态有两方面：一是指国家对群众文化的领导，包括重大决策、指导思想、群众文化工作体制的确定、群众文化立法等；二是指从文化部到省（自治区、直辖市）文化厅（局）、地（市）文化局、县文化局的领导、指导和管理。

中国群众文化的纵向管理，自20世纪50年代以来一直沿用"条块结合、以块为主"的管理体制，即文化部统一领导和管理全国的群众文化事业，指导省（自治区、直辖市）群众文化工作。各省（自治区、直辖市）政府和文化部门的双重领导，以同级政府领导为主。各级文化厅（局）分别领导所属的地方群众文化事业。这样的"条块结合、以块为主"的管理体制，反映了中国群众文化事业发展的实际，它的长处是有助于发挥地方政府和地方文化机构的积极性，对发展地方群众文化事业具有促进作用。

横的管理形态是指各级文化机构对所属各个部门、各个单位、各项工作的管理。

（四）多种管理方法综合运用

事物是一个普遍联系的整体，在这个整体中，每一个个体都有它的内部联系和外部联系。群众文化这一事物也有它的内部联系和外部联系。因此，群众文化管理并非行政手段（依靠行政机构和领导者的权力直接对被管理对象产生影响）一种方法所能奏效，必须配以教育的手段（通过提高认识，提高群众文化工作者、参与者的自觉性和积极性）、业务辅导的手段（通过事业单位的业务活动对群众文化队伍或骨干从具体业务上进行指导和帮助）、经济的手段（按照经济规律进行群众文化管理）、法律的手段（用法律这种肯定的、明确的、普遍的规范，把群众文化管理方面的方针政策条文化、制度化、具体化，以便人人遵守，依法检查监督），才能使群众文化这部庞大而又复杂的机器正常运转。

第四节　群众文化管理的主要内容

群众文化管理内容涉及的范围十分广泛，主要有以下几方面：

一、群众文化的活动管理

文化活动是群众文化最宽广的领域，参与人数多，情况复杂多变，怎样采取科学办法搞好管理工作，对发展群众文化事业至关重要。从目前中国群众文化活动的实际出发，搞好管理应着重抓住四点：

（一）转变文化意识

当前，中国正处在一个由计划经济转向社会主义市场经济的转型时期，为与这巨大变化相适应，经济结构、劳动组织、生产方式，以及人们的生活节奏、生活方式都在发生变化。作为上层建筑的文化（艺术）馆、站以及整个群众文化工作也在这种改革大潮推动下发生变化。管理者应当从经济改革与文化工作的联系中去认识当前群众文化工作的新形势、新特点。这些特点主要表现在以下方面：第一，经济的发展和人们收入的增加，为群众文化事业提供了物质基础，使城乡文化工作发展得既迅速又扎实。但是，在群众文化的宏观指导上缺乏明确的规划与目标，某些老的规定已不适应，新的又迟迟出不了台。第二，文化活动已经成为人们生活追求的热点，并且渗透到社会生活的每个角落。但是，基础文化活动的条件普遍较差，内容和形式不够丰富。第三，群众文化与科学普及、成人教育、体育健身等方面交叉渗透的趋势日益明显。但是，我们对此认识还不足，和有关方面通力合作不够。以上种种使群众文化痛失许多发展的机遇。我们应当深刻地认识过去，正确地规划未来，进一步解放思想，实事求是，大胆探索，勇于实践，用扎实的工作去顺应时代对群众文化的呼唤，去迎接一个服务对象社会化、文化设施规范化、活动设备现代化、活动形式多样化的群众文化新面貌的早日出现。

(二) 调整总体结构

文化总体结构体现了文化发展的方向。改善文化供求关系,首先应从调整总体结构入手。党的十一届三中全会以前,中国群众文化是一种自娱型与供给型相结合的二元结构,这种结构适应了当时的经济基础。随着改革开放的深入和形势的迅速发展,目前中国群众文化的总体结构已由自娱文化、供给文化的二元结构向市场文化、自娱文化、供给文化的三元结构发展。这种三元结构把城市文化与农村文化联系起来,组成开放性的文化网络;把传统文化与现代文化联系起来,促使群众文化在继承优秀文化传统的基础上向现代化发展;把文化的生产与消费联系起来,使人民群众对文化生活有更大的选择余地;把有偿服务与无偿服务联系起来,扩大了群众文化的领域,加速了群众文化的发展。

(三) 改革管理体制

群众文化活动管理要着眼于发展,要建立一个符合群众文化活动现实的管理体制。长期以来,我们在衡量群众文化的发展时,往往把"国办"作为主要标志,忽视了对集体和个人办文化的提倡与支持,因此,成了发展缓慢的一个重要症结。改革开放以后文化发展的实践告诉我们,兴办文化事业和发展一切社会事业一样,必须打破所有制的结构,创造一个全民所有制、集体所有制和个体所有制相结合,多种所有制并存的体制,调动方方面面兴办文化事业的积极性。

(四) 搞好网络建设

群众文化网络,是群众文化组织的集合体,是群众文化发展到一定阶段的产物。目前,我国的群众文化网络有两种类型:一种是行政组织管理下的网络。它是以文化(艺术)馆为"龙头",包括文化站、文化室(俱乐部)在内的四级网络。这种网络覆盖面很广,是群众文化活动的重要载体,在活跃群众文化生活方面做了大量工作,发挥了重大作用。但是由于种种原因,这种网络近来有所削弱,比如,文化站由于经费没有保障,设施设备比较简陋,工作效率不能充分发挥;有的文化(艺术)馆由于忙于阵地活动,辅导作用明显削弱。因此,对这种类型的网络需要通过加强管理,加以整顿、充实、提高。另一种是民间自发组建的网络，包括戏剧、音乐、美术等各艺术门类的业余团队，队伍大小不等，遍布城乡各个角落，是群众性文化活动的重要载体。这种类型的网络虽然在当地行政组织的统一管理下，接受文化馆、文化站的指导和辅导，但其自主性较大并有流动性的特点，如果引导得法，将是丰富和活跃群众文化生活的一支重要骨干力量。对上述两种网络，文化行政管理部门应当本着加强领导、积极发展的精神，在动态中加强管理与指导，使它逐步从低级向高级发展。

二、群众文化的事业管理

（一）群众文化事业管理的构成

所谓群众文化事业，是指群众文化的行政机构、事业机构、群众文化活动队伍和相应的设施、设备，以及它们所进行的工作的总和。这些机构、队伍、设施对推动群众文化的繁荣与发展具有独特作用。尤其是事业机构和活动队伍，在群众文化事业构成诸因素中处于中心地位，有必要分别阐述。

1. 群众文化事业机构的管理

中国群众文化事业机构管理，主要沿着三条线来展开：一是思想政治工作管理。通过党的领导，方针政策学习，党团组织建设，党团员和干部职工的表率作用及思想政治工作，提高政治觉悟，统一认识，统一步调，把每位文化专业人员的积极性、创造性激发出来，调动起来。二是业务工作管理。业务工作，是事业单位的中心工作。事业单位的业务工作门类很多，有文化宣传教育工作、群众文化活动组织领导工作、群众文化辅导培训工作、阵地活动工作、对外服务工作等。通过对这些工作的管理，使事业单位的整体功能得到充分发挥。三是后勤工作管理。后勤工作包括财务、物资、设施设备、供电供水、绿化、宿舍、食堂等。通过对这些工作的管理，保障业务工作有一个良好的环境。以上三条管理线的具体管理项目，又可以分解为人、财、物、事、时间、信息等方面，每个方面的管理方法与其通常的管理要求相同，这里不一一论述了。

2. 群众文化队伍的管理

群众文化队伍是群众文化活动的重要载体，由于群众文化队伍所开展的文化活动，占据了整个群众文化活动的重要方面，因此，抓好群众文化队伍的管理，等于抓住了群众文化业务管理的关键。群众文化队伍管理的侧重点：通过资料推荐供应、节目（作品）评比、观摩交流等途径，从活动方向上积极地正面引导；通过业务培训、示范交流、分类指导等途径，从业务技能上帮助提高；把活动成果及时向社会展示，以便从观赏者的认同中感受集体力量的可贵，从而增强队伍的向心力、凝聚力。

为了有效地组织好事业管理，要注意把握：各级群众文化事业机构，要严格履行自己的工作职责，充分发挥各自的业务功能；要辩证地处理内涵发展与外延拓宽的关系，要防止不顾主客观条件，一味追求新的文化变体，而应当把工作目标集中在能体现自身优势、特色和价值效应的业务活动上，即通过组织、辅导等方式，开展具有艺术审美价值的各种文化艺术活动；要明确岗位责任，健全行为规范，因为群众文化事业机构的每一个工作岗位都是为完成共同工作目标而设置的工作环节，把每个工作环节（岗位）衔接起来，就是一条工作链，链内的每个环节都要尽到自己的责任，所以，只有明确岗位责任，才能发挥创造性，推动事业机构有效地运转。

（二）群众文化事业管理的职能

群众文化事业管理有四种职能：

1. 计划职能

计划职能包括预测、决策、计划三个环节。预测是决策的前提，计划是决策的结果，预测和计划都是为实现决策服务的。预测是一种在调查研究基础上进行分析判断的过程；决策是根据分析判断和主客观条件，为实现任务或目标选择优化方案的过程。发挥管理的计划作用，是实现管理目标的重要手段，是有效地组织人才、财务、物力，促进群众文化效益提高的保证。一项好的计划，必须体现经过优化决策方案规定的管理目标、发展方向和途径，并有有效的措施、步骤和方法。

2. 组织职能

组织职能是实行决策、实施计划的过程。发挥组织职能，一方面要广泛地宣传管理目标或决策方案，激发热情，增加信心；另一方面要把计划分解后层层下达，使每个岗位都明确自己的责任。同时还要通过组织职能的发挥，及时协调解决管理过程中出现的问题和矛盾，理顺关系，进行协作，保证管理目标的实现。

3. 协调职能

协调职能是一种动态管理过程，在管理机制运行中，无论是自身运转或与外部环境联系中，随时都会产生矛盾，这就需要通过协调去理顺内外关系，因势利导。在群众文化活动中，这种协调职能更是具有重要作用。

4. 控制职能

控制职能是管理过程中的一种自觉行动，当决策或计划实施过程有所差误时，就需要通过控制手段加以拨正，保证决策或计划的继续执行。控制有馈前控制和馈后控制之分，一般应尽量采取馈前控制方式，在制订计划过程中，按预先的估计，制订相应的控制手段。控制手段有行政手段、法律手段、业务手段、经济手段等多种。

三、群众文化的目标管理

（一）群众文化目标管理的构成

目标管理法以目标作为管理活动的指南和计划任务、评价效果的依据，通过目标的实施，激励和控制每个职工的行动，调动人的积极性，促进生产和工作的开展。目标管理的核心是强调成果和重视成果评定，提倡个人能力和自我提高。其特点是以目标作为各项管理的出发点和落脚点，并以实现目标的成果为衡量尺度。

目标管理是一个科学的工作程序，它的全过程一般包括六个环节：一是制定目标。制定总目标是目标管理的出发点，也是层层分解岗位目标的前提。二是安排计划。根据制定的目标，提出达到目标的原则、步骤和方法，确定实施目标的时间表，考虑与有关方面的协作关系，划分管理权限。三是层层分解。制订出计划后，要建立多极目标，通过层层分解的办法落实到各个岗位，使总目标和岗位目标联系起来，形成上下贯通、责任分明的目标分解网络。四是具体实施。实施是目标的执行过程，各个工作岗位根据自己在实现总目标中所承担的任务，按计划有步骤地把工作开展起来，朝着总目标规定的方向前进。目标实施过程中，目标管理和各环节之间是互相制约的，因此要注意保持工作的平衡性，指挥者要发挥高度的领导艺术和应变能力，确保目标管理的顺利进行。五是评价效果。通过评价目标管理执行的效果，总结管理工作的经验教训，为实行奖励确定根据，为进入下一个目标管理周期创造条件。评价效果应把目标（包括总体目标和岗位目标）作为统一的客观标准，同时应把目标执行的效果放在首位，不能离开效果谈贡献。六是计算奖惩。按照工作人员的工作效果计算奖金或进行精神鼓励，是贯彻按劳取酬的原则，也是为了更好地调动积极性和创造性。

（二）目标管理在群众文化领域中的实施

作为精神生产的群众文化工作，同物质生产有着不同的特点。但既然都是社会生产，在某些方面也就存在着共同性。因此，目标管理的基本精神、原则也必然适用于群众文化管理，只要能同群众文化管理的实践相结合，就一定会产生积极的效应，推动群众文化管理工作。

从本质上讲，目标管理法在目标设置上，与科学管理中的决策管理是一致的。同时，目标管理法在实现目标的途径方面，采取有层次的分解的办法，把分解后的目标任务层层落实到职工的工作岗位上，并以其所承担的目标任务作为评价效果和计算奖惩的标准。这样，把职工个人利益同国家或集体的利益联系起来，把岗位任务和一个部门、一个单位的总目标联系起来。可见，在群众文化工作中推行目标管理法，是文化管理科学化的具体体现，对群众文化事业的发展，将会产生推动作用。

在实施目标管理过程中，必须把计划目标与岗位目标联系起来，把岗位目标效果与个人奖惩联系起来，从而形成各个管理层次的行为规范，使目标、管理、效益三者有机地结合，达到用目标推动管理，使管理收到预期效果的目的。

群众文化由于工作纵横交错，在制定决策目标时往往无形指标多，有形指标少，不容易做到具体化、定量化。因此在实行目标管理法的时候，要重视探索目标设置、目标实施、目标评价过程的程式与标准，使定性管理逐步向定性与定量相结合的方向转化，从无序状态向有序状态转变。

四、群众文化的有偿服务管理

有偿服务指的是文化（艺术）馆、站等文化事业单位，利用自己拥有的活动场所，围绕开展无偿服务的同时,对部分活动项目实行少量收费,或根据群众参加文化活动的需要,在搞好本职工作之外,有偿地为群众提供文化服务,把所得收入用于补充业务活动经费的不足或改善文化活动条件。

有偿服务是伴随着经济体制改革,作为文化体制改革的一种探索而出现的。有偿服务这种把价值规律引进群众文化领域的探索,虽然时间不长,但效果是明显的,主要表现在:一是通过有偿服务,使某些文化活动按价值规律的要求,自觉接受广大群众的评判和检验,这样有助于在竞争中优胜劣汰,促进活动项目的更新、活动领域的拓宽,催发群众文化事业的加速发展。二是有偿服务的经济效益使文化事业单位的经济状况有了明显改善,不仅设备增加了,活动内容和形式丰富了,更重要的是使开展无偿服务有了后劲,推动了无偿服务的发展。三是通过有偿服务,一方面可以使文化工作者有用武之地,充分发挥他们的聪明才智;另一方面有助于把文化工作者的本职工作同自身的物质利益紧密联系起来,使他们有条件、有机会解决一些急需解决的实际问题。

有偿服务和经营活动,是两个不同的概念。群众文化的有偿服务,必须从群众文化的性质、特点出发,坚持群众文化事业的方向,绝不能把具有经济实体性质的企业经营看成是有偿服务。从目前实际状况看,有偿服务的内容大体有四种类型:一是文化娱乐活动,如影视放映、戏剧游艺活动等。二是知识传授活动,如各种艺术门类的学习班、函授班等。三是服务经营活动,如美术、摄影、摄像、复印、装潢、广告设计等。四是生产经营活动,如民间工艺美术品生产、戏剧服务和道具的制作等。

有偿服务活动,虽然是群众文化工作的组成部分,但它只是发展群众文化事业的一种补充手段,在开展有偿服务活动中,必须坚持社会主义的文艺方向,以繁荣群众文化事业为目的,努力做到:第一,以无偿服务为主,把无偿服务与有偿服务有机地结合起来。群众文化事业是一种公益性的社会福利事业,是由国家投资兴办的;群众文化活动,是一种"自娱性"活动,是不带有"商品性"的,因此它必须以无偿服务的形式来展开。对有偿服务活动,只能严格控制在"补充"这个限度内,不能不顾实际地盲目发展,以免主辅颠倒。应当坚持以无偿服务为主并使二者有机结合起来的正确关系。第二,正确处理社会效益与经济效益的关系,坚持有偿服务的正确方向。社会生产有物质生产和精神生产之分。物质生产通过繁荣经济、扩大积累来推动社会的发展，检验物质生产优劣的标准，是看它为国家积累财富的多少。精神生产，是以生产观念形态的精神产品为目的，检验精神生产优劣的标准，是看它对人们在思想、政治、道德水平的提高上所做出的服务。所以，不能混淆物质生产和精神生产的界限，抹杀两种生产的不同特点和规律。在处理社会效益和经济效益的关系时，必须坚持以社会效益为最高准则，当社会效益和经济效益发生矛盾时，经济效益要无条件地服从社会效益。第三，因地制宜，量力而行。开展有偿服务是需要条件的，这就要求扬长避短，充分发挥自己的优势，如设备、人才的优势，尤其要注意利用地域特点和地方文化资源的优势，这样才能使有偿服务逐渐形成自己的特色。第四，加强管理，健全制度。这包含两层意思，一层是既要安排有经营才干和技术专长的职工去从事有偿服务，又要保证学有专长的文化业务人员从事文化业务工作，使全面工作和有偿服务形成一个有机的整体；另一层意思是遵守财经纪律，加强财务、资产、奖惩等专项账目的建立和管理。

第五节　建设群众文化的指标系统

群众文化指标系统，是一种既能反映群众文化自身量的表示，又能对社会整体发展进行判断、比较的显示系统。它不仅可以用来对群众文化的发展进程做阶段性评估，同时也是显示群众文化社会价值的一种衡量标准。

群众文化生产作为一种精神生产，它在产品特点、生产过程和消费过程等方面与物质生产有着许多不同之处，所以必须从群众文化的特点出发，构筑它的测定系统。一般来说，测定群众文化的指标系统是由文艺人口指标、消费结构指标、兼容能力指标三部分组成的。

一、文艺人口指标

所谓文艺人口，是指经过文化教育，具有初步文艺活动能力的人口。一个人要真正被社会接纳，成为社会化的人，必须学习和掌握作为社会成员应当具备的知识、技能和行为，其中包括文艺欣赏和文艺活动的能力，这样才能算是文艺人口即社会人口。

　　文艺人口指标之所以重要，有两个原因：首先，从群众文化与文艺人口培养的关系上看，因为群众文化工作是培养文艺人口的基础性工作。一个人从自然人口到社会人口的转变，不是靠先天带来的，而是靠后天培养的。群众文化活动的参与过程，实际上就是文艺兴趣、文艺知识、文艺技能的培养和学习过程。所以在这里明白地显示出群众文化可供选择的程度，是与文艺人口的培养程度成正比例的。如果群众文化的普及面广、程度高，那么文艺人口的培养面和层次也随着提高，而且还会诱发出促使群众文化相应发展的某种条件；反之，如果群众文化普及面窄、层次也低，那么可供培养文艺人口的选择余地也就相对缩减，水平难以提高，而且导致群众文化自身也失去了新的发展条件。其次，从文艺人口与国家文化发展关系上看，文艺人口是一个国家的文化艺术活动的主体，是文化发展的基本前提，比如，国家需要办多少报纸、印多少书籍、拍多少电影、造多少文化（艺术）馆（站）等文化娱乐场所，都要用文艺人口作为测算基数。文艺人口的面越广、水平越高，文化发展的环境越优越。所以，从文艺人口的状况中，不仅可以寻求关系到判断群众文化自身发展的某种参照系数，同时还可以寻求判断由群众文化所形成的部分社会文化环境与整个社会政治、经济、文化发展是否相适应的参照系数。

二、文化消费结构指标

　　群众文化作为人们精神需求的构成部分，融合在人们日常生活方式的组合中。如果通过对人们选择文化娱乐行为的分析（如对不同年龄、不同性别、不同职业的人群选择和参与文化活动状况的分析）；通过对人们掌握消遣技能情况与层次的分析（如人们对各种群众文化活动门类的兴趣爱好及熟练程度的分析）；通过对人们支配利用闲暇时间情况的分析（如健康的文化活动、知识性强的文化活动占整个闲暇时间的比例）等，我们可以从这些人们生活方式的构成中获得群众文化活动开展情况的某些参数，并根据这些参数推算出群众文化在人们实际生活中的丰富程度。比如，人们的闲暇时间分配用于健康的文化生活的比重大，人们掌握和企望掌握消遣技能的人数比例高，那么不仅说明群众的文化生活是比较丰富的，而且说明群众文化的进一步发展是有潜力的。反之，如果人们用于健康的文化活动的闲暇时间少，掌握和企望掌握消遣技能的人数比例低,那么不仅说明群众的文化生活并不丰富,而且据此还可分析出应当如何采取措施加以引导和补救。同时,除国家作为社会福利投入一部分资金用于开展群众性无偿文化娱乐活动之外,在人们家庭消费构成中,也有一部分用于看戏、看电影、旅游等支出,如果把人们家庭用于文化娱乐支出的这部分消费比例加以分析,也可以测算出群众文化活动的开展规模、许可程度和丰富程度。总之,对人们文化消费结构的分析,是一种比较贴近实际的检测手段。

三、文化兼容能力指标

文化产品的生产并不单纯取决于生产者本人的天赋和创造经验,还取决于生产者继承了多少智力遗产以及他从同代人和同行中吸取了多少养分。如果稍稍回顾一下群众文化的发展历程,我们就可以看到,无论环境如何艰苦、条件如何不尽如人意,群众文化总是通过继承、借鉴、消化顽强地生存下来,并且受到了消费者的认同,这充分证明它是一种兼容能力很强的文化。今天,随着对内、对外文化交流的日益扩大与传播媒体的增多,它有更多机会从传统观念和现代观念、历史文化和当代文化、民族文化和外来文化的交往和借鉴中形成新的文化行为和方式,为广大人民群众提供更加充裕的文化选择机会,创造更加方便的文化参与环境。由此可见,通过对兼容能力的观察,可以使我们了解群众文化的涵摄程度。

以上剖析告诉我们,群众文化是有可以定量测算的基础的。因此,建立群众文化的指标系统,在理论上是成立的,在实际上是可行的。

第六章　群众文化活动的分类管理

第一节　群众文艺演出、展览及相关比赛活动的管理

一、群众文艺演出及比赛活动的管理

（一）群众文艺演出活动

1.演出活动内容的管理

即保证群众文艺演出活动的内容能够做到思想性、艺术性、观赏性的有机统一。在演出活动内容的管理上，需要通过"四个坚持"，不断提升群众文艺演出内容的政治质量、精神质量和艺术质量。一是坚持正确的宣传导向，将群众演出活动作为坚持先进文化的前进方向、贯彻科学发展观、推进社会主义核心价值体系、宣传党和国家路线方针政策的重要文艺载体；二是坚持正确的文化立场，弘扬真善美，贬斥假丑恶，发挥文化引领风尚、教育人民、服务社会、推动发展的作用；三是坚持寓教于乐的演出艺术表现手段，弘扬主旋律，传承优秀民族民间文化，根据每个地区群众不同的文化需求和地方文化风俗，把群众喜爱的演出艺术活动送到基层，创作出叫得响、传得开、留得住的高水平群众文艺作品，在广大群众中引起反响、形成互动，让群众在陶冶情操、愉悦身心的同时能受到教育；四是坚持与群众的生产、生活实际相联系，群众文艺演出活动的内容要贴近实际、贴近生活、贴近群众，把握群众的文化脉搏，了解群众的活动期望，以多元化的文艺手段展示植根于基层、普通群众身边的好人好事，演群众想看的戏、讲群众想听的故事、跳群众喜爱的舞蹈，以"群众演群众""群众看群众"的专有演出活动的方式丰富演出活动的内容，使活

动可亲可信、深入人心。

2.演出活动人员的管理

即通过培训、辅导、排练、表演的过程,实现发现人才、培养人才、用好人才的目标,调动人力资源完成演出的组织、筹备和演出现场的舞台表演及服务工作。群众文艺演出活动内容丰富、互动性强,参与演出活动组织、服务的人员业务种类多,大体可包括:演出活动的策划人员和决策人员、文案人员,文艺节目创编和辅导人员,导演(总导演)、演员、演出统筹人员,舞台美术(包括布景、灯光、化妆、服装、效果、道具、音乐等)工作人员、摄像(照相)人员,后勤保障人员和安保人员等。各个岗位的工作人员应在决策人员和总导演的指挥下,分工合作、密切联系,形成一个完整的演出活动现场工作管理组织,共同完成制定演出活动方案和流程,编排文艺作品,辅导组织演员,舞美设计布置,演出协调,领导、嘉宾、评委等的邀请接待,观众组织,后勤服务及撤场,安保巡视等工作。因此,做好演出人员管理工作的重点是科学领导、智慧决策,分工明确、责任落实,密切配合、协同作战。

3.演出活动质量的管理

即通过比赛、观摩、交流、评比等手段,不断提高演出活动的策划组织水平、艺术表演质量。无论是通过竞争的方式还是学习的方式,群众对演出活动的要求通常受到活动时间、活动地点、参与活动对象、社会环境和活动竞争等因素的影响。这些因素变化,会使群众提出许多不同的新的活动要求。活动的策划组织水平和质量不仅体现在活动的内容和形式上,而且也体现在活动的服务管理环节中,并随着社会的发展、技术的进步而不断更新和丰富。加强对群众文艺演出活动的创新,不断挖掘活动的文化特色,努力满足群众对演出活动不断提高的适用性文化需求,是提高演出活动水平和质量的关键。

提高活动的策划组织水平要注重提高获取和科学处理各方面相关信息的能力,提高对群众文化发展变化的预见能力,及根据文化资源发挥创造性思维的能力,提高在活动组织实施过程中科学决策、统筹协调、调整反馈的能力。提高演出活动的质量则要注意树立以群众的文化需求为中心和打造群众文化活动品牌的观念,加强对活动组织者履行标准化服务流程、开展个性化服务的教育与培训,完善活动的监督执行和整改评估机制。

（二）群众文艺演出类比赛活动

演出类比赛活动的内容主要包括比赛方案的确定、比赛场地的选择、比赛流程的安排、比赛标准的拟定、比赛评委的落实、比赛结果的公布、工作人员的分工、比赛过程的掌控等。演出类比赛活动的特点是：具有明确的演出规则、严格的评审标准、确定的演出次序、明晰的比赛结果。演出类比赛活动过程的管理应注意的问题是：人员分工要明确，指挥调度要严格，应对变化有预案，比赛结果要公平。

1. 比赛方案的制订

制订演出比赛活动方案除对常规的活动要素做出说明外，要重点根据不同艺术门类的特点和比赛的目的对参与比赛活动的形式做出准确的说明。以舞蹈比赛为例，要明确参赛的舞种和形式，如民族舞、古典舞、现代舞、拉丁舞和独舞、双人舞、三人舞、群舞等，对各单位报送参赛作品的名额做出明确的分配，对舞台上的统筹和布置工作、现场观众的组织工作要做出明确的部署。

2. 比赛场地的选择

对于演出比赛场地的选择，要围绕演出活动的经费、活动定位、活动规模、气候和自然环境条件、交通情况、场地设施情况、出席活动领导和嘉宾的情况等做出综合分析和选择。

3. 比赛流程的安排

演出比赛流程是对活动方案主要内容安排的程序化介绍，按照活动开展的先后顺序和时间节点对各项比赛工作进行简要说明，让人一目了然。

4. 比赛标准的拟定

比赛标准、评委打分和公布比赛结果关系到比赛活动的质量和公平性。因此，制定比赛标准要公开、透明，并与群众演出的实际水平相适应，邀请的评委应老、中、青结合，不仅要求具备较高的专业水平，而且应当熟悉群众文化活动的规律，重要演出比赛的结果应进行公证和公示。

5. 比赛过程的掌控

演出比赛过程的掌控是指对比赛开始到比赛结束全部过程的控制、协调，包括制订计划、发出比赛通知、组织报名、训练彩排、赛前准备（场地布置、人员分工、组织评委、准备奖品等）、赛前检查和向上级汇报、组织比赛、接待领导、组织观众、维护现场秩序、解决比赛中的问题、核对分数、宣布比赛结果、颁奖、组织退场等。演出比赛的掌控工作一般由现场总指挥和活动总导演牵头负责，并组织各个岗位工作人员分工实施。

群众性演出比赛活动不同于专业演出比赛活动，它不仅承担着参与比赛的群众间、演员间、地区间交流技艺、自娱自乐的任务，而且带有浓厚的"友谊第一、比赛第二"的艺术竞技的特点。比赛的规则、标准、次序要明确，要有利于参赛者和参赛团队在同一标准上发挥和展示各自的艺术水平，方便互相比较和学习。对于演出次序，要结合实际情况有依据、按程序制定，还要人性化地体现"群众文化为群众"的特点。如在条件允许的情况下，应尽可能安排老年组、少儿组演出项目优先比赛，体现"尊老扶幼"的比赛理念。参与演出比赛活动的人数多，在台上台下、场内场外有参加比赛的选手、观看比赛群众、参加打分的评委、参与比赛活动的组织人员、场地的物业工作人员、媒体记者、安保人员及为比赛提供服务的临时雇佣人员等，具有岗位类别多、分工细腻的特点。

因此，在组织演出比赛活动时必须构建统一、高效的指挥、通信系统，严格按照业务流程和岗位职责开展工作。比赛活动，特别是大型比赛活动都可能面临着因突发性自然力量或人为力量导致的变故。针对这类情况，比赛的组织者要有清醒的安全意识和超前意识，在制订活动方案时就要将突发变故的偶然性当作必然性来对待，有预见性地制订活动预案，从演出安全、人员疏散、紧急救治、安全保卫、信息发布、通讯联络等方面做出周密的部署，有条件的应进行赛前演练。

二、群众文化展览展示及相关比赛活动

（一）展览展示类活动

1. 展览展示活动内容的管理

群众文化展览展示活动内容的管理主要包括设计方案的制订、展出内容的把握、展品展台的选择、布展设台的合理、现场观众的组织、场地安全的布控、展后工作的处理等。

设计方案要包含展览展示的名称、目的、主题、时间、地点、主办与承办单位、

展览展示的内容、艺术表现形式和环境氛围营造、展品要求以及仪式宣传等总体安排、后勤服务等内容。群众文化展览展示内容要重点把握：主题性——弘扬主旋律、倡导积极健康的文化理念，切合展览的文化主题；代表性——能代表一个地区或一个领域内的群众文化艺术水准；独特性——能展示独特的文化魅力。布展的重点是以展品为中心，以展台、展架和辅助性器材为依托构建完整的展览展示系统。展品可以是实物、模型、图表、资料、照片、道具等，借助视频、音响、灯光、讲解人员等增加视觉冲击力和渲染力。要采取多种安全措施保护好现场有较高价值的珍贵群众文化展品，提前准备好解说词，对参观的群众要进行通俗易懂的讲解，对前来学习交流的群众文化同行要给予深入、详细的专业讲解。

2. 展览展示活动形式的管理

展览展示活动形式的管理包括布展场地的确定、展览规模的控制、展线长度的设定、科技手段的运用、辅助设备的准备、参展资料的编发等。

群众文化展览展示活动具有较强的灵活性，展出场地根据活动的需要，既可以在室内或室外举办，也可以在专业展览馆或文化站（室）、社区（村）举办。展览的规模、展线的长度取决于展品的数量和内容，并与展览展示的设计思路、管理方式、经费预算有关。对展出规模和展线的控制要适量、适度，要以能够传递给观众清晰、准确、整洁的展览展示信息为主要依据。办展览时运用科技手段、使用辅助设备、发放参展资料，能起到事半功倍的宣传效果。例如，在互联网上举办展览被称为"永不落幕"的展览会，不仅能够补充实物展览的不足，而且成本低、影响广泛；灯光、音响、视频、广告板等辅助设备能够为展品制造出高雅、厚重、时尚等不同格调的文化氛围，是对展品的生动解读；参展资料可以图文并茂、声像并茂，便于参观群众随身携带、随时阅读。此外，还要注意参展项目现场表演人员与观众的互动交流，选择合适的展位和空间，便于人流的活动，准备必要的交流材料，以增强互动交流的效果。

3. 展览展示活动质量的管理

展览展示活动质量的管理包括受众人群的统计、观众舆论的收集、展出水准的评估、效益效果的评价等。

群众文化展览展示活动是群众展示文化艺术才能、交流文化艺术体验、继承文化艺术传统、传播先进文化理念的群众性宣传教育活动。展出活动应以群众创作的艺术作品为主要媒介，营造人与人进行文化情感沟通的特定文化氛围。参与展览展示活动的群众不仅包括展品的作者、展览的组织单位和支持单位的人员，以及观赏展品的普通群众和各级领导，而且还包括参与交流学习的群众文化工作者和具有一定技艺水平的文艺爱好者、媒体记者等。

对以上受众人群参展后感受的收集整理，要作为展览展示活动质量管理的重点，纳入展出水准的评估、效益效果的评价之中。评估、评价工作包括对展出成本效益的评估、宣传质量效果的评估、预期目标完成情况的评估、参展人员数量和构成、参观平均时间的统计、相关社会意见建议的反馈分析、展位展线艺术表现效果的满意率等。评估、评价工作的意义和作用在于对展出活动的全面总结和科学分析，对展览的实际效果提供客观的结论，为今后办好相关展览提供依据和经验。

（二）展览展示类比赛活动

展览展示类比赛活动内容的管理主要包括比赛作品的选定、比赛场地的选择、比赛标准的拟定、比赛结果的公布等。比赛活动管理的重点主要包括比赛组织的严密性、作品安全的保障性、现场人员的流动性、评审结果的相对性等。比赛活动过程的管理，包括作品安全的管理、现场秩序的管理、作品评审的管理等。

1. 比赛作品的选定

群众文化展览展示类比赛活动主要有书法比赛、绘画比赛、摄影比赛、手工艺作品比赛等，对这些艺术门类参赛作品的选定，主要应涉及作品的主题、作品的艺术表现手法、作品的数量、作品的规格、作品的知识产权等。

2. 比赛场地的选择

展览展示类比赛活动可以根据展览的目的、展览的规模、展览的经费预算、展品的性质等做出灵活的选择。适于组织展览展示类比赛活动的场地可以分为室内场馆和露天展馆、专业展馆和综合展馆以及近些年随着科技发展兴起的网络展馆、手机展馆等。

3. 比赛标准的拟定

比赛标准要根据不同艺术门类的特点拟定，一般要根据不同的参赛组别从参赛作品的健康性、完整性、美观性、艺术性、创新性等方面进行综合的评定。如摄影比赛可以从主题内涵、画质构图、视觉效果、创意方向、文字描述等方面设计评定标准。各项群众性展览展示比赛都不尽相同,比赛组织者应根据地方的实际情况设计具体的比赛标准,广泛调动群众参与活动的热情和积极性。

4. 比赛结果的公布

公布比赛结果要按照"公平、公正、公开"的原则进行,应对比赛的参与情况和评审情况做出总结,可以举办规模灵活的颁奖仪式并组织适当的宣传,避免活动"虎头蛇尾"的现象出现,规格高、规模大的比赛活动要对比赛结果进行公示和公证。

群众文化展览展示类比赛活动具有严密的组织程序,要认真制订展览展示方案、规范比赛程序和评选细则、发布比赛通知、开展比赛宣传、收集各类参赛展品、确定比赛场地、组织布展和撤展、组织群众参观、邀请评委打分、汇总比赛成绩、公布比赛获奖结果、组织比赛颁奖仪式、完成赛后总结评估和归档等项工作。

群众文化展览展示类比赛活动还应采取多种措施保证展品的安全。比赛过程中要加强与公安、消防、场地保卫部门的密切协作,要加强对比赛组织机构工作人员的专业培训,在展品收集、保存、运输、布(撤)展、展品返还的各个环节中按照规范进行操作,选择安全可靠的邮递、仓储、包装、展览等比赛合作服务商,要为展品选择合适、安全的展览场地和展台、展柜,为价值高的展品上保险,要加强参赛者对保护自己展品的意识等。

与欣赏演出比赛的观众不同,欣赏展览展示类比赛的观众流动性强,要注意做好场地卫生、秩序维护、控制人流密度、预留紧急疏散通道等工作。展览展示类比赛往往举办时间相对较长,而且比赛环节较多,对比赛过程的管理重点涉及相关人、财、物的安全秩序维护,比赛评审过程的公平。由于很难为艺术作品评审划定精确、统一的比较尺度,而且每个评委不同的艺术阅历、不同的艺术喜好、不同的艺术审美倾向往往导致了"仁者见仁、智者见智"的评审结果。因此,比赛组织者要加强学习和研究,尽可能科学地制定比赛程序、因地制宜地制定好比赛评审细则、建立评委专家库、选拔组建好评委会,用好媒体的监督服务功能。同时,参赛者对艺术类作品评审结果要带着包容、欣赏的态度去看待,以重在参与、学习、交流的目的参加比赛活动。

第二节　群众文艺创作与理论研究活动的管理

一、群众文艺创作活动的管理

（一）创作活动的组织

群众文艺创作活动的组织包括创作活动选题与策划、创作人员的选择、创作素材和所需材料的准备、创作活动场地和设备的安排、创作作品的审定、创作作品的展示等工作环节。

文艺创作活动的管理者要指导业余文艺作者以火热的现实生活为源泉、以掌握的创作素材和创作灵感为基础，选择和确定所要创作文艺作品的主题，并围绕该主题对创作目的、创作内容、创作方法、创作风格、作品传播途径等进行全面设计、构思，提出创作实施计划。

由于群众文艺创作具有创作时间业余化、创作群体分散化、创作形式多样化、创作水平差异化的特点，为保证文艺创作计划顺利实施，首先，要选择优秀人员组成一支包括活动的组织者、辅导者和创作者的文艺创作队伍，其中要重点发挥好群众文化事业单位文艺干部的骨干作用。其次，要从文艺创作所需的软件和硬件两方面，做好前期准备工作；在软件准备方面，要推敲、找准、细化创作素材，并广泛搜集与创作主题有关的历史风俗、创作技法等材料，不断完善创作构思；在硬件准备方面，要根据文学、美术、摄影、音乐、舞蹈、曲艺、戏剧等不同艺术门类的创作规律，提供必要的创作室、排练场地和创作器材、创作设备等。再次，创作活动的组织者、辅导者要积极主动地帮助创作者审查、核定各类作品的初稿，既要集思广益，努力帮助作者提高创作水平，又要尊重作者的意见，保持鲜明的创作风格。最后，要搞好文艺创作作品的展示，用出版发行、组织演出、举办展览等方式，并结合广播、电视、报刊、网络等新闻传播媒介，充分发挥其宣传、教育功能。

（二）创作内容的管理

对创作内容进行管理的重点是：坚持社会主义先进文化的前进方向，践行社会主义核心价值观；体现中国特色社会主义的共同理想；体现以爱国主义为核心的民族精神和以改革创新为核心的时代精神；体现社会主义的荣辱观和价值观。要全面贯彻"文艺为人民服务、为社会主义服务"方向和"百花齐放，百家争鸣"方针，按照"贴近实际、贴近生活、贴近群众"的要求，遵循以人民为中心的创作导向，坚持正确的文化立场，弘扬真善美，贬斥假恶丑，力求创作出思想性、艺术性、观赏性相统一与群众喜闻乐见的优秀群众文艺作品。

群众文艺创作的内容要从实际出发、从文艺创作规律出发，树立群众文化精品意识，坚持遵循"小题材、小投入、小制作、大效益"的创作方针。坚持"四个结合"：坚持弘扬主旋律与提倡多样化的结合、坚持民族文化传统和发掘时代创新精神的结合、坚持群众文艺创作新品与精品的结合、坚持舞台艺术与非舞台艺术的结合。处理好主旋律与多样化的关系、地域性题材与多样性题材的关系，在热情歌颂中华民族的文化传统和精神风貌、热情歌颂新时代的辉煌成就和模范人物的前提下，创作出群众喜闻乐见、生动活泼、风格迥异的各类群众文艺作品。

（三）创作队伍的建设

对群众文艺创作队伍的建设，主要应从四个方面入手：

1.坚持业余创作队伍与专业创作队伍的结合，不断扩大和壮大群众文艺创作队伍

业余文艺创作者来自社会各行各业，他们的优势是能够广泛收集生产、生活各领域中极其丰富的文艺创作素材，同时对文艺创作充满热情，能够自觉、主动地参与文艺创作；专业文艺创作者具有接受过某个艺术门类的专业训练、有敏锐的创作捕捉能力和创作研究能力的优势。在文艺创作中，将两者的优势相结合，通过各类活动搭建彼此学习、交流的平台，有利于提高群众文艺创作队伍的整体水平。

2.通过活动发现和培养创作人才，组建文化艺术团队、协会等团体

举办各类群众文艺创作比赛、交流、展览等活动，能够为广大文艺创作爱好者提供展示、交流的平台，能够为文艺创作活动管理者提供发现和培养有潜力的文艺

创作人才的机会。除举办文化活动以外，日常培养创作人才的有效手段是组建专门的业余文艺创作组织，并能够让群众文艺创作者有机会接受专业的、长期的、系统性的训练，不断培养他们的创作个性和创作风格；同时，有利于培育和形成以群众文艺创作团队、协会等为主体的地区群众文艺创作骨干力量。

3. 通过举办高水平的群众文艺创作活动，呈现"出作品、出人才"的群众文艺创作格局

举办高水平的文艺创作活动，可以对群众文艺创作起到积极的引领和导向的作用。通过对参加活动人员的范围、结构等提出要求，对创作作品的主题、内容、形式、艺术技法等提出要求等，有利于促进群众文艺创作人才和作品的目标化、精细化培养。在群众文艺创作活动举办过程中，群众文艺创作人才、作品之间的同台竞技与展示，可进一步加强彼此间的学习与借鉴，多项优秀的文艺创作作品通过活动集中涌现，表现出群众文艺创作活动发展、繁荣的景象。

4. 运用评比、奖励等各种方式鼓励业余作者进行文艺创作，推动群众文艺创作水平的提高

评比、奖励等手段为群众文艺创作者切实提供了开展业余文艺创作的精神动力和物质动力。参与群众文艺创作活动的优胜者、获奖者不仅能够获得标志着一定艺术水准的荣誉奖项、出版相关的作品集、获得宣传报道、职称评审破格等机会，进一步增强创作的自信心；而且有机会获得奖励经费、创作设备、辅导培训、社会赞助等方面的物质奖励，为今后开展文艺创作活动积累必要的物质保障。

（四）创作成果的展示

充分发挥群众文艺创作成果的社会效益，采用各种手段进行宣传和传播。

1. 群众文艺创作成果按艺术形式展示

群众文艺创作成果按艺术形式展示包括：动态艺术形式的展示、静态艺术形式的展示、动态与静态艺术形式共同展示。动态艺术形式的展示主要集中在对音乐、舞蹈、戏剧和曲艺等艺术门类的群众文艺创作作品进行演出展示；静态艺术形式的展示主要集中在对美术、书法、摄影类的群众文艺创作作品进行展览或出版图书、登载报刊等方面的展示；动态与静态艺术形式共同展示，则是对不同艺术门类的群众文艺创作作品进行动静相间的综合性文化展示。通过舞台表演、群众互动文化活

动、文艺作品展览、创作实物展示、文艺创作图文资料发放及售卖等文艺展示方式，集中向社会进行宣传和传播。

2. 群众文艺创作成果按传播方式展示

群众文艺创作成果按传播方式展示包括以报刊、图书等平面媒体及广播、电视、网络等电化传媒的方式进行成果展示；以演出、展览、现场演示等形式进行成果展示。平面媒体和电化传媒是群众文艺创作成果面向社会开展普及性宣传的有效方式，具有传播范围广、速度快、受众群体分散的优点，特别是网络媒体，可突破传统媒体传播的时空局限性，实现全天候、广覆盖、能互动的媒介传播方式。群众文艺创作成果以演出、展览等形式进行的现场展示方式是面向特定群体开展针对性或提高性群众文艺创作宣传的有效方式，具有欣赏效果真实、互动性与时效性强、受众群体集中、传播效果显著等特点。在实际活动中，管理者应根据群众文艺创作成果的艺术规律将媒介成果展示法与现场成果展示法结合使用，在传播推广中妥善处理好群众文艺创作成果普及与提高、一般与重点的关系。

二、群众文化理论研究活动的管理

（一）群众文化理论研究的内容和步骤

1. 群众文化理论研究的内容

群众文化理论研究的内容主要包括基础理论和应用理论两大类。

基础理论主要是研究群众文化的基本规律，包括群众文化史、群众文化学等；应用理论主要是探索现阶段群众文化工作实践中出现的各种问题，包括群众文化事业的改革与发展、体制机制创新等。基础理论揭示了群众文化的本质和普遍性、抽象性的发展规律，注重理论的科学性、系统性和逻辑性；应用理论是以基础理论为指导，摸索群众文化实践中总结的特殊性、具体性发展规律，注重遵循实事求是、以人为本、与时俱进的理论研究原则；两者间存在着相辅相成、指导与被指导、发展与创新的理论研究关系。

2. 群众文化理论研究的步骤

群众文化理论研究活动主要包括研究课题的设定、工作方案的制订、参加人员的选定、相关资料的搜集、研究报告的形成、研究成果的应用等步骤。

课题是理论研究的最基本单元，研究课题的设定就是将群众文化工作中存在的主要问题或亟待解决的重要事项，确定为研究和讨论的对象。工作方案的制订就是针对研究对象制订可操作的工作实施方案，应包括课题的基本情况、课题的研究目的、课题研究的基本思路和具体措施、研究成果的应用与推广等内容。选择合适的人员参与课题研究，就是要保证课题组内，既有具备理论研究能力和组织协调能力的课题组组长，也要有开展调查分析、整理资料、撰写报告的研究人员，还要有致力于培养青年研究者和业务骨干的人员。搜集相关资料就是要与总结自身实践经验相结合，广泛收集国内外同领域内或相关联的跨行业的数据、信息并进行综合分析及预测。研究报告的形成和研究成果的利用，则是在前期学习、交流、调研、思考、总结、鉴定的基础上起草、完善研究报告，并在实践中利用研究成果指导实际工作取得成效的过程。

（二）群众文化理论研究的基本要求

群众文化理论研究活动的基本要求是：研究课题的有效性、研究目的的针对性、研究过程的可行性、研究成果的功用性。

1. 研究课题的有效性

研究课题的有效性是强调在选择和确定研究课题时，必须首先要保证研究课题对解决群众文化实践中具有普遍意义的特定问题能起到有效的指导作用，将理论同实际工作联系起来探索、创新应用的新途径，或将实践工作经验总结和提炼为能丰富群众文化基础理论内容的一般性规律。

2. 研究目的的针对性

研究目的的针对性是强调课题研究要根据群众文化实践的需要，对其中某个领域中存在的主要矛盾或重要问题进行分析和研究，提出有明确指向性的解决办法及措施，对群众文化事业改革与发展具有现实意义或对群众文化应用理论建设具有学术价值。

3. 研究过程的可行性

研究过程的可行性是强调研究程序上的可操作性。首先，要有适于从事该课题研究的具有实践经验和学术研究能力的人员；其次，要确定因地制宜、范围适度、目标集中的课题任务和科学规范的研究步骤；最后，要有保障课题研究能正常开展的必要经费和设备。

4. 研究成果的功用性

研究成果的功用性是强调课题研究成果在指导群众文化实践、解决具体问题中所体现出的功能和发挥的作用，从而反映出群众文化理论研究的实用价值。为保证研究成果具有较好的功用性，必须从课题的选择、调研的过程入手，坚持做到贯彻落实"两方向"；坚持做到课题研究遵循"先进性、适用性、有效性"原则；坚持做到将解决群众文化事业当前存在的实际问题与长远发展规划结合起来。

（三）群众文化理论研究过程的管理

群众文化理论研究过程的管理包括研究课题的管理、研究人员的管理和研究成果的管理。

1. 研究课题的管理

理论研究课题管理工作的程序分为课题的选择、课题评审、课题实施、课题成果鉴定四个阶段：一是要组织研究人员认真学习国家及地方的文化方针、政策，结合当前的群众文化工作任务明确课题研究服务方向，认真调查研究，了解国内外有关领域内的文化发展动态并经过综合分析和预测做出研究价值评估，确定合适的选题；二是要从研究目标和内容的重要性与必要性、研究方案的可行性、研究成果的预期前景等方面对课题研究进行评审；三是在课题实施阶段要依据签订的课题研究合同，认真抓好组织检查与分工落实工作；四是对于群众文化理论研究成果的鉴定，要从创新性、先进性、适用性、效益性四个方面给予科学的评价。

2. 研究人员的管理

课题研究是一项团队合作任务，体现了研究团队的集体智慧和团结协作的工作作风。对课题研究人员的管理,应重点从合理安排人员分工协作、发挥研究人员专长、建立研究课题激励约束机制三个方面做好管理工作：首先，要合理分工，要有负责课题工作总体规划的组织负责人员，要有负责参与课题调研、分析资料、撰写报告的课题实施人员，要有在课题组内负责传递和汇总信息、收集相关信息资料、安排研究工作日程、做好后勤服务的课题协调人员，要有向课题组提供专业指导和咨询的专家（课题顾问人员）等;其次，要根据以上四类人员的分工、专长、年龄、职称、性格等特点进行合理的人员搭配，在课题研究中尽可能地发挥他们的业务特长；最后，要通过实施合理的奖惩管理制度调动他们的积极性，在团队内部营造良好的学术研究氛围和业务交流环境，从"以人为本"的角度保证课题研究的质量和效果。

3. 研究成果的管理

研究成果的管理是在学术研究成果鉴定的基础上，对研究成果进行登记、建档、上报、申请奖励、交流、推广、应用等工作环节实施的管理。对研究成果的管理，既是对课题研究过程做全面、系统的梳理和总结的过程，也是将课题研究理论成果转化为长期推动群众文化事业发展创新的实践动力的过程。因此，课题管理者要把研究成果管理作为推动课题实现社会效益和经济效益最大化的关键工作，常抓不懈。

（四）群众文化理论研究成果的转化与利用

理论研究从实践中来，最终还要到实践中去检验。理论研究成果的转化与利用是理论研究工作的重要目的，也是理论研究为群众文化工作服务的出发点和落脚点。研究成果转化与利用的目标，就是要发挥理论研究成果对群众文化实践活动的指导作用、对政府文化决策的参考作用、对群众文化理论研究的推动作用。

为实现以上目标，首先，要对群众文化理论研究成果有正确的认识，研究成果的数量和质量是一个地区群众文化事业发展水平的主要标志，是衡量各项群众文化工作成效的重要尺度，也是推动群众文化创新发展的宝贵信息资源；其次，要为理论研究成果的转化与利用提供试验田，采取先试点、再推广的方法，在充分总结试点经验和教训的基础上逐步推广；再次，要加强对群众文化理论研究成果的广泛宣传，通过各类社会媒体和群众文化理论学习交流活动推广研究成果，力争使其在更多单位和地区使用；最后，要在实践中不断完善和发展理论研究成果，任何理论研究成果都有一定的适用条件，随着地区精神文明和物质文明的进步、群众文化事业的日益发展，群众文化理论研究成果要不断适应新形势的需要，自觉补充和更新内容，在有必要、有条件的情况下，应深入开展二次课题研究。

此外，还要以积极、客观、包容的态度对待理论研究成果的转化与利用。既要肯定理论研究成果对推动事业创新发展的必然性作用，在实际工作中大胆运用理论研究成果；同时也要正视新事物、新成果的风险性，要结合实际工作，以稳中求进的方式逐步推进理论研究成果的转化与利用，客观地降低并化解风险。

第三节 基层群众文化活动的管理

一、社区（村）群众文化活动

（一）社区（村）群众文化活动的地位

1. 社区（村）是文化建设与社会建设的契合点，是和谐社会建设的最基层阵地，社区、村落是开展群众文化活动的重点

社区（村）将生活或工作在固定地理区域中的人们密切联系在一起，共同的生存环境和需求，让居民（村民）之间在许多方面形成了一致的意识和利益，并体现出带有鲜明地域特色的文化。社区（村）文化是社区（村）建设的基本要素，具有满足群众基本文化需求、教育娱乐群众、规范思想行为方式、传承文化成果、增强群众地域认同感和归属感、促进地区经济发展等功能。村落与社区不同，村民间往往有着世代相传的血缘关系，基本的生产、生活方式趋同，许多村落的地理位置相对偏僻，这让在村落举办群众文化活动方面有着更加扎实的群众基础和更加迫切的群众文化需求。

2. 社区（村）群众文化活动是居（村）民享受基本文化权益的重要形式

社区（村）群众文化活动便于群众就近参加，符合便利性原则，也符合群众文化活动灵活机动、小型多样的原则。同时，社区（村）举办的群众文化活动一般具有较强的针对性，通常活动组织者来自街道乡镇或社区居委会、村民委员会和驻地单位，能够比较充分地了解地区群众的人员结构、知识层次、兴趣爱好、作息时间等情况，在此基础上结合自身区域文化资源优势，组织开展艺术类群众文化活动及与体育、教育、卫生、普法、党建等相关联的文化活动，容易吸引地群众积极参与。

这些活动既有定期组织的群众性文化娱乐活动，如在春节、端午节、中秋节、五一劳动节、七一建党纪念日、十一国庆节等节日期间举办的社区（村）节庆文化活动，也有长年累月坚持开展的社区（村）阵地文化活动，如扭秧歌、跳交谊舞、

读书、看报等,许多群众将社区(村)开展的各类群众文化活动比喻为"文化娱乐穿线,集体活动织网,共建欢乐家园"。社区(村)文化活动中常出现以本社区(村)真人、真事为素材创编的群众文化艺术创作,鲜活的艺术形象和内容也是较容易引起群众关注和共鸣的主要原因。社区(村)群众文化活动在家门口举办,在客观上为群众就近参与活动提供了交通上的便利和地域上的亲切感,能够与亲戚、朋友、同事、邻居等一同参与活动并形成互动,在轻松休闲娱乐的同时达到人与人之间沟通交流、增进感情的目的。社区(村)群众文化活动"灵活机动、小型多样"的特点,保证了活动的普遍性、连续性、丰富性、创新性,让群众有机会随时随地地参与活动、抒发文化情感。

虽然社区(村)文化建设总体上呈现出蓬勃发展的态势,但由于文化资源相对匮乏,使其开展群众文化活动的能力与地位很不相称。主要存在的制约因素:一是部分领导干部对社区(村)文化建设的重要性认识不足,相当一部分社区(村)的群众、驻地单位对社区(村)文化建设的内涵和功能缺乏认识;二是社区(村)文化建设机制需要进行改革,如活动经费的保障机制、社区(村)单位共建机制、活动管理组织机制、活动评估激励机制等都应适应文化建设的需要;三是社区(村)文化设施建设的普遍水平有待提高,设施建设率与利用率、设施器材设备的现代化率等都不适应群众需求;四是社区(村)文化骨干队伍总体上比较缺乏,社区(村)文化管理员队伍、中青年文艺骨干队伍、文化志愿者队伍、文化艺术辅导教师队伍等都亟待培育和加强。

(二)社区(村)群众文化活动的管理

1. 明确责任主体

县(市、区)和街道(乡镇)政府是开展社区(村)群众文化活动的责任主体。社区(村)群众文化活动属于基层公共文化建设和导向性文化宣传的重要组成部分,因此基层政府在对其管理上处于主导和优势地位。对社区(村)群众文化活动的管理,应形成县(市、区)文化局(委员会)、街道(乡镇)文化科(室)指导支持,文化馆、综合文化站辅导帮助,社区(村)委员会、文化室负责组织实施的活动管理机制。

2. 明确主管人

在社区（村）的居（村）委会内，宜设定一名主管群众文化工作的领导成员。居（村）委会作为政府指导下依法办理群众自己事情的社会基层自治管理组织，应根据有关法规担负起发展辖区公益文化的职责，并本着高度重视和主动维护辖区群众基本文化权益的态度，指派热爱文化事业、有基层文化管理能力的领导成员负责群众文化工作，组织开展好本社区（村）的群众文化活动。

3. 建立协调组织

即联合地域文化、体育、精神文明建设等相关部门，建立社区（村）群众文化活动协调组织。社区（村）文化活动内容广泛、形式多样，涉及辖区内人们的信仰、价值观、行为规范、历史传统、风俗习惯、生活方式、地方语言和一些特定象征的内容等，并且许多社区（村）中的文化管理人员、文化活动设施都担负着开展文化活动、体育活动、党建活动、精神文明创建活动等一体化的工作任务。因此，建立相关的协调组织，多部门齐抓共管，有利于节约人力、财力和物力，也有助于扩大文化活动规模、丰富文化活动内涵。

4. 调动社区（村）资源

即充分挖掘社区（村）内的文化资源，为社区（村）群众文化活动提供服务。这些资源主要包括社区（村）周边的企事业单位、学校以及社区（村）家庭的活动场所资源，文化艺术产品资源，各类文化艺术人才资源等。调动社区（村）丰富的社会资源参与群众文化活动，是在辖区内形成文化共建、文化共享、文化共荣良好局面的基础。重点加强政府引导下的文化共建激励措施、组织保障措施的建设，不仅有利于形成高水平开展社区（村）文化活动的长效管理机制，也能为辖区单位的文化建设增添新的内容，符合辖区单位科学发展的长远利益。

5. 建立援助机制

各级政府、社会各界应帮助社区（村）建立群众文化活动的援助机制。县（市、区）文化馆、乡镇（街道）综合文化站要加强对社区（村）群众文化活动的指导和帮助。县（市、区）、乡镇（街道）级文化部门要分别整合两级区域文化资源，提升社区（村）群众文化活动水平。组织家住社区或农村在外工作的知名人士、企业家或团体，参与社区（村）的群众文化活动。以个人或组织的知名度带动外界文化资源的引进，推动辖区文化活动的活跃开展，逐步彰显地区文化活动的风采。

6. 发展特色品牌

即大力发展"一社区一品""一村一品"的特色群众文化活动。注重传承和保护民俗生态文化，加大对优秀民间文化资源的发掘、整理和保护，积极培育具有当地文化特色的项目。以文化活动为抓手，联结和整合辖区内不同类型的文化资源和同类型的上、下游资源，以举办品牌活动的手段，实现全方位推动社区（村）文化活动的目的。

7. 改善活动设施

即依托社区（村）综合文化室，加强对社区（村）级文化设施的整合。积极争取上级有关部门的支持，不断增加和改善开展群众文化活动所需的场地、设施和设备。逐步建立和完善有专人管理的社区（村）群众文化组织队伍，统筹属地内的文化活动设施和文化活动设备，提高使用效率。因地制宜地完善活动设施建设、维护、升级制度，保证活动设施稳定、持久地发挥其文化服务功能。

二、广场（公园）群众文化活动

（一）广场（公园）是开展群众文化活动的重要载体

广场（公园）是覆盖城乡的公共文化空间，它为群众交流思想、联络感情、强身健体、娱乐休闲、展示才能、切磋技艺等提供了良好的文化环境，是开展露天性群众文化活动的理想场所。文艺表演类活动、休闲健身类活动、主题展览类活动、民间收藏活动、文学美术创作类活动及文化市集类活动等，都是广场（公园）群众文化活动的主要形态。广场（公园）群众文化活动总体上包括两种类型：一类是城乡居民自发组织的、以广场（公园）公共活动场地为基本阵地所进行的群众文化活动；另一类是由有关部门和单位在广场（公园）开展的、有组织的群众文化活动，如广场文艺演出、比赛，公园的游园、灯会、庙会等。这些活动有效地调动了群众的文化热情，从不同层面上满足了群众多元化的文化心理需要，实现了群众业余文化需求个性化与共性化的统一、随机性与导向性的统一、专业文艺活动与群众业余文艺活动的统一，使广场（公园）群众文化活动呈现出雅俗共赏、兼容并蓄的景象。

广场（公园）群众文化活动具有多重功能。一是作为面向群众开展宣传思想教育的重要阵地，广场（公园）活动让群众在身心娱乐之际，自觉地领会、宣传和贯彻党和政府的各项方针政策，在潜移默化中推动社会主义核心价值体系建设和公民思想道德建设；二是作为群众休闲娱乐、交流沟通的舞台，广场（公园）活动荟萃了社区（村）文化、校园文化、军营文化、企业文化、机关文化等，让人们有机会在自由接受艺术熏陶、展示艺术才能、提高艺术素养的同时沟通感情、凝聚心智；三是广场（公园）活动是塑造地区文化形象、保障群众基本文化权益的举措，对于加快推动公共文化服务体系建设、提高政府基层文化工作能力、改善服务质量起着重要作用。

（二）广场（公园）自发群众文化活动的特点

1. 群众自发开展，自然形成

广场（公园）自发的群众文化活动一般以群体为组织形式，以单一性的文化娱乐活动为内容，组织者多为有一定号召力并热心群众文化活动的文艺骨干。在广场（公园）有着共同兴趣的文艺爱好者具有彼此切磋提高技艺、互相展示欣赏的文艺需求，经过较长时间的共同活动和人员聚集，而自然形成了群众业余文艺组织。其中那些组织能力强、文艺技能水平高的人员从中发挥了协调组织、指导服务的重要作用。有的群众业余文艺组织由组织者按照约定标准收取一定的费用，但大多用于团队活动的一般性支出，包括聘请教师、购置设备等。

2. 活动的组织者、活动骨干、地点、时间相对固定，活动规律呈日常化

广场（公园）群众业余文艺团队的组织者和文艺骨干，由于坚持为组织成员提供热心周到的服务和耐心规范的辅导，得到大家的认可和肯定，在团队中树立了威信，成为带领文艺团队长期开展活动的领导者，也使这些团队在一定时间内具有较强的凝聚力和稳定性。参与团队活动的成员一般多是居住在广场（公园）附近的群众，他们基本相同的生活作息时间与松散的团队活动纪律要求结合起来，形成了定时、定点、定内容的日常活动规律。

3. 自我组织、自我管理，但没有明确的组织章程和组织形式

在广场（公园）参与自发性群众文化活动的文艺团队，一般是某一门类文艺爱好者出于强身健体、休闲娱乐、联络感情的需要而共同设立的，活动目的比较单一。

团队成员大多来去自由，且一般不受团队其他成员的约束，团队主要依靠文艺骨干的号召和成员之间的诚信关系实行松散的自我组织、自我管理。大多数广场（公园）的群众文艺团队既未在民政部门办理过社团登记手续，也未在本地区街道、乡镇备案，属于非正规的群众文艺组织，因此没有明确的组织章程和组织形式。

4. 自然有序、受众面广，是广场（公园）最普遍、最活跃的活动

在广场（公园）自发举办的群众文化活动性质决定了参与活动的群众都是自觉自愿的，很少存在指派人员强制参与或群众被动参与的情况；同时，自发举办的群众文化活动对于愿意参与其中的群众不设条件限制，并且符合绝大多数人的文化娱乐需求和意愿，这使得参与活动的群众范围不断扩大、人员不断更新，呈现出自然有序、受众面广、普遍、活跃的特征。

（三）广场（公园）自发群众文化活动的管理原则

1. 切忌生硬介入，过多干涉

在广场（公园）自发举办的群众文化活动一般有着比较坚实的群众基础，反映了当地部分群众的文化审美取向，体现了比较一致的文化需求。对于此类活动只要主题格调健康、积极，同时对他人或对环境不造成影响，群众文化管理者就要尊重群众的文化意愿，防止生硬介入、过多干涉而引起矛盾和纷争。

2. 调查研究，建立沟通渠道

要加强在广场（公园）自发举办群众文化活动的调查研究工作，对活动内容、活动形式、活动时间、活动地点、活动经费、参加人员、组织方式、群众文艺创作等方面进行系统的调研，并及时总结、推广活动的成功经验，加强与活动组织者的沟通，用群众易于接受的方式给予适度的指导，引导活动高水平健康开展。

3. 发现群众文化骨干，将其纳入群众文化骨干管理范围

在广场（公园）自发举办的群众文化活动中涌现出的文化骨干，一般都是具有较高综合素质或突出文艺专长的人员，并且在群体中得到了多数人员的拥护和肯定，具有较高的威信和号召力。对于这类群众文化骨干人才，要及时将他们纳入群众文化骨干的管理范围，有针对性地加大培训力度，通过以培养骨干促活动的方式，提高自发性群众文化活动的水平。

4. 发现和扶持优秀群众文艺团队

对于在自发性群众文化活动中发现的优秀群众文艺团队要加强帮扶力度，一方面要帮助其规范自身的组织结构及管理机制建设、培养团队管理者、在经费和设备上给予支持；另一方面要帮助其健全组织、开阔眼界，加强业务辅导、培育文艺骨干、提供参与相应比赛的机会，并将其纳入业余文艺团队管理范围，使其逐步走向规范化、正规化。

5. 发挥广场（公园）群众文化资源的效力

调动广场（公园）自发群众文化活动中表现优秀的文艺团队的积极性，发挥和利用这些团队的优势和特长，组织他们参与社区（村）的群众文化活动，并促进其与辖区内其他文艺团队的沟通与交流，引导他们由以满足个人文化需求为中心的活动理念向展示有特色的地区文化风采的活动理念方向转变，由自娱自乐的活动方式向参与社区（村）文化共建、共享的活动方式转变，以此促进区域文化资源的整合。由有关部门和单位在广场（公园）开展的有组织的群众文化活动，应根据地区群众的需要、地方政府年度文化宣传工作的安排，结合广场（公园）的建筑设备情况有序开展，并积极发挥示范、引领作用，引导广场（公园）自发群众文化活动健康地发展。

三、家庭群众文化活动

家庭群众文化活动的管理一般应遵循的原则和办法是：

（一）尊重历史文化传统和群众意愿

家庭群众文化活动是以家庭为基本载体，成员间根据个人的兴趣爱好、审美取向、文艺特长共同组织开展的创办于家庭、服务于家庭的群众性休闲娱乐活动与文化教育活动。组织开展家庭群众文化活动，要尊重历史文化传统和活动规律，尊重群众意愿，活动方式能够适合以家庭为单位进行或适合家庭成员集体参与，注重引导家庭群众文化活动健康发展。

在举办家庭文化活动时，既要保持尊老爱幼、勤俭节约、助人为乐等中国家庭的传统文化美德，又要尊重家庭成员和周围街坊邻居等与家庭相关人群的意见和建议。一方面要启迪文化活动思路，努力营造和谐的文化氛围；另一方面要告知他人，争取别人的支持和理解，不妨碍他人的日常生活。开展活动的形式和内容要符合家庭的实际情况，应多举办如书法、绘画、音乐、摄影、舞蹈、文学创作、手工艺制作、影视欣赏和评论、棋牌等家庭成员易参与、互动性强、对空间需求有弹性的文化活动。各种家庭文化活动都应积极传播社会主义核心价值观、践行"八荣八耻社会主义荣辱观"，在文明、祥和的文化艺术氛围中融洽家庭成员间的感情，提高家庭的凝聚力。

（二）融入区域文化建设规划

家庭群众文化活动是群众文化活动的有机组成。家庭群众文化活动应当纳入地域文化建设的整体规划，并应与社区（村）群众文化活动共同规划，形成互动和互补。

家庭群众文化活动既有其独特的文化魅力，也是各类群众文化活动的基本组成要素。几乎每个群众文化活动参与者的背后都有来自家庭的支持和鼓励，大部分文艺骨干在成长中都得到过家庭的艺术引导或熏陶，家庭文化活动作为社区（村）文化的细胞，在细微处体现和展示着不同地域的文化内涵。群众文艺骨干的培养、群众文化特色的彰显、群众文化活动的参与、群众文化创新力量的激发，都离不开家庭群众文化活动高水平地开展。

在地区文化建设规划中，不仅要对开展标志性、主题性的群众文化活动提出发展思路，而且要把家庭文化活动当作保证各项优秀基层文化活动可持续开展的基石，对其进行认真的研究和规划。做好家庭文化活动规划，要从地区文化建设的总体目标入手，结合不同家庭文化活动开展的实际情况，从活动特点、参与活动的成员、家庭文化氛围的营造、政府拟定的扶持措施等方面综合考虑，统筹做好相关规划的酝酿、制订工作。

（三）搭建家庭群众文化活动平台

以演出、展示、交流、比赛等各种形式搭建家庭群众文化活动平台。家庭群众文化活动不只是在一个家庭内部成员之中开展文化活动，更多的是要在不同家庭成员之间开展共同参与、互相切磋、同台竞技的文化活动。举办多种形式的家庭群众文化活动是提高家庭文化活动水平、发现群众文艺人才、丰富地区文化内容、展示群众精神风貌、倡导健康文明生活方式的需要。地域政府及文化部门要努力发挥家庭群众文化活动中所突出的充满人类高尚亲情与爱情的文化感召力的作用，将搭建家庭群众文化活动平台作为建设地区基层文化阵地的重要内容，落实推动家庭文化活动"自我参与、自我发现、自我欣赏、自我发展"的工作措施。

在家庭群众文化活动中应注重发挥当地妇女联合会（以下简称"妇联"）的组织协调作用。多渠道搭建家庭群众文化活动平台，充分发挥其多层面的社会文化价值。例如，精神文明建设、文化宣传、党员学习、司法普及、体育健身、卫生保健、计划生育、校外教育、公益慈善等主题工作，都能够通过不同的活动内容和形式与家庭群众文化活动相结合。各地区的妇联组织在推动和谐家庭文化建设方面具有丰富的经验，他们组织开展的相当一部分家庭文化活动已具有地区文化品牌效应，因此文化部门要加强与当地妇联的合作，共同搭建起广阔的家庭文化活动舞台。

（四）培育和发展文化户

培育和发展具有特色的文化户（文化家庭），在家庭群众文化建设中具有重要作用。培育和发展文化户（文化家庭）重点应做好三个方面的工作：一是抓好文化户（文化家庭）的基本硬件条件建设。作为文化户要遵纪守法、操守社会公德、热爱公益事业、邻里关系良好、知书达理、愿意为群众服务；家庭成员要有一定的文化艺术特长和修养，能继承中国家庭的优良传统文化；家庭主要成员应长期居住在本地，家庭居室环境整洁，具有一定的接待能力；能够积极主动地参加文化部门、街道（乡镇）及社区（村）组织的各类文化艺术活动；有条件的应能完成上级布置的宣传任务，乐于配合媒体的采访。二是帮助文化户（文化家庭）达到文化部门或街道（乡镇）制定的有关艺术水准的量化标准，例如，对本地区的文艺展演类特色家庭可以提出"家庭成员中有×人以上具备舞蹈、音乐、戏曲、曲艺等艺术门类的展演才能，有一定的表演水平；展演节目的内容比较丰富，应达到×个以上，既有传统的，也应有自创的；具有演出所需的简单服装、道具和相应的化妆能力；具有组织小型群众文化活动，辅导小型群众业余文艺演出团队的能力等"。三是抓好文化户（文化家庭）的日常管理。管理部门要经常关心文化户的活动情况，对于遇到的困难和问题应提供必要的帮助，对文化户开展的文化艺术活动应给予必要的辅导，搭建平台给予文化户必要的表演展示机会，对成效突出的文化户可按照"家庭自荐、群众推荐、组织公示"的程序给予必要的表彰和资格审核。

（五）提供辅导、指导等各类服务

抓好家庭群众文化活动的管理，还应组织群众文化优势资源，根据需求为家庭群众文化活动提供辅导、指导以及必要的服务。首先，可以通过举办各类讲座、展览、交流、竞赛和参加地区群众文化活动的方式，定期对家庭群众文化活动骨干进行培训，根据活动组织者的要求有侧重地讲授活动组织、文艺技能等方面的知识，提高他们的文化艺术水平和组织活动的能力。其次，要以优秀群众文化工作者和文化志愿者为主体，邀请部分专业艺术人才对家庭群众文化活动骨干进行辅导培训，并积极整合地区工会、共青团、妇联、教育、民政系统及驻地共建单位的相关文化人才资源，对家庭群众文化活动骨干进行业务指导。最后，要利用好图书馆、文化馆、文化站、工人文化宫、青年宫、少年宫、少年之家、社区（村）文化活动中心（文化大院）等公共文化设施资源，为家庭群众文化活动提供服务，各级政府和文化管理部门也可以根据实际情况为骨干文化家庭添购必要的活动器材、学习资料或适当给予补贴、奖励。

第四节　民族民间群众文化活动的管理

一、民族民间群众文化活动的内容、原则和管理

（一）民族民间群众文化活动的内容

以往对民族民间群众文化活动的内容主要界定为：各民族不同信仰、习俗、风情、生产生活习惯的文化活动；各民族群众从事改善聚落区域内生存环境的文化活动；展示各民族繁衍、生存顽强精神的文化活动；各门类民族民间文化艺术活动。在非物质文化遗产保护日益得到国家重视的大环境下，民族民间群众文化活动可更多地围绕民族民间文化遗产的保护工作展开。按照文化和旅游部对"民族民间文化遗产保护收集范围"的界定，民族民间群众文化活动可围绕以下五个方面进行。

1. 民族民间口头文学传习活动

即各民族群众以口头创作、口耳相传的方式集体修改、加工、流传的，反映各族群众社会生活历史、信仰与情感、审美与艺术情趣的民间文学作品（民间传说、民间故事、民间神话、民间歌谣、长篇叙事诗、史诗以及小戏、说唱文学、谚语、谜语等）的群众文化活动。

2. 民族民间传统技艺创作和展示活动

即各民族群众为满足生产生活的需要，利用各种物质材料和技术手段开展的，带有地域文化艺术特征的手工艺类（建筑装饰、剪纸工艺、织染工艺、雕刻工艺、烧造工艺、编扎工艺等）的群众文化活动。

3. 民族民间节庆文化活动

各民族群众以传统节庆为载体，并和与节庆相关的农业耕作、民间祭祀、重要人物纪念等习俗相结合，深入挖掘节庆文化内涵，组织开展寓教于乐的群众文化活动。

4. 民俗文化活动

各民族群众开展的蕴含每个地区独特的生产生活风俗文化成果与文化传统（如民间服饰等生产民俗、人生礼仪等社会民俗、民间信仰等精神民俗）的群众文化活动。包括城市举办的庙会活动、少数民族地区举办的与民族特色传统相关的歌舞活动等。

5. 民族民间艺术活动

历史悠久、广泛流传于各民族各地区民众中间的，内容丰富、形式多样的群众文化活动，包括民族民间音乐活动、美术活动、舞蹈活动、戏曲活动、曲艺活动、木偶、皮影、杂技活动等。

这些不同民族、不同地域的群众文化活动是中国先进文化的根基，是展示地区文明的重要标志，凝聚着不同地区人民群众精神创造和劳动智慧的结晶。

（二）民族民间群众文化活动的原则

民族民间群众文化活动需要把握三个原则：民族性原则、传统性原则、政策性原则。

1. 民族性原则

民族性既是各民族群众文化活动的主要特征，也是民族民间文化活动管理的第一位原则。民族性是民族群众文化活动管理需要贯彻始终的主题。民族民间群众文化活动中的民族性，主要表现在将一个民族的生活特色、风俗习惯、情感素质、审美方式、思想内容、语言思维等带有独特民族风格、民族气派的精神气质和行为模式艺术化，并充分体现在群众文化活动的内容和形式上。一个地区民间文化活动中的民族性，往往代表着该活动在各地区众多同类活动中的特殊性、品牌性和吸引力。对文化民族性的挖掘深度，很大程度上决定了民族民间群众文化活动的质量和水平。

2. 传统性原则

民族民间群众文化活动中的传统性，主要指在民间群众文化活动中，按照一定的规则将民族发展史上所传承的表现优秀民族文化特质和文化风貌的思想文化、观念形态、艺术技能、历史实物等稳定地展示和体现于活动当中。如世代相传的民族文化精神、文化信仰、文化习俗、文化艺术等，在民间群众文化活动中表现出地位的稳定性、内容的地域性、形式的融合性、发展的渗透性，将继续留存于现在的活动之中并影响未来的活动。应按照"取其精华，去其糟粕；批判继承，古为今用"的态度，贯彻落实活动的传统性原则。

3. 政策性原则

民族民间群众文化活动中的政策性原则，主要指在举办活动的过程中要遵守各项法律法规和各级党委、政府及文化行政部门制定的民族、宗教等相关政策。民族民间群众文化活动常具有鲜明的地域色彩、民族色彩、历史特色和风俗特色。因此在活动中，特别要注意贯彻社会主义的宣传文化政策，坚持正确的舆论导向；贯彻保障少数民族权益和传统的政策，尊重少数民族的风俗习惯；贯彻国家宗教政策以及涉及国家社会公共安全的政策，坚持移风易俗，确保活动的健康有序。

（三）民族民间群众文化活动的管理

对民族民间群众文化活动的管理需要把握的基本原则是：

1. 尊重各民族的不同信仰和习俗习惯

在活动的策划、组织过程中，要充分考虑活动的内容和形式是否与活动举办地各民族的信仰和习俗习惯保持一致。在少数民族地区举办活动时，要提前做好调研和咨询论证工作，避免有违于民族政策和民族传统的事件发生。在活动举办过程中，如与民族传统、风俗习惯产生矛盾时，应及时依靠当地政府部门向民族群众做好沟通和道歉工作，并对活动内容进行整改或停止举办。

2. 加强民族团结和国家统一的思想引导

一方面要依法举办活动，在活动中广泛宣传党和国家的民族团结政策、国家统一政策；另一方面要根据举办活动的目的、参与活动的群体情况，巧妙构思、有计划地安排能够增进民族感情、促进民族团结、有利于宣传维护国家统一的活动内容。

3. 立足提高各民族群众的整体文化素质

组织民族民间群众文化活动既要继承和弘扬优秀的民族文化，保持健康有益的风俗习惯，适应当地群众普遍的文化需求，而且要不断与时俱进，将群众能接受的有时代感、有科技含量及其他民族的优秀文化活动内容，充实到原有的活动当中去，立足于逐步提高群众文化活动的档次，逐步提高民族群众的科学文化水平。

4. 注意对民族民间文化遗产的发掘与保护

要把民族民间群众文化活动作为促进地区文化遗产传承和展示的有效载体，在加强文化遗产保护宣传的同时，以丰富活动内容、创新活动形式为契机，深入发掘文化遗产的社会价值、经济价值，使其保持历久弥新的文化生命力。

二、民间传统节日群众文化活动的内容、特点和管理

（一）民间传统节日群众文化活动的内容

民间传统节日群众文化活动是中国悠久的历史文化及传统节庆文化的重要组成部分，也是世代相传、不断创新的珍贵的民族精神文化遗产。群众在民间传统节日期间开展的舞蹈、音乐、戏曲、游戏、手工艺制作、美术、书法等民俗文化活动，都展示出每一个传统节日的独特文化魅力和深厚的文化底蕴。丰富的节日群众文化活动内容是各个门类艺术与传统节庆所特有的时令性、农业性、纪念性、宗教性、商贸性、社交性文化的结合。这些活动周而复始地定期举办，在愉悦身心的同时不断强化着人们的节庆文化意识，弘扬了优秀民族文化传统，在身临其境中实现了传递与继承，体现了共同的民族心理和民族性格，增强了民族的凝聚力和感召力。

最有代表性的民间传统节日群众文化活动包括：在春节、元宵节时举行的庙会、灯会等民俗文化活动；在清明节、端午节、中秋节、重阳节等传统民俗节日举行的传统民俗活动；遵照历史传统并利用节令、节气举行的群众文化活动等。这些节庆

文化活动深受百姓喜爱，参与面广泛，流传至今而不衰。

（二）民间传统节日群众文化活动的特点

民间传统节日群众文化活动具有鲜明的特点，主要体现在严格的周期性、广泛的群众性、参与的普遍性、鲜明的主题性。

1. 严格的周期性

节日活动的周期性主要体现在伴随传统节日每间隔一定时间段的到来，节日群众文化活动就会按照传统程序和规则周而复始地举办。群众通过周期性地参与活动，反复感受基本相同的活动内容与活动形式，对传统节日文化内涵的认识不断深入，文化心里的感受趋于一致。

2. 广泛的群众性

节日活动的群众性主要体现在每一个传统节日都表达了一个或若干个民族群众在思想精神领域某些方面的共同文化愿景。各民族群众在节日期间自觉参与文化活动，将自己对节日文化的认同充分表达出来，把文化活动作为每个群众感受和认识节日文化精神与体验和分享节日文化成果的媒介和载体。

3. 参与的普遍性

节日活动的普遍性主要体现在各地区传统节日活动普遍开展、活动总体规模较大，这得益于对民族有认同感并乐于体验节日文化人群的广泛分布，有时甚至跨越了民族和国界；同时，社会各行各业根据自身的文化需求、经济需求参与到各项节日文化活动中去，让活动表现出更加社会化、普遍性的特征。

4. 鲜明的主题性

节日活动的主题性主要体现在不同传统节日的文化活动中，因为承载了独特的节日文化内涵表现出与众不同的活动主题。节日活动的主题与宗教信仰、农业耕作、时令节气、健康辟邪、纪念祖先和英雄等有关，并通过活动内容和活动形式进行具体的诠释，也由此显示出节日文化活动主题的丰富性。

（三）民间传统节日群众文化活动的管理

民间传统节日群众文化活动管理的原则主要体现为：组织管理是关键，活动管理是主体，安全管理是保障。民间传统节日群众文化活动管理的方法是：将活动安全管理置于第一的位置；尊重历史文化传统、民族民间习俗和活动自身规范；尊重人民群众的意愿和需求,并引导活动健康发展;提供完善到位的服务。可总结概括为:尊重历史传统、尊重民族习俗、遵守活动规律、遵从群众意愿、重视活动安全。

民间传统节日群众文化活动管理的原则是开展活动时所必须遵循的基本活动组织准则和基本活动管理界限。民间传统节日群众文化活动的管理方法是为遵循活动的原则、保证活动在合理的管理界限以内顺利开展,而提出的基本管理要求和办法。一些群众文化工作者经常将注意力集中在具体活动内容、具体活动形式的组织安排上,反而忽视了对决定和指导活动方向、内容、形式的管理原则和管理方法的考量,造成活动在实际举办过程中出现宣传有偏差、组织不周密、安保措施不完善等问题。因此,活动组织者在策划、开展传统节日文化活动时要坚持微观管理与宏观管理相结合的方法才能做到活动导向正确、活动安全稳妥、活动创意新颖、活动内容丰富、活动形式多样、活动程序清晰。

三、庙会群众文化活动的特点与管理

传统庙会又称"庙市"或"节场",是指在寺庙附近聚会所进行的祭神、娱乐和购物等的传统民俗活动。传统庙会因庙而生,祭祀是其最显著的特征。传统庙会一般在寺庙的节日或规定的日期举行,流行于全国各地。后随着经济的发展和人们交流的需要,传统庙会在保持祭祀活动的同时,又融入集市交易活动,使过年逛庙会成了人们不可缺少的过年习俗。庙会活动是地域风俗习惯、民风民情的体现,这些民俗传统直接影响了庙会活动的内容、形式、等级、规模。传统庙会虽然与封建迷信、鬼怪神魔有关,但人民群众借助这一形式,将其发展为既调节精神,又带来文化娱乐享受的群众文化活动形式。现代庙会不属于传统意义上的庙会,只是一种以庙会为载体的庙会群众文化活动。它在社会经济、政治、文化发展的基础上,借助庙会的效应,逐步由民间信仰的酬神祭祀活动转变发展为被群众接受的新的文化活动形式。

(一)庙会群众文化活动的特点

在节日期间举办的现代庙会群众文化活动,除了具有民间传统节日群众文化活动的一般特点外,还具有民间祈福性、文艺娱乐性、节庆习俗展示性、商贸食品集市性等特点。

1. 民间祈福性

庙会活动的民间祈福性传承了传统庙会祭祀的习俗,主要体现在庙会所在地的佛教寺院、道教宫观、民间俗神庙宇等举办的各类传统祈福活动。这类活动虽然有烧香拜佛等内容,但更多地显示了吉祥文化的传统,是传统节庆文化的核心内容,也是现代庙会活动的文化根基,有着广泛的群众基础,是现代庙会具有旺盛文化生命力的重要源泉。

2. 文艺娱乐性

庙会活动的文艺娱乐性主要体现在庙会现场各式各样的民间文化活动中,如文艺演出、花会社火、曲艺杂技、棋牌游戏、书画笔会、民间体育、手工艺展示、游戏游艺等活动。这些活动老少皆宜,为群众提供放松身心、休闲雅趣的好去处,为庙会增添了具有时代感的文化活力。

3. 节庆习俗展示性

庙会活动的节庆习俗展示性主要体现在按照传统节日的文化主题对庙会现场的环境布置,以及活动现场的传统节庆礼仪、传统节庆展陈、传统民俗文化活动等方面。如春节期间的庙会现场都要贴春联、挂红灯笼,人与人见面都要互相拜年,参与请福牌、打金钱眼、看拉洋片等节庆民俗活动,这些都体现了对传统节庆文化的尊重及继承。

4. 商贸食品集市性

庙会活动的商贸食品集市性主要体现在庙会现场的商品交易区和餐饮区。商品交易区摆满了琳琅满目的小商品,既有节庆用品、生活必需品,也有各类礼品、儿童玩具和装饰品等。餐饮区则主要有节令食品、各地小吃,现在甚至发展到中外小吃,展示了我国传统节日文化中的饮食文化魅力。

(二)庙会群众文化活动的管理

研究、引导、改造和完善庙会文化活动的内容和形式,使庙会这一传统文化活动形式为新时代文化建设服务,是庙会群众文化活动管理的主要任务。新兴的文化庙会、洋庙会、室内庙会、新春游乐会等现代庙会层出不穷,使庙会在形式和内容上实现了新的拓展,因此对新兴庙会群众文化活动的管理应重点抓好活动管理、安全与卫生管理、宗教信仰管理、交易收支管理等。

随着人民生活水平的提高,群众对现代庙会文化活动提出了更高的要求。首先,庙会活动组织者要下力气抓好庙会活动管理。坚持积极、健康的活动导向，丰富庙会活动的内容，积极引入有时代感、有科技含量、方便群众参与的文化活动。在依据传统节庆文化理念、深入发掘节庆文化内涵的基础上兼顾活动传统与活动创新。与时俱进地将更多创意融入庙会文化活动中。其次，要抓好庙会安全与卫生管理。庙会群众文化活动规模大、参与人数多、人员流动性强。要统筹协调地区公安、交通、消防、城市管理、安全生产监督、卫生防疫、环境卫生、工商行政管理、电力等部门，齐心协力地抓好庙会现场的治安、交通、防火、安全生产、食品安全、环境卫生、人员急救等工作，确保庙会现场的安全、卫生等保障工作。再次，要抓好宗教信仰管理。要积极维护庙会现场宗教场所的正常秩序，依法尊重群众宗教信仰自由的权利，对节日期间大部分普通群众在宗教场所举行的节庆祈福文化活动要给予支持和引导。要注意防止出现有人借庙会内的宗教场所传播歪理邪说和封建迷信、低级庸俗言论等扰乱活动正常秩序的现象发生。最后，要抓好庙会交易收支管理。庙会群众文化活动是公益性文化活动，但由于庙会活动规模大、参与人数多，许多庙会活动历史悠久、社会知名度高，使得庙会活动间接地带动了商业发展，越来越具有显著的经济效益。庙会门票收入、商业摊点租赁收入、互动游戏收入、小商品和食品销售收入、赞助收入等已成为支持庙会活动良性循环地举办的重要动力。因此，要积极研究符合庙会群众文化活动规律的财务管理制度，为庙会活动实现越来越好的社会效益与经济效益提供制度保证。

第五节　对外群众文化活动的管理

一、对外群众文化活动管理的意义

（一）加强对外群众文化活动管理，有助于促进中国群众文化与国家间的友好交流和融合

随着我国改革开放的深入、社会文明程度的进步，以及群众文化活动水平的不断提高和规模的扩大，群众文化活动的内容也越来越丰富，在满足国内广大群众基本文化需求的同时，焕发出勃勃生机。群众文化活动发展的趋势表明，加强对外群众文化活动管理，有利于文化活动自身又好又快地发展；有利于以群众文化活动为纽带，推动优秀民族文化"走出去"；有利于其发挥群众文化活动的社会性、民族性的文化优势，担当起促进中国与国际多元化民间文化交流的光荣使命。

（二）加强对外群众文化活动管理，有助于对外展示和宣传中国悠久的传统文化和浓郁的民俗风情

我国是世界四大文明古国之一，中华文化绵延至今，表现出强大的生命力。我国群众文化的发展历史、本质特征和其所具有的精神调剂、宣传教化、普及知识、团结凝聚的社会功能，决定了群众文化传承博大精深的中华文化的能力和责任。群众文化活动遍布全国34个省级行政区和56个民族之中，活动与各地群众的生产生活密切联系，一年四季不断线，内容及特色各不相同。群众文化活动体现了我国民间丰富的地域化、民族化、习俗化、传统化、多元化的文化风采。配合文化外交的需要，进一步加强群众文化活动涉外管理，有助于更加科学地利用这一对外平台，形象、生动地宣传中国多样性的传统文化。

（三）加强对外群众文化活动管理，有助于中国群众文化与各国民间文化的相互借鉴和共同进步

自改革开放以来，群众文化活动参与对外文化交流的机会日益增多。尽管中国与世界各国的国情不同，在经济发展、政治体制、历史文化及社会形态等方面存在较大的差异，但是各国、各地区在文化建设的相关领域都有许多优秀的经验和成果，值得学习和借鉴。俗话说："他山之石，可以攻玉。"实事求是地借鉴世界各国不同民间文化的长处，吸取他们的教训，是促进我国群众文化活动又好又快发展的捷径。同时，通过加强管理还可以在文化交流中塑造更有中国特色的群众文化活动形象，有力地提高对外文化的输出能力，广泛传播中华文化，促进世界各国民间文化、群众文化的共同进步。

（四）加强对外群众文化活动管理，有助于我国专业文化和文化创意产业的发展和提高

群众文化活动属于人们生活中不可或缺的寓教于乐的业余文化活动，具有受众面广泛、通俗易参与、老少皆宜、文化传播能力强的特征，对外文化交流中对境外参与者没有或较少有艺术门槛的限制。这就可以较容易地形成活动互动，让更多的人感受中国文化的魅力，为引导和培养境外人群带着兴趣自觉地了解和参与我国专业文化和文化创意产业打下一定的基础。群众文化活动在对外文化交流中，有机会广泛地了解各地的风土人情、文化市场发展情况，能为专业文化和文化创意产业建设提供有价值的市场信息；同时在交流活动中，还可以为其培养一大批有对外文化交流经验的管理型、业务型的后备人才。

二、对外群众文化活动的内容

（一）出访型的对外群众文化活动

出访型的对外群众文化活动是指应外国（或地区）的友好邀请，组织团队或人员到邀请国（或地区）所进行的群众文化交流活动。出访型活动在出访前要在认真领会上级部门部署的关于本次出访活动的意图及访问地的国情、民间风俗、邀请安排的基础上，制订周密详细的活动计划和团队后勤、内保方案；在出访过程中，要认真落实活动计划，如遇到一般性的意外情况要与接待方平等、友好协商，对于重大问题要及时请示上级领导，必要时应联系我国驻外使、领馆以便获得帮助；在出访结束后，要认真做好活动的总结、归档、成果展示等工作。

（二）接待型的对外群众文化活动

接待型的对外群众文化活动是指根据上级外事部门的安排或有关部门的批准，组织团队或人员接待来访的外国（或境外地区）群众文化团队（或个人）所进行的群众文化交流活动。含两国之间的双边文化交流和多国之间的多边文化交流。接待型群众文化活动通俗地讲，就是在群众文化活动领域里，以主人的身份在国内接待

来访的客人。为此，除了协助客方团队办好入境的手续外，在接待前需要重点核实客方的活动计划是否与实际活动安排相符，活动内容的政治性、思想性、社会性和艺术性是否为主办方认可或是否与要求相符。在接待过程中，要在重点保证对方活动安全的前提下，一方面为他们提供食、住、行、向导、翻译等方面的服务，尽量满足对方提出的合理要求；另一方面要做好活动现场的组织、交流、观摩、宣传等工作。交流活动结束后，要重点总结对方的优秀经验，以利于我们及时消化、吸收，提高自身的活动质量。

（三）合作型的对外群众文化活动

合作型的对外群众文化活动是指经上级外事部门批准，与外国（或地区）相关部门或机构以合作的方式共同开展或举办的群众文化交流活动。具体包括工作访问、考察、讲学、演出、展览展示、会议、比赛等类型。合作型对外文化活动要在遵守我国的相关法律、法规和外事纪律的前提下，遵循活动的平等互利原则和文化资源优化原则。平等互利原则，强调的是中、外文化活动交流单位在合作地位与合作关系上的平等；在满足文化需求、获取文化权益与经济权益方面的互利。文化资源优化的原则强调在合作型活动当中，参与交流各方的文化资源都应既是本国优秀文化的代表，又有鲜明的地域特色、民族特色，能够围绕共同确定的活动主题进行广泛的交流、展示，在表现多元文化魅力的同时，能够在某些领域达成文化认知的共识，共同保障活动的水平和质量。

三、对外群众文化活动管理的原则

（一）规定性原则

对外群众文化活动要遵守我国的法律、法规和对外政策。文化部作为全国对外文化艺术表演及展览活动的最高归口管理政府部门，出台了《文化部涉外文化艺术表演及展览管理规定》（文化部令第11号），其中对"我国与外国政府间文化协定和合作文件确定的文化艺术表演及展览，我国与外国通过民间渠道开展的非商业性文化艺术表演及展览"等，包括对外群众文化活动在内的主要文化交流活动形式从"组织者的资格认定、派出和引进项目的内容、项目的审批程序和罚则"等方面，都做出了明确的管理规定。同时，活动组织者还必须依法接受与对外文化交流活动有密切管理关系的公安、财政、海关、工商行政管理、税务、物价、卫生、检疫、审计及其他有关部门的管理、监督和检查。此外，出访的群众文化艺术团队在境外开展文化交流活动时，要注意遵守所在国或地区的有关法律、法规。

（二）互利性原则

对外群众文化活动的互利性指本着增进友谊、增强交往、促进合作的精神，使参与对外群众文化活动的各方从中得到文化享受。互利性首先强调的是参与对外群众文化交流活动各方的文化地位、文化关系必须平等，应在不损害他方利益的前提下，平衡各方的需求，获得自己的利益。其次是要以互敬、互谅、互让的态度，以多赢、共赢为方向，以求同存异的方式寻找各方文化权益的交汇点统筹协调，达到兼顾各方文化权益的目的；只有参与交流活动的各方都获得各自认同并均等化的文化权益，互利性原则才能继续生根发芽、扩大影响，促进群众文化交流活动的繁荣兴盛。最后是要讲究实事求是、以人为本，不能搞绝对的均等化。西方文化依靠强大的经济、科技、管理成果做支撑，在群众文化交流活动中常处于强势文化传播地位，第三世界国家则因为经济和科技相对落后处于文化传播的弱势地位。因此，执行互利性原则不能"一刀切"、认同貌似的平等，要视参与交流对象的情况，实事求是地提出互利性要求。

（三）艺术性原则

对外群众文化活动的艺术性原则旨在提高活动的质量和水准。各艺术门类的对外文化交流活动所体现的艺术表现性有较大差异。但总体上说，各种对外文化活动的艺术性都应遵循"百花齐放、百家争鸣"的社会主义文化工作方针。活动主题、活动内容、活动形式等要和谐，要在实现艺术水准的雅俗共赏与思想导向的积极向上方面形成统一。活动要具有以反映主办者文化为主、承办者及协办者文化要素都有的多元化艺术特征，在活动中要重点展示参与交流各方多元艺术的民族性和多元艺术的独创性。参与对外群众文化活动的受众所感受到的艺术性，来自他们参与活动时发现和体验到的艺术价值，即通过活动的艺术化主题、艺术化展示、艺术化装饰环境、艺术化活动环节等内容，在活动的策划者、组织者、表演者、参与者之间达到情感交流与共鸣的目的。

四、对外群众文化活动管理的特点

（一）注重各国群众文艺爱好者的友好交往

群众文艺爱好者在对外文化交流活动中，用"以文会友"的方式拉近了因经济条件不同、社会制度不同、历史文化传统不同、地理环境不同等客观原因导致的彼此间的距离，在增进了个人间、团队间友谊的同时促进了不同意识形态社会间的相互理解，增进了我国与境外国家或地区的文化互信。对于起源于境外地区的文化艺术门类（如西洋乐器演奏等），通过组织文化交流活动，不仅有机会获得原汁原味的艺术交流与辅导的机会，而且可以把赋予了中国元素的境外艺术传播出去，更容易获得有关国家主流社会的认同和肯定。

（二）强调对国家法律、法规和外交政策的贯彻执行

我国的对外群众文化活动是传播有中国特色的社会主义先进文化的载体。它是在党的领导下弘扬优秀民族文化、传承悠久中华文明、开展文化外交、展示改革开放成就的重要对外文化宣传窗口。因此，相关对外文化交流活动的组织工作必须规范、严密，有法可依；同时，遵守我国法律、法规和外交政策也是精心策划、顺利组织对外群众文化交流活动的基本保障。在境外举办活动时要注意既要遵守当地的法律法规，也要遵守我国的法律、法规和外交政策，不做有损国格、人格的事情。另外，活动组织者要逐步树立文化外交意识，将活动作为积极宣传我国法律、法规特别是外交政策的文化载体。

（三）侧重对各国民族民间文化传统和民俗风情的展示

办好对外群众文化活动的亮点是集中力量展示各国民族民间文化传统和民俗风情。各国的文化传统和民俗风情代表了各国绝大部分人群共有的文化认同感和文化审美观，对它们进行集中展示既能得到有关各国政府的支持，也能为活动的成功组

织打下扎实、广泛的群众基础。各国文化传统和民俗风情多样性、独特性的风采展示为活动增添了艺术魅力，有助于吸引社会媒体的关注，扩大活动影响。另外，对外群众文化活动对各国文化传统和民俗风情差异性的充分展示，也将会极大地调动世界各国的热情，为各国文化产业的发展提供新的机遇。

（四）保障对外群众文化活动中的安全

保障对外群众文化活动中的安全，是指要做好与活动有关的生产安全、治安安全和文化输出安全。首先，要在活动的组织过程中做好人员及货物运输、舞台灯光搭建、现场环境布置、观众组织、消防、急救等安全保障工作；其次，要保证活动的治安安全，加强与活动举办地政府和警方的合作，采取周密的安保措施防止游行、示威、反恐、反邪教等事件对活动造成的治安破坏；最后，在文化交流活动中要做好中国及东方文化的输出安全工作，面对西方文化的强势宣传，要尽可能地运用科学技术手段，提高中国及第三世界国家面向全球输出文化的传播能力，努力平衡西方文化的传播力度，维护世界多元文化共存的生态格局。

五、对外群众文化活动管理的程序

（一）合理选定交流项目

要根据政治、外交、经济、文化的需要，结合本地区文化资源的实际情况和对外文化交流专项经费的情况，有目的地选择交流项目，这是涉外群众文化活动管理的关键步骤；在确定了活动的意向和初步计划后，应与外方及时进行较全面的非正式磋商，但不得做出实质性承诺；根据磋商结果和主管部门的意见，在对活动计划进一步完善后要逐级向归口管理部门申报、审批；在交流项目获得批准后，交流单位与境外活动交流机构可以签署对外群众文化活动意向书和合同草案。

（二）按规定办理报批手续

对外群众文化交流活动确定后，要严格按照国家的规定办理归口报批手续；要按照文化部及各省（自治区、直辖市）文化厅（局）分级负责、归口管理的原则，履行项目审批手续。文化部通过政策指导、信息服务、总量控制、艺术品种分类管理、项目审批备案制度以及巡察监督制度和违纪处罚制度等手段，对对外群众文化活动实施归口管理。各级主管、审核、审批部门负责履行本地区归口管理和审批职责；活动组织单位要就项目的人员组成、访问目的、节目或展览内容、邀请单位的资信情况、接待标准、报酬、承办单位及场地条件等情况，如实全面地向归口管理部门进行资料申报。

（三）办理进出境和通关手续

对外群众文化活动组织单位在接到归口管理部门的正式批准通知后，应持批准文件到本省（区、市）人民政府外事办公室申请办理出国护照签证和其他证件手续。出访团体为开展文化交流活动而携带出境的服装、乐器、展品、道具等必备物品须向海关申报，随团出境人员的私人物品不得与团队的公共物品混淆在一起申报。来华参与对外群众文化交流的境外团体出入我国海关前，活动主管部门或活动主办单位应提前将有关事项通知海关和出入境管理部门，以便协助其依法且快捷地办理出入境手续。

（四）做好出境或接待活动的安排和实施

出访团体在出国前要精心挑选人员，既要有艺术水平高、表演能力强的群众文艺骨干，也要有政治性强、有文化管理经验的领队和服务人员；同时要认真准备参与交流的文艺节目和作品，安排好出国前的设备运输工作。在国外交流期间，出访团体要将弘扬优秀民族文化、增进中外友谊、遵守外事纪律放在活动首位。对于入境交流的国外艺术团体，要夯实交流安排，提前了解他们的生活习惯，全程做好接待服务和参观交流工作。无论是对我方出访人员还是接待人员，都要做好外事纪律与安全保密教育工作。

（五）做好交流活动后的总结和资料存档

对外群众文化交流活动结束后，活动主要组织单位要领头负责活动的总结工作。如安排专人撰写总结报告（或考察报告、个人感受）、召开总结会（或交流座谈会）、收集整理相关资料并存档等。对交流活动中我方及外方的好经验、好做法要认真分析、总结规律，对活动中的问题、教训要及时吸取，提出整改意见。对在交流活动中表现好的人员要给予表彰，对违反纪律、行为不当的人员要视情节轻重给予必要的批评或处分。同时，要重视活动的资料存档工作，把宣传的现实性意义与历史性意义结合起来，把相关电子数码资料保存与重要实物保存、手写资料保存结合起来，做到相关存档资料完整和丰富。

第七章 新媒体背景下群众文化建设研究

第一节 新媒体时代的崛起

在媒体发展的历史中,每一次媒体技术的变革,都会带来所谓的新媒体,特别是在知识爆炸、技术迅速更新的今天,各类新媒体层出不穷,新媒体的外延更是不断地拓展。在信息时代,不仅新的技术变革和物质形态的变化可以产生新媒体,新的软件开发、新的信息服务方式的推出,也可以称为一种新媒体的诞生。

一、新媒体时代的相关概念

(一)新媒体的定义

新媒体相对于传统媒体,是一个不断变化的概念,是网络基础上的延伸。新媒体是媒介终端或功能创新的媒体。新媒体是新兴媒体,目前是"交互式数字化融合媒体",向用户提供信息和娱乐等服务。信息技术是新媒体必要的技术保障,用户多元化、个性化的信息需求是新媒体产生的社会基础;新媒体变革着人们的生活方式,用户以往只能被动接受媒体到,当下已经可以自主传播。社会化媒体用户不仅是新闻的消费者,也是新闻内容的生产者、推广者,用户新闻信息传播系统发生"传—受""受—传"的互动变迁,传统媒体必须动态把握用户。社会化媒体中的口碑量应作为传统媒体测评受众的补充。

本书所界定的新媒体是相对于书信、报刊、广播、电视等传统媒体而言的新媒体。新媒体是一个宽泛的概念,从技术界定上看,新媒体是指依托数字技术、互联网技术、移动通信技术等新技术通过互联网、无线通信网、卫星等渠道向受众提供信息服务和娱乐服务的传播形态的新型媒体。根据这个定义，新媒体的种类非常繁杂，目前受到较多关注的新媒体不下几十种，包括网络电视（WebTV）、网上即时通信群组、虚拟社区、播客、搜索引擎、电子邮箱、门户网站、手机电视、手机报、微博、微信等。其中有的属于新的媒体形式，有的属于新的媒体硬件、新的媒体软件、新的信息服务方式。

（二）新媒体概念的要素

不管人们如何定义新媒体，有一点是确定的，那就是相对传统媒体，新媒体的形态是不断变化和延伸的，在现阶段其核心是数字式信息符号传播技术的实现。一般而言，新媒体的概念包含以下要素。

1. 新媒体建立在数字技术和网络技术的基础上

新媒体主要是以计算机信息处理技术为基础，以互联网、卫星网络、移动通信等作为运作平台的媒体形态，它包括使用有线与无线通道的传送方式，如互联网、手机媒体、移动电视、电子报纸等。如果说传统媒体是工业社会的产物，那么新媒体就是信息社会的产物。

2. 新媒体在信息的呈现方式上是多媒体

新媒体的信息往往以声音、文字、图形、影像等复合形式呈现，具有很高的科技含量，可以进行跨媒体、跨时空的信息传播。

3. 新媒体在技术、运营、产品、服务等商业模式上具有创新性

新媒体不仅是技术平台，也是媒体机构。与传统媒体相比，变化的不仅仅是新媒体技术的运用，更有商业模式的创新。

二、新媒体时代发展的特点

近些年影响新媒体前景的两大主流媒体分别是网络媒体和移动媒体。移动传播媒介迅猛发展，已经成为人类生活必要的组成部分，其对人类生活方式的深远影响，恐怕是历史上任何一种传播媒介都无法比拟的。移动传播媒介凭借其独有的特点，已经成为有史以来增长速度快、普及程度高的新型传播手段，被誉为"第五媒体"。

新媒体是信息科技与媒体产品紧密结合的产物，新媒体带来的媒体创意新经济，

使得原来传统媒体从规模经济转向了范围经济、共享经济等模式，各类高新技术手段不断创新着人类的支付方式，不同媒体通过尝试个性化的特质服务，皆试图把握一条独特的可持续发展之路。目前比较热门的新媒体，如智能手机，内载各类新媒体内容产品，新媒体软件创新产品，同时也属于新媒体硬件生产领域产品，其内含新的媒体经营模式。

（一）网络媒体的新媒体特性

1. 传播上的快捷性和时间上的自由性

网络媒体可在瞬间将信息发送给用户。在传播时间上的自由性主要体现在传播本身的可往复性，易于检索和随时获取信息。它实现了信息的"零时间"传播，消除了交流双方之间在时间上的间隔，使信息的交互传播突破了时间限制。新媒体迎合了人们碎片休闲娱乐时间的需求，满足了人们随时随地进行互动性表达和娱乐的需要，人们使用新媒体的目的性与选择的主动性更强。因此，数字化新媒体一出现就吸引了各个年龄段、不同阶层群众的注意力，在很大程度上挤占了人们休闲娱乐活动的时间。新媒体无形中改变了人们与生活对话的方式。

2. 传播的全球性和空间上的无限性

网络可以连通世界上任何一个国家和地区，并且还拥有数量庞大的动态网络用户。新媒体利用连接全球电脑的互联网和通信卫星，使网络上的任何信息资源都可以被全世界的网民看到，使信息传播者可以针对不同的受众提供个性化的服务。从这个意义上来讲，网络是唯一的全球性信息传播媒体。可以说，全球互通的网络有多大，网络传播的空间就有多大，完全打破了地理区域的限制。只要有相应的信息接收设备，在地球的任何角落都可以接收到新媒体传播的信息。此外，无线网络的发展，还使新媒体摆脱了有线网络的限制，用户可以随时随地接收信息。

3. 传播的交互性和方式的多样性

在传统的传播理念中，其传播方式是单向的，双方无法随时随地进行反馈和沟通。而新媒体网络则突破了这一传统传播模式的限制，增强了传播者与接收者之间的互动性。传播者与接收者可以连接网上任一用户，实现网络信息资源共享，受众不再仅仅是信息的接受者，同时也是信息的传播者。交互性使传播者和接受者极易进行角色转换，这种双重身份的角色使受众可以畅所欲言，利用网络工具进行及时反馈和有效沟通交流，实现互动，真正实现了信息的双向交流。

（二）移动媒体的新媒体特性

移动媒体通常是指无线传播的短消息、多媒体短消息、WAP 网页和手机电视等媒体形式。移动媒体与传统媒体、网络媒体相比，具有独特的性质，主要表现在以下几个方面。

1. 表现形式的丰富性

移动媒体的表现形式兼具了传统媒体与网络媒体的优势，通过文字、图像、影音、动画等多种表现形式向用户传递信息。其传递的信息声情并茂，使得信息更加丰富和饱满，同时也增强了用户的多媒体体验。

2. 使用的便携性和成本的低廉性

用户可以根据自己的需求，随时对信息进行检索和筛选，并可随时订制和退订所需要的信息，使用便捷，可提高效率并节约时间。

3. 复合性与个性化服务

互联网传递实现了信息传播的图、文、声一体化，它将文字、图像、声音、视频、音频等完全融合。其复合性也充分体现了传播形态的多样性特点。它将报纸、电视、广播的传播手段与传播方式融为一体，其形式的多样化是前所未有的。它将各种接收终端、各种传输渠道、各种信息形态整合在一起。用户可以随时针对信息的内容与信息的传播者或者其他的信息受众进行信息探讨和交流，并可通过意见反馈等形式修正、补充和完善信息资源以满足用户的个性化需求。它将目标受众按年龄、性别、种族、社会地位、文化程度、兴趣爱好、专业程度等标准划分为一个个群体，从而有针对性地为这些不同的群体提供不同的个性化信息服务。

第二节　新媒体时代的群众文化工作

随着生活水平的提高，人们对于精神文化生活提出了更高的要求，加强群众文化建设成为新时期社会主义精神文明建设的重要任务。党的十九大报告明确提出，"文化是一个国家、一个民族的灵魂。文化兴国运兴，文化强民族强"。

近年来，信息技术发展十分迅速，以网络技术和数字技术为基础的新媒体被广泛应用到人们的生活和工作中，新媒体凭借良好的互动性、高效的信息传播等优势，受到广大群众的关注和追捧。在这种形势下，人民群众逐渐忽视了传统的群众文化活动的重要作用，新媒体时代如何实现群众文化活动的有效组织和开展成为群众文化工作者面临的重要课题。

一、新媒体对群众文化工作产生的作用

新媒体作为信息传播手段，在很大程度上能够解决政府群众文化工作面临的困境，扩大受众面，通过加强社会影响力来加强传播效果。

（一）打造正规传播渠道，扩大受众范围

群众文化服务机构可利用新媒体拓展群众文化传播范围：建立群众文化信息传输网络，开设网上展览、网上辅导、网上授课等服务。同时，因为新媒体公众认证机制，并有政府公信力背书，可以确保信息的输出渠道的正规性。以科协的科普工作为例，科技馆作为科普宣传实体，可以利用场馆开设展览、讲座等活动，但是正因为场馆空间的固定性，使得科学传播仅限于小范围，如果想要扩大受影响人数，就只能在时间上无限延长并不断重复展览与讲座内容，这将耗费巨大的人力、物力。倘若建设一个网上平台，将每期展览、讲座内容数字化存放，开设虚拟展览馆、虚拟讲台，并打通各类网络终端，既可以保证展览内容线下线上的一致性，实体展览按时布展、撤展，同时也可以保证无法在限定时间内参加活动的群众，能够在第一时间查看科普内容，甚至在活动结束后仍能根据需要追溯回看。这样，科普宣传实体的内容就能得到最大限度的利用，降低宣传成本并提高宣传力度。

（二）提供和谐互动平台，实现服务社会化

因为群众文化服务机构通常并不设立一线窗口单位，因而缺少了很多与群众直面交流的机会，但工作的性质又要求群众文化工作深入群众，依照传统一对多的传播形式，迫于人员的匮乏，群众文化工作无法完全实现社会化。但是新媒体的使用就可以打破这一僵局，利用网络的扁平化特征设立虚拟的一线窗口，通过官方账号、

互动平台将服务机构与文化受众对接,能真正实现群众文化服务社会化。

科协经常举办科学讲座、科技培训等活动,但如何选题始终是最关键的问题,因为很难在保证活动即时性的同时迎合所有受众的意愿。但是开设官方微博与微信公众号后,可以通过发起问卷调查、筛选数据等手段,罗列出公众倾向的话题,并及时开展相关的系列活动,能够实实在在地帮助受众解决问题,让科学传播、科技推广真正落地。

(三)整合信息资源碎片,确保传播一致性

不论是在传统媒体还是新媒体的传播过程中,信息往往都是以多点碎片状态存在的,如果不能尽可能将所有碎片拼接在一起,就有可能造成盲人摸象的后果,这个问题在科学文化传播中尤其明显。新媒体的网络特点使得任何信息都有可追溯性,在传播过程中可以将有关的链接、图片、视频、文字都整合在一起,全方位地还原被传播对象,甚至对同一事物的不同评论不同介绍都可以保留,让公众有对比有选择。

2015年,中国科学家屠呦呦获得诺贝尔生理学或医学奖,成为第一个获得诺贝尔自然学奖的中国人。之后杭州科协开展了一系列与青蒿素相关的科学讲座与展览普及,在活动中面对"是否意味着中医获得肯定""青蒿素的萃取争议"等问题,受邀的科学家都一一做了回答,尽管参与活动的记者做了详尽的报道,但也不能把所有内容都放进报纸进行传播,那么在取舍中就会有一部分信息丢失。而在科协网站上共享的活动视频,就能完全重现科学家的讲座与回答。可见,新媒体在保证科学传播的一致性与完整性上,具备更加严谨的特征。

二、新媒体时代群众文化活动开展的新形式

在新媒体时代背景下,群众文化单位在工作中要认识到新媒体的重要作用,积极采取有效措施,抵制新媒体的消极影响,充分发挥新媒体的积极作用,从而推动群众文化活动的有效开展。

(一)借助新媒体资源优势,丰富群众文化内容

目前,网络信息技术在各行各业得到广泛应用,为新媒体创造了丰富的信息资源。

群众文化活动可以充分利用新媒体的资源优势，不断丰富文化信息储备和活动内容。例如，通过网络搜集各种传统文化的相关知识，然后指导群众文化活动的开展，同时对不良信息与恶意信息进行有效的控制和过滤。新媒体的信息资源还具有更新快速、及时的特点，可以使群众文化活动紧跟时代的步伐，将更加新鲜的文化热点展现给群众，增加群众文化内容的吸引力，进而激发群众的参与热情。

（二）利用新媒体载体，构建群众文化活动平台

新媒体发展十分迅速，群众文化活动要充分利用新媒体载体，拓宽传播途径，从而实现群众文化活动形式的创新。传统的群众文化活动大部分通过面对面的交流互动进行，很多群众的参与积极性较低，难以达到理想效果，在新媒体时代，群众文化活动的组织者可以通过QQ、微信、微博等载体建立群众文化活动组织体系，通过网络向各个单位或个人发送活动文件，有效增强活动的组织效率。同时，参与群众还可以在QQ、微信等群组中进行讨论和交流，商定文化活动的相关内容和细节，从而推动活动的有效开展。

（三）利用新媒体技术，丰富群众文化活动形式

新媒体技术不断发展，涉及视频、音频、图像处理技术，为丰富群众文化活动形式提供了技术支持。在利用新媒体构建群众文化活动平台的过程中，可以充分利用新媒体技术的表现形式，为群众文化活动增添活力。文化单位可以通过动画、漫画、小视频、小游戏等形式对群众文化进行宣传，这种形式更加符合群众的娱乐文化需求，使得群众乐于接受，能够起到很好的宣传教育效果。例如，对政府的政策进行宣传时，可以将相关内容制作成动画，为习近平总书记设置一个卡通形象，从而提高群众的喜爱度和关注度，让各个年龄段的群众积极参与进来，增强群众文化的宣传效果。

（四）借助新媒体技术，推动文化单位信息化建设

文化单位是群众文化活动开展的重要基地，随着新媒体技术的不断发展，很多文化单位进行了信息化建设与改造，朝着共享化、便捷化、智能化的方向不断发展。文化单位要借助新媒体技术，建立官方文化网站，将文化单位内的文化艺术信息和活动开展情况公布到网上，为群众获取相关信息提供便利途径。此外，文化单位还

可以利用网络技术，开发具有单位特色的手机客户端，可以将政策、法制、文化等信息融进去，让群众能够通过手机轻松、方便地了解相关文化动态。

（五）掌握新媒体内涵，培养新型文化工作者

群众文化活动的顺利开展需要一支专业素质较强的文化工作队伍。在新媒体时代，群众文化工作者需要结合现代化信息技术，不断提高自身的综合素质。文化单位要加大投入力度，为文化工作者的教育和培训工作提供充足的资金保障，通过定期组织相关的专业素质和技能培训活动，在提升文化工作者基本文化素养和职业道德的同时，加强其新媒体技术方面的应用能力，从而为信息化的群众文化活动提供人才保障。此外，文化单位还可以通过网上征集、网上培训、网上考核等方式，加强对文化工作者的管理，提升整个队伍的专业水平。

总而言之，群众文化活动是社会精神文明建设的重要组成部分。在新媒体时代，群众文化活动的开展面临机遇与挑战并存的局面，文化单位要对新媒体进行充分的了解和掌握，充分发挥新媒技术的优势，从内容、形式等方面对群众文化活动进行完善，不断丰富人民群众的社会文化生活。

第三节　新媒体在群众文化建设中的发展路径

现代社会是多元化、信息化、高效率的社会，交通方便，资讯发达，新旧媒体轮番"轰炸"，令人应接不暇。人们了解情况、掌握信息的渠道有很多，可供选择的娱乐和休闲方式也多种多样。在开展群众文化活动过程中，想要吸引更多的人参与进来，形成轰动效应，逐步达到"群众演、群众赛、群众看、群众评、群众乐"的目的更是不容易。在这种情况下，依托新媒体，尤其是互联网的作用来积蓄正能量、发挥正能量、释放正能量是非常必要也是非常有效的。例如，手机、电视、电脑在中国已经非常普及，而新媒体时代的手机、电视和电脑也已经实现互联，无论对传播资讯方还是对了解情况方，都非常方便、快捷、高效，可以极大地提高群众文化发展的效率。

一、群众文化是推动社会主义文化繁荣发展的基础力量

当今世界科技信息飞速发展,以互联网、手机等为代表的新媒体技术日益成为人们学习、生活、工作的重要载体,在很大程度上也改变了人们传统的生活、生产、交流、学习等方式,这也对群众文化工作发展提出了新的更高的要求。新时期,面对新形势、新任务、新要求,如何更好地发挥新媒体的积极作用,完善群众文化网络信息平台建设,对于提高群众文化建设的针对性和实效性,提升群众文化的吸引力和感染力,推动社会主义先进文化的发展具有重要作用。

(一)充分认识群众文化建设的重要性

文化是民族凝聚力、向心力和创造力的重要源泉。党的十八届三中全会提出,建设社会主义文化强国,必须坚持社会主义先进文化前进方向,坚持中国特色社会主义文化发展道路,坚持以人民为中心的工作导向,进一步深化文化体制改革,为推进社会主义文化发展提供了重要方针,指明了前进方向。群众文化是推动社会主义文化繁荣发展的基础,群众文化阵地建设是开展群众文化活动、传播先进文化的载体。深入推进文化惠民、文化利民工程,是群众文化工作的出发点和落脚点,是构建社会主义和谐文化的重要基础。因此,加强群众文化建设,既是丰富广大人民群众文化生活、构建社会主义和谐社会、促进经济社会发展的重要举措,也是推动社会主义文艺大发展大繁荣、实现中华民族伟大复兴的重要保障。

(二)深刻分析群众文化建设的基本现状

历年来,党和国家高度重视群众文化建设,在各级党委、政府的关心支持下,广大群众文化工作者自觉响应时代和人民的召唤,以昂扬的精神状态、积极的工作热情,通过不同形式,广泛深入歌颂国家、民族和人民的伟大实践,群众文化工作呈现出了百花竞放、异彩纷呈的良好局面,群众文化创作更加积极,群众文化队伍更加意气风发,文化惠民活动蓬勃开展,文化服务体系建设扎实推进,群众文化建设取得了明显成效。

（三）清醒把握群众文化面临的新形势

当今社会，随着经济社会快速发展，人民群众对精神文化生活要求越来越高。广大群众迫切希望业余文化生活能够更加丰富，公共文化设施更加完善，公共文化服务体系更加健全，公共文化生活环境更加洁净，人们的生活不再单调，不再是在麻将桌上消磨时光，不再是在社区里"扯闲话"，而是在社区综合文化站里读书、上网，或者是早晚在广场参与群众文化活动，进行一些形式丰富多彩、群众喜闻乐见的公共文化活动。然而，新形势下，如何进一步激发社区居民的活力，让公共文化生活真正"活"起来，营造积极向上的精神文化氛围，成为广大群众文化工作者需要深入研究和探索的重要课题。

二、新媒体对群众文化活动的影响

基于实效性角度审视新媒体技术对公众参与社会活动方式的改变能够发现，新媒体技术使得公众的精神文化诉求得到满足，不过同时也使传统文化无法保持对公众的吸引。有鉴于此，应辩证地分析新媒体技术对群众精神文化活动的影响，从而实现对其中正面效用的发扬，以及对负面效应的摒弃。

（一）新媒体给群众文化活动带来的挑战

新媒体对于传统群众文化活动的开展会造成很大的冲击。新媒体技术依托信息技术创设而来，通过视频、音频、图片等形式实现使用者之间的高效信息传递与互动，新媒体具有交互性与及时性，且不受时间与空间的限制，这对于传统的群众文化活动来说，是一个巨大的挑战。新媒体传播方式和表现形式的快捷多样，使得广大群众可以随时随地获得自己想要的信息，因此对群众文化活动的关注度与参与度下降。

新媒体在媒体使用与内容选择上更具个性化，可以做到面向更加细分的受众，而传统群众文化活动由于条件的限制，在信息容量与种类上都有着很大的局限性。新媒体的互动性和参与性能够充分调动受众群体的积极性，能够让群众在互动体验中获得更加深刻的自我满足感，新媒体在信息的种类与容量上都具有极大的优势，可以充分满足受众对于多种多样的文化知识与信息的需求，这也是很多群众更愿意通过电脑或者手机进行文化信息的浏览与阅读,而对于参加群众文化活动却没有太大兴趣的原因。这也使得群众参与群众文化活动的积极性降低,增加了群众文化活动开展的难度。

值得注意的是,新媒体中还存在许多不良信息,如虚假信息与网络诈骗等,也会存在一些造谣生事、煽动群众、诋毁社会形象的恶意信息,这些也都会给群众文化活动的开展造成一定的阻力。

(二)新媒体给群众文化活动带来的机遇

事物往往都具有双面性,新媒体技术的普及应用为群众文化活动提供了全新的发展契机。从某种程度上来说,新媒体同样丰富了群众文化活动的内容形式,使群众文化活动的拓展和外延得以扩大,实现了对传统群众文化活动传播模式与内容方面的创新。尤其是新媒体技术以其高速的信息传播性及受众的广泛性,使群众文化的传播获得全新的传播介质,为群众提供了实现线上文化高效互动的契机,给传统群众文化的变革带来了更多的可能性。新媒体在传播群众文化活动的同时,本身也必将成为群众文化活动的一部分,使群众文化活动的开展突破空间与时间限制,可以在更广阔的平台上施展,使得群众文化的交流学习更为便捷。新媒体提供了多元文化的对接交流平台,使各个地区、风格迥异的群众文化活动的交流不再受到时间、空间的限制,为群众文化活动的开展提供了一个便捷的互动交流平台;另外,新媒体具有个性化特征,可以通过互动更好地了解每一个受众的文化喜好与心理倾向,这使新媒体信息能够更好地针对群众的个体需求,提供更加个性化的服务,使群众文化活动更具有吸引力。

当今社会,以网络新媒体为代表的网络信息技术快速发展,已经日益深入社会各领域,成为各种思想文化交流、交融、交锋的新阵地。新媒体环境下的基层群众文化建设应科学把握新媒体发展的新形势、新特点,充分认识新媒体环境下,群众文化工作的着力点,这对于提升群众文化针对性和实效性,增强群众文化的吸引力和感染力,具有重要意义。

参考文献

[1] 徐美辉. 中国农村群众文化需求调查与研究 [M]. 长沙：中南大学出版社，2022.

[2] 张杰，汤小河. 推进文旅融合实现高质量发展 长三角六市群众文化工作的思考与实践 [M]. 镇江：江苏大学出版社，2022.

[3] 韩惊波. 群众文化服务研究 [M]. 延吉：延边大学出版社，2020.

[4] 徐巍，吴方民. 新媒体时代的群众文化研究 [M]. 延吉：延边大学出版社，2020.

[5] 王小丹. 面向群众文化需求的戏剧创作与表演 [M]. 长春：吉林文史出版社，2020.

[6] 王剑. 群众文化的社会功能与创新策略研究 [M]. 北京：中国纺织出版社，2019.12.

[7] 刘爱霞. 乡村振兴策略背景下基层群众文化建设的思考 [J]. 智库时代，2023（15）：13-16.

[8] 李革，张诗东，高鹏. 公共文化服务体系下的群众文化 [M]. 长春：吉林人民出版社，2019.

[9] 潘蓉，崔燕，李文莉主编. 群众文化舞蹈的普及与开展 [M]. 长春：吉林人民出版社，2018.

[10] 徐吟之，刘文军，姚季方. 群众文化艺术的创作现状及对策研究 [M]. 延吉：延边大学出版社，2018.

[11] 王燕. 当前我国人民群众文化需要问题与对策研究 [M]. 北京：中国商业出版社，2018.

[12] 朱国治. 群众文化活动与声乐普及 [M]. 延吉：延边大学出版社，2017.

[13] 吴理财. 群众基本文化需求和区域、群体差异性研究——基于20省8县（区）

的问卷调查[J].社会科学家 2014(8)：5.

[14] 肖正礼.现代群众文化理论与实践[M].武汉：湖北人民出版社，2017.

[15] 尤维.试论群众文化艺术档案与经济建设的关系[J].兰台世界，2023（A1）：214-215.

[16] 张磊.科技馆对群众文化发展的推动作用分析[J].大科技，2023（30）.

[17] 杨建兴.科技馆科普工作促进群众文化水平提升的策略分析[J].大科技，2023（30）.

[18] 拉姆次仁.浅析新时期群众文化活动开展的策略[J].传奇故事，2023（24）：19-20.

[19] 梁刚.基层群众文化活动的组织与策划[J].莲池周刊，2023（20）：101-103.

[20] 金晶.新形势下文化馆群众文化工作展新姿[J].文化产业，2023（20）.

[21] 刘晓妮.融合优秀传统文化，赋能群众文化发展[J].文化产业，2023（20）.

[22] 潘志莎.关于新时代群众文化活动策划组织的研究[J].莲池周刊，2023（20）：98-100.

[23] 孙妍.群众文化工作中新媒体发挥的作用分析与探究[J].莲池周刊，2023（20）：128-130.

[24] 周虹.以乡村振兴之雨露，润群众文化之土壤[J].文化产业，2023（20）.

[25] 吴隆梦.浅谈如何传承民族民间民俗文化艺术与发展群众文化[J].莲池周刊，2023（20）：80-82.

[26] 陶燕.扎根基层谱写群众文化建设新篇章[J].文化产业，2023（19）.

[27] 张翠珍.新时期文化馆如何做好数字群众文化的普及与推广[J].美化生活，2023（19）：144-146.

[28] 刘效东.文化馆对推广群众戏曲活动的作用分析[J].戏剧之家，2023（19）：46-48.

[29] 张幸福.强化群众文化宣传提高群众文化软实力[J].中国航班，2023（18）.

[30] 张霞.传统文化点亮群众文化生活[J].文化产业，2023（18）：61-63.

[31] 石祖连.多管齐下推动乡镇群众文化建设[J].文化产业，2023（18）：13-15.

[32] 多德勋.浅析小戏小品在群众文化工作中的发展路径[J].戏剧之家，2023

（18）：60-62.

[33] 齐根姜源. 群众文化与旅游产业融合发展的思考与实践 [J]. 参花，2023（18）：134-136.

[34] 曾榆. 基层群众文化建设中合唱训练方法探究 [J]. 参花，2023（18）：131-133.

[35] 刘昕睿. 借力新媒体发展群众文化 [J]. 文化产业，2023（17）：50-52.

[36] 张霞. 群众文化谱写社区建设新篇章 [J]. 文化产业，2023（17）：91-93.

[37] 李碧玉. 群众文化工作助力乡村文化振兴策略 [J]. 美化生活，2023（17）：138-140.

[38] 时雪梅. 群众文化视角下非遗文化的保护与传承 [J]. 智库时代，2023（17）.

[39] 韩娟. 让群众文化走进民族音乐的新时代 [J]. 文化产业，2023（17）：47-49.

[40] 张成兰. 新媒体背景下群众文化活动的开展方式 [J]. 美化生活，2023（17）：129-131.

[41] 赵文英. 基层文艺院团在群众文化发展中的作用及发展路径研究 [J]. 艺术品鉴，2023（17）：57-60.

[42] 蒋志伦. 乡镇群众文化的困境与创新建设 [J]. 美化生活，2023（16）：145-147.

[43] 王倩. 基层群众文化活动现状与文化队伍建设 [J]. 国际援助，2023（16）：134-136.

[44] 张筱琛. 群众文化活动谱写优秀传统文化新篇章 [J]. 文化产业，2023（16）：66-68.

[45] 李晨. 乡村振兴背景下的基层群众文化建设路径分析 [J]. 国际援助，2023（16）：128-130.

[46] 李玲丽. 新形势下群众文化艺术的发展分析 [J]. 参花，2023（16）：128-130.

[47] 都小宁. 浅析戏剧创作与表演辅导对基层群众文化工作的影响 [J]. 参花，2023（16）：134-136.

[48] 林娟. 立足乡村振兴 建设群众文化 [J]. 文化产业，2023（15）：132-134.

[49] 郑亚茹. 深耕群众文化 点亮美好生活 [J]. 文化产业，2023（15）：16-18.

[50] 李晨. 基层文化馆在群众文化活动中的作用及实践[J]. 国际援助, 2023(15): 100-102.

[51] 张亚东. 群众文化在乡村振兴中的作用及实践路径探讨[J]. 数字化用户, 2023(15): 154-156.